이사부를 찾아서

초판 1쇄 발행　2017년 2월 17일

글 김인영
펴낸곳 책밭
펴낸이 유광종
책임편집 이동익
디자인 남지현 전혜영
출판등록 2011년 5월 17일 제300-2011-91호
주소 서울 중구 퇴계로 182 가락회관 6층
전화 070-7090-1177
팩스 02-2275-5327
이메일 go5326@naver.com
홈페이지 www.npplus.co.kr
ISBN 979-11-85720-33-3　03300
정가 15,000원

ⓒ김인영, 2017

도서출판 책밭은 (주)늘품플러스의 출판 브랜드입니다.
이 책은 저작권법에 따라 보호받는 저작물이므로 무단 전재와 무단 복제를 금지합니다.
이 책 내용의 전부 또는 일부를 이용하려면 반드시 저작권자와 (주)늘품플러스의 동의를 받아야 합니다.

이사부를 찾아서

김인영 저

※ 이 책은 삼성언론재단 언론인 저술자원사업의 지원을 받아 제작되었습니다.

서문

"기자 출신이 무슨 역사책을 쓴다고 덤비나.
　그런 일은 역사학자에게 맡겨야지."

필자가 신라 이사부 장군에 관해 책을 저술하겠다고 주변의 가까운 사람들에게 의논했을 때 자주 들은 핀잔이었다. 그러면서 중도에 접을까도 했다. 하지만 이사부 장군을 파면 팔수록 흥미로웠다. 흥미와 관심은 어떤 결과를 향해 달리게 한다. 그래서 틈만 나면 신라 장군 이사부를 찾아 나섰다. 10년쯤 됐을 것이다. 경주에 몇 주일씩 머물면서 고대왕국 신라의 향취에 젖기도 하고, 중앙고속도로를 따라 이사부 장군의 이름이 새겨진 '단양적성비'를 감상하기도 했다. 이사부가 활약하던 경북 고령의 대가야 고분군과 김해 금관가야 유적지도 가봤다. 뭔가 그의 흔적이 남아있지 않을까 하는 호기심 때문이었다. 범선 '코리아나호'를 타고 독도와 울릉도를 방문했다. 고향이 삼척이어서 이사부기념사업회 멤버로 참여하며 이사부에 대한 탐방과 추념활동에도 참가했다. 『삼국사기』, 『삼국유사』, 『일본서기』도 몇 번씩 읽어 보고, 이사부와 관련한 전설 등도 모았다.

필자가 추적한 이사부 장군은 오늘의 한국을 있게 한 역사적 인물 중 한 명이다. 이 책을 집필하기 위해 현지를 답사하고 자료를 모으면서 새로운 사실을 많이 알게 됐다. 이사부가 정벌해 새로이 신라 영토로 흡수한 곳에 실직국, 우산국, 예국, 맥국, 금관국, 대가야, 왜국 등의 잔영이 드리워져 있다는 사실이다. 삼국의 영토 분쟁 와중에 이름 없이 사라진 왕국들의 존재에 대한 궁금증이 커졌다. 사료는 극히 희박하지만, 전설까지 참조하며 삼국의 틈바구니에서 잃어버린 왕국의 모습도 살려보고자 했다.

이사부는 삼국 중 가장 약체였던 신라가 한반도를 통일하도록 징검다리 역할을 한 인물이다. 필자는 이사부 장군이 없었다면 신라의 통일이 이뤄질 수 없었다고 감히 단언한다. 백전백승의 이사부 장군은 변방의 신라를 한반도의 중심무대로 이끌어 냈다. 그가 있었기에 신라는 삼국을 통일할 수 있었고, 그를 통해 고려와 조선, 그리고 오늘날 한민족의 토대가 형성됐다.

이사부 장군(정부표준영정 84호, 2011년)
권오창 화백, 원본 삼척 시립박물관 보관

많은 한국인들의 뇌리에는 이사부가 우산국을 신라 땅으로 만들어 대한민국에 울릉도와 독도를 안겨 준 장군으로 새겨져 있다. 일본이 수시로 독도를 자기네 땅이라고 우기는 바람에 그때마다 가수 정광태의 〈독도는 우리땅〉이 울려 퍼지고, 노랫말 끝에 '신라 장군 이사부'를 외다시피 하다 보니, 이사부는 독도 영유권과 관련된 장군으로만 기억하고 있는 것도 사실이다.

그런데 이사부는 이 〈독도는 우리땅〉의 주인공을 넘어서는 업적을 갖고 있다. 경상북도 동쪽에 치우친 작은 부족국가 신라를 한반도의 주역으로 확대시키고, 김유신 장군, 무열왕 김춘추, 문무왕 김법민이 삼국통일의 주역으로 우뚝 서도록 초석을 다진 인물이다. 외적의 침입에 나라를 구한 을지문덕, 강감찬, 이순신 장군 등을 우리는 영웅으로 받들고 있다. 마찬가지로 이사부 장군은 고구려, 백제를 격퇴하고, 가야, 예, 맥, 옥저, 말갈, 왜 등 1500년 전 우리 영토의 일부를 차지하거나 영향력을 행사하던 소국을 흡수하거나 영토 밖으로 내쫓은 인물이다.

오늘날 이순신, 장보고에 대한 연구와 홍보는 많이 이뤄져 있다. 하지만 동해를 내해로 만들고 신라를 소백산맥 너머로 진출시켜 삼국통일의 원동력이 된 이사부 장군에 대한 우리나라 사람들의 이해가 미약한 것은 사실이다. 그렇다 보니 이사부 장군에 관한 서적은 희귀한 편이다. 관련 소설은 몇 권 나와 있지만, 우산국 정벌에 관한 설화적 스토리를 중심으로 하고 있어 그의 모습을 전체적

이사부 연표

으로 그리지는 못했다. 최근 이사부에 대한 사학자들의 연구가 많이 이뤄지고 있는 것은 다행스러운 일이다. 필자는 그들의 연구에 많이 고무되었다. 아울러 신화와 설화, 현장 답사 등을 아우르며, 이사부 장군의 실체를 따라가 보기로 했다.

이사부에 대한 사료가 극히 제한적이라는 사실이 아쉬웠다. 현존하는 최초의 역사서인 『삼국사기』와 『삼국유사』에 이사부에 대한 기록이 나오지만, 그것도 몇 줄밖에 되지 않는다. 일본 입장에서 기술된 『일본서기』에도 그가 언급되지만, 미흡하다. '단양적성비'에 그의 이름이 한 번 거론될 뿐이다. 마치 코끼리의 신체 일부를 겨우 만지는 기분이다. 그가 태어난 시점과 죽은 시점조차도 알려지지 않고 있다. 『화랑세기』 필사본에 이사부에 관한 이야기가 나오지만, 정통 국사학자들은 그 서책을 위서僞書로 판단해 정사正史로 받아들이지 않는 입장이다.

그러나 이처럼 희박한 자료 속에서도 이사부의 위대함은 드러난다.

① 지증왕 초(500~505년) - 가야 공략
② 지증왕 6년(505년) - 실직悉直 군주 부임
③ 지증왕 13년(512년) - 우산국于山國 정복, 하슬라何瑟羅 군주 부임
④ 법흥왕 16년(529년) - 금관金官가야 정벌
⑤ 진흥왕 2년(541년) - 병부령 취임
⑥ 진흥왕 6년(545년) - 국사 편찬
⑦ 진흥왕 11년(550년) - 적성 전투 승리, 도살성·금현성 전투 승리
⑧ 진흥왕 23년(562년) - 대가야 함락

사료에 이사부가 활약한 시기가 구체적으로 확인되는 것은 실직 군주에 부임한 505년부터 대가야를 함락한 562년까지 57년간이

이사부 활약 지역

하슬라 군주
(512)

우산국 부속
(512)

실직군주
(505)

도살성
금현성 전투
(550)

적성전투(550)

대가야 정벌(562)

초기 가야공격
(500~505)

금관국 정벌
(529)

다. 변방의 군주로 파견할 나이는 적어도 성년이 된 20세 전후로 보면 마지막 대가야 전투 시 나이는 77세 전후의 고령이 된다. 그렇다면 지증왕 초 가야 공략에 참전한 시기는 10대였을 것이다. 10대에 장군이 되어 70대 후반의 나이까지 전쟁터에서 산 전형적인 군인이요, 장군이었다.

이사부의 성은 신라 왕족인 김金씨이고, 내물왕의 4세손으로서 진골이었다. 그는 소지왕 때 태어나 지증왕과 법흥왕, 진흥왕 3대에 걸쳐 활약했다. 그는 왕족으로서 임금에 버금가는 권력을 행사했다. 진흥왕 시절에 병부령으로서 권력을 장악하고, 국사를 편찬했으며, 고구려와 백제의 싸움에서 동시에 승리한다. 그에게는 임금이 되지 못한 한이 있었을 것이다. 그 한을 전장에서 녹여 냈고, 후배들에게 등을 내줘 삼한 통합의 꿈을 실현하도록 디딤돌이 되었다.

이사부는 육상전의 장군general과 해전의 제독admiral을 겸비했다. 고대사에서 육상 전투와 해상전투를 동시에 지휘한 장수는 많지 않다. 이사부는 신라의 첫 해전인 우산국 정벌에 성공했고, 하슬라(강릉), 금관가야, 대가야, 소백산맥을 넘어 한강 중류를 점령했다.

영국의 군인이자 탐험가, 그리고 시인이었던 월터 롤리Walter Raleigh는 "바다를 지배하는 자가 세계를 지배한다"는 유명한 명언을 남겼다. 그의 말인즉, 바다를 지배하는 자가 무역을 지배하고, 세계의 무역을 지배하는 자가 세계의 부를 지배하며, 마침내 세계 그 자체를 지배한다는 것.

개혁군주 지증왕이 20대 초반의 젊은 왕족을 동해의 중심 거점인 삼척에 군사 책임자로 임명한 것은 먼저 동해를 장악하고, 이를 토대로 내륙으로 뻗어 삼한을 통합하려는 의도였다. 백제와 가야가 남쪽과 서쪽 바다를 장악하고 있으므로, 신라는 필연적으로 동해를 장악해야 했다. 동해 한가운데 울릉도엔 우산국이라는 해상 세력이 버티고 있고, 먼 바다 건너엔 왜倭가 수시로 공격해 왔다. 이사부가 동해를 지배함으로써 왜국의 공격을 막고, 고구려의 공격을 방어하며, 해상 교역로를 만드는 이점이 있었다.

놀라운 것은 이사부가 우산국을 점령하고, 동해 제해권을 장악한 이후 그 이전에 수십 차례 신라를 공격해 온 왜국의 출몰이 사라졌다는 사실이다. 왜구가 바다를 건너오지 못하도록 신라 수군이 해상에서 저지했기 때문일 것이다. 아울러 금관가야와 대가야를 차례로 복속시키면서 왜는 남해안에서의 거점을 완전 상실한다. 연대 세력이었던 백제가 멸망하자 왜국은 한반도에서 완전히 손을 끊게 된다. 결과적으로 삼국시대에 왜가 더 이상 한반도에 위협 세력이 되지 못하게 한 것도 이사부였다.

이사부는 지장智將이었다. 군사력에만 의존하기보다는 머리를 써서 전투를 승리했다.

첫째, 10대에 위계僞計의 전술로 가야의 땅을 빼앗았다. 전술은 거도居道의 계략. 말놀이를 하는 척하다가 군사를 몰아 기습 작전을 펼치는 전략이다. 이사부는 거도의 전술을 채택해 들판에 군사들을 모아 놓고 말놀이를 즐겼다. 이사부는 말을 훈련시키고, 재주를 부리는 놀이에 열중했고, 가야를 공격하려는 의지가 없음을 보여주었다. 가야는 이사부의 마희馬戲 작전에 속았다. 어느 순간에 신라의 무장한 기병이 가야의 본거지를 급습했고, 가야는 굴복함으로써 땅을 내주게 됐다.

독도의 갈매기

둘째, 지증왕 13년, 이사부가 우산국을 공격할 때였다. 그곳 사람들이 미련하고 사나워서, 힘으로 항복 받기 어려우나, 꾀를 써서 굴복시킬 수 있다고 생각했다. 이에 나무로 사자를 많이 만들어 전함에 나누어 싣고 해안으로 다가가 "너희들이 만일 항복하지 않으면 이 맹수들을 풀어 놓아서 밟아 죽이겠다"고 알렸다. 우산국 사람들은 두려워하여 즉시 항복했다.

셋째, 진흥왕 11년의 일이다. 백제가 고구려의 도살성을 빼앗고, 고구려는 백제의 금현성을 함락시켰다. 물고 물리는 상황에서 두 나라 군사가 지친 틈을 이용해 이사부가 군대를 출동시켜, 두 개의 성을 빼앗았다.

최근 들어 이사부에 대한 연구가 부쩍 늘고, 잊혀 가는 신라 장군을 다시 평가하자는 바람이 강하게 불고 있다. 강원도 삼척시에서는 이사부 축제가 매년 열리고, 그의 이름을 딴 '이사부 광장'도 만들어졌다. 그의 이름을 딴 크루즈선과 과학탐사선이 바다를 누빈다. 독도에는 이사부가 도로지명으로 명명되고, 이사부를 연구하는 학술단체가 활동하고 있다. 필자의 이번 저술도 이사부 장군을 추념하고, 그의 업적을 기리는 데 또 하나의 디딤돌이 되었으면 한다. 아울러 이사부를 통해 국토 수호의 의지를 새기는 데 조그마한 기여가 되길 바란다.

2017년 봄을 앞두고
김인영

Contents

I

동
—
동해왕

1. 실직 군주

(1) 오화리산성

강원도 동해안을 따라 남쪽으로 내려가다 보면 삼척=빠이 나온다. 삼척시는 서쪽으론 태백산맥이 병풍처럼 둘러싸고, 동쪽으론 짙푸른 동해바다가 펼쳐진 아름다운 도시다.

삼척엔 태백에서 발원해 오십 굽이를 돌아 동해로 흘러드는 오십천五+川이라는 내가 흐른다. 강원도 동해안에서는 가장 긴 하천이다. 그 오십천의 하구에 오분동梧粉洞이라는 마을이 있다.

오분동에는 오십천과 동해가 만나는 곳에 야트막한 산이 하나 솟아 있다. 이름하여 고성산古城山이다. 해발 99m의 야트막한 이 산에는 신라시대에 쌓은 성터가 아직 남아 있는데, 고려시대엔 요전산성寧田山城, 조선시대엔 오화리산성吳火里山城으로 불렸다. 이곳 지명이 오분동梧粉洞인 것은 한자 '吳'에서 음晉을, '火(불)'에서 훈訓을 따온 것이라고 한다.

이곳이 신라 장군 이사부異斯夫가 울릉도를 우리 땅으로 만들기 위해 병력을 주둔시킨 성이다. 그 아래 오십천 하구에서 선단을 꾸려 동해 섬나라 우산국于山國을 정복하고, 그 부속도서인 독도獨島를 더 이상 '외로운 섬'으로 두지 않으려 '한국령韓國領'으로 만든 곳이다.

고성산 정상에 가면 삼척시장이 2008년에 세워 놓은 표지석이 수풀 속에 숨어 있다. 표지석에는 이렇게 쓰여 있다(삼척시는 오화리 산성 아래에 '이사부 우산국 복속 출항비'를 세워 기념하고 있다).

"삼국시대 산성으로 신라 지증왕 13년(512년) 이사부異斯夫가 목우사 자木偶獅子를 이용, 우산국于山國을 정벌하던 곳이며, 고려 고종 때 몽고의 침입을 막기 위해 이곳 사람들이 지키던 곳으로 이때 이승휴李承休도 여기에 참여했다. 우왕 10년(1384) 토성을 쌓고, 삼척포진을 설치하여 왜구의 침입을 막았는데, 그 둘레가 1,876척, 성내에 샘이 하나 있었다. 조선 세조 때 감찰사 허종이 568척을 증축했고, 중종 15년(1520) 삼척포 진영은 이곳에서 정라진 육향산 밑으로 옮겼다. 유서 깊은 조국의 유적지 산봉에 표석을 세워 후세에 전한다."

필자의 이사부 추적은 이 자그마한 산성에서 출발한다. 오화리산 성에서 이사부 장군이 수군을 양성했고, 그 군사력을 토대로 우산국과 그 해역의 독도를 우리 땅으로 만들고, 동해 제해권을 장악했다. 지증왕 이후 왜구의 출몰이 그친 것은 이사부 장군이 동해 패권을 장악했기 때문이다. 이를 토대로 신라는 남쪽의 가야를 치고, 소백산맥을 넘어 고구려, 백제를 공략하고, 삼국통일의 기반을 세울 수 있었다.

이사부 이름이 역사서에 처음 등장한 것은 『삼국사기三國史記』다.

"지증왕 6년(505년) 봄 2월, 임금이 몸소 나라 안의 주州·군郡·현縣을 정했다. 실직주悉直州를 설치하고 이사부를 군주軍主로 삼았다. 군주의 명칭이 이로부터 시작됐다."

「신라본기」(지증마립간 6년, 505년)

오화리산성 축적도

오화리산성 표지석

오화리성 위치

신라가 강원도 영동지역에 실직주를 설치하고 행정구역에 편입시키면서, 이사부를 파견했다. 그렇다면 '실직'이란 고을은 어떤 곳인가. 조선 중기의 문인 송강松江 정철鄭澈이 『관동별곡關東別曲』에서 이렇게 썼다.

"진쥬관眞珠館 듁셔루竹西樓 오십쳔五十川 나린 믈이 태백산太白山 그림재를 동해로 다마 가니, 찰하리 한강漢江의 목멱木覓의 다히고져."
(죽서루 저 아래 오십천 흘러내리는 물이 태백산 그림자를 동해로 담아 가니, 차라리 저 아름다운 광경을 임금이 계신 한강의 남산에 닿게 하고 싶구나.)

조선시대 강원도 삼척은 진주眞珠라 불렸다. 지금도 삼척시 남양동에 조선시대 지명을 딴 진주초등학교가 있다. 강원도 관찰사로 근무하던 정철이 진주관에 들러 죽서루와 그 아래 흐르는 오십천의 절경을 임금에게 보여 주고픈 마음을 적은 대목은 한 편의 풍경화를 연상케 한다. 태백산에서 발원해 오십 굽이를 돌아 흐르는 오십천이 관동팔경關東八景의 하나인 죽서루에 이르면, 천하의 절경을 이룬다. 정말로 진주처럼 아름다운 고을이다.

신라시대엔 실직悉直이라 했다. 『삼국사기』 「지리지」에 따르면 실직을 '사직史直'이라고도 했다. 지금도 오분동 옆에 사직동이라는 지명으로 남아 있다. '실직→사직→삼척'의 음운 변화를 통해 실직의 옛 이름이 전해 내려오고 있는 것이다.

오십천이 삼척 시내를 지나면 동해 바다에 도달한다. 오십천과 동해가 만나는 곳에 오화리산성이 있고, 그 산성이 이사부가 동해의 섬나라 우산국의 정벌을 준비한 전초기지로 추정된다.

삼척에선 이사부의 흔적을 곳곳에서 쉽게 발견할 수 있다. 시내 주요 도로엔 장군복을 입은 이사부 초상화가 곳곳에 걸려 있으며, 오십천 하구 삼척항을 지나 정라진 쪽 해안을 따라가면 이사부 광장이 나온다.

삼척시는 일찍부터 이사부 마케팅을 벌였다. 『삼국사기』에 이사부 장군이 처음 부임하는 곳이 실직이고, 7년 후(512년)에 우산국을 정벌했으며, 독도를 영구히 우리 땅으로 만든 거점이 삼척이라는 역사적 사실을 들어 이사부의 고장임을 강조하고 있는 것이다. 삼척시는 2008년부터 매년 여름, 정라진 이사부 광장에서 이사부 축제를 열고, 사자 조형 깎기, 사자 탈춤, 전통무예 등의 행사를 갖고 있다. 또 삼척을 관통하는 7번 국도와 동해시와의 접경 구역엔 이사부를 상징하는 사자 석상을 세워 이사부의 도시에 진입했음을 알려 주고 있다.

(2) 20대 군주

그러면 이사부가 실직 군주가 되었을 때 몇 살이었을까. 이사부의 업적은 『삼국사기』에 여러 차례 등장하지만, 언제 태어나 언제 죽었는지에 대한 기록은 찾을 수 없다. 그렇지만 『삼국사기』를 토대로 그의 생몰연대를 추정해 볼 수 있다.

이사부의 활약 시기를 구체적으로 확인할 수 있는 것은 실직 군주에 부임한 505년부터 대가야를 함락한 562년까지 57년간이다. 지증왕이 최고 전략지로 선택한 실직의 군주로 이사부를 파견할 때 나이는 적어도 성년이었을 것으로 추정할 수 있다. 『삼국사기』「열전」에 화랑 사다함이 15~16세에 종군하기를 청하였는데, 왕이 나이가 너무 어리므로 하락하지 않았다는 기록이 있다. 이를 비춰보면 한 지역을 관장하는 군사 책임자로서 20세는 넘었을 것이다. 20대 초라면 한창 팔팔할 나이다. 지증왕은 처음으로 설치한 속주(실직주)의 군주 자리에 20대 젊은 왕족을 임명한 것이다. 그곳은 수도 서라벌에서 약 180㎞(450리) 떨어진 변경이어서 믿을 만한 측근을 보내야 했다.

삼국시대 초기 강원도 영동지방에는 예濊, 실직悉直, 말갈靺鞨 등의 부족국가들이 존재했다. 2세기 초 파사왕 때 신라는 독립국이던 실직국悉直國을 정복했다. 이후 영동지방은 예와 말갈의 공격을 수차례 받았고, 4세기 이후 고구려가 영동지역에 영향력을 확대하면서 이들 소부족을 놓고 두 나라 사이에 치열한 전투가 벌어졌다. 백제는 한강 유역에서 발원했기 때문에 서쪽에서 고구려와 대치했지만, 경상도 동부지역에서 출발한 신라는 동해안에서 고구려와 그 예하의 부족들과 영토 전쟁을 벌였다.

신라가 강원도 동해안에 대한 지배체제를 구축한 것은 4세기 중엽으로 파악되고 있다. 하지만 이 시기에도 완전하게 신라의 영토로 굳어진 것은 아니었다. 땅을 뺏긴 부족과 그 배후의 고구려가 수시로 동해안을 침략해 왔다.

『삼국사기』「신라본기」에는 "내물이사금 40년(395년) 가을 8월, 말갈이 북쪽 변경을 침범했다. 병사를 보내 실직悉直의 벌판에서 그들을 크게 쳐부수었다"고 기록되어 있다. 4세기 말에도 삼척 일대가 신라, 고구려, 말갈의 영토 쟁탈지였음을 보여 준다.

신라가 강원도 영동지방까지 영토를 확대한 것은 잠깐이다. 고구려 광개토대왕이 신라의 요청으로 군사 5만을 동원해 가야까지 진군하면서 신라는 동해안에 대한 영향력을 잃게 된다. 신라는 왕족인 실성實聖을 고구려에 볼모로 보내면서 경북 흥해까지 동해안 영토를 고구려에 내주게 된다.

신라가 힘을 다시 회복한 5세기 중엽 이후엔 강원도 동해안을 놓고 신라와 고구려 사이에 밀고 밀리는 각축전이 전개된다. 전투 구역은 북으로는 비열성(함경남도 안변)에서 남으로는 미질부(경상북도 포항시 흥해)까지였다. 그 중심에 실직(삼척)과 하슬라(강릉)가 있었다.

① 고구려의 변방을 지키는 장수가 실직(삼척)의 들에서 사냥하고 있었는데, 하슬라성何瑟羅城(강릉)의 성주 삼직三直이 병사를 내어 습격해 그를 죽였다.

『삼국사기』「신라본기」(눌지 34년, 450년 7월)

② 임금이 비열성比列城(안변)에 행차해 병사들을 위로하고 군복을 내려줬다.

『삼국사기』「신라본기」(소지 3년, 481년 2월)

③ 고구려가 말갈과 함께 북쪽 변경에 쳐들어와 호명狐鳴 등 일곱 성을 빼앗고, 또 미질부彌秩夫(흥해)에 진군했다. 우리 병사가 백제, 가야의 구원병과 함께 길을 나누어서 그들을 막았다. 적이 패하여 물러가자 니하尼河(강릉 근처로 추정)의 서쪽까지 추격하여 쳐부수고 천여 명의 목을 베었다.

『삼국사기』「신라본기」(소지 3년, 481년 4월)

450년부터 481년까지 30년 이상, 함경남도 안변에서 경상북도 흥해까지 동해 1천 리 바닷가에서는 고구려군과 신라군의 혈투가 벌어졌다. 고구려의 도움으로 왕위에 오른 눌지마립간은 재위 후반기에 고구려와의 우호관계를 깨고 영동지방에 대한 지배권을 되찾기 위해 공격을 개시했다. 소지왕 시대에는 고구려는 예와 말갈을 연합 세력에 끌어들여 영동지방을 침공했고, 이에 신라는 백제와 가야의 지원을 얻어 고구려에 대항하는 다국적 전투가 벌어진 것이다.

(3) 실직 군주의 임무

이사부가 실직 군주로 부임한 시기는 소지왕이 함경도 안변까지 갔다가, 곧이어 고구려가 반격해 포항 흥해까지 밀고 오는 대혈투가 벌어진 뒤 그 상흔이 남아 있던 때였다. 신라 입장에서 동해안을 따라 영토를 확대하고 고구려와 말갈 연합군의 공세를 막아내는 것이 중요했다. 이사부가 실직 군주로 가기 한 해 전에 신라는 동해안 일대의 지배를 공고히 하기 위해 흥해에서 삼척까지 대대적으로 성을 구축한다.

> "지증왕 5년(504년), 파리波里, 미실彌實, 진덕珍德, 골화骨火 등 열두 개 성을 쌓았다."
>
> 『삼국사기』「신라본기」

파리는 지금의 강원도 삼척시 원덕읍, 미실은 포항시 흥해읍으로, 지증왕 초기에 동해안 일대에 신라 성들이 줄지어 건축된다. 일종의 해안 방어망이다. 지증왕이 이사부를 실직의 군주로 보내기 앞서 해안선 경비를 강화한 것이다.

이사부가 실직 군주로 부임했을 때 신라는 하슬라에 대한 지배를 공고히 다지지 못했다. 따라서 지증왕은 이사부를 실직에 보내 그곳을 북진의 전초기지로 삼았던 것으로 보인다. 이사부는 505년 실직 군주에서 512년 하슬라 군주로 부임지를 변경하는데, 이 7년 사이에 신라의 동해안 영역이 삼척에서 강릉으로 확대되고, 울릉도 정벌을 위한 준비를 한 것으로 파악된다.

당시 영동지역에 오랫동안 터를 닦아 온 원주민인 예족과 말갈족이 고구려에 붙어 신라에 적대적이었다. 정복당한 실직국인들은 동족인 예족의 움직임에 민감하게 대응했을 것이다. 고구려와 말갈이 단숨에 서라벌 인근인 미질부성(흥해)까지 밀고 내려올 때 그 중간에 있던 실직 원주민의 협조가 있었을 것이다. 소지왕 때 전투에 승리해 간신히 영동지역에 대한 지배력을 확보했지만, 언제 고구려에 동조해 반란을 일으킬지 모르는 시기였다.

지증왕이 국가체제를 정비해 주군현州郡縣 제도를 만들고 실직주에 처음으로 군주軍主를 둔 것은 전략적으로 동해안에 대한 고구려의 침공을 막고, 영동지역에 대한 지배권을 강화하겠다는 의지를 보여 준 것이다. 그곳에 첫 군주로 보낸 인물은 가장 믿을 만한 조카 이사부였다.

그러면 군주의 역할은 무엇이었을까. 말 그대로 군대의 수장이다. 이사부가 실직 군주가 되고 19년 후인 법흥왕 11년(524년)에 세워진 '울진 봉평신라비'에는 실지군주悉支軍主와 실지도사悉支道使에 대한 언급이 나온다('실지'는 '실직'을 말한다). '도사道使'라는 표현은 이사부가 실직 군주로 파견되기 직전인 501년(지증 2년)과 503년(지증 4년)에 각각 세워진 '포항 중성리비'와 '영일 냉수리비'에도 등장한다. 도사는 현지에서 세금을 걷고 백성의 관리하는 행정직이다. 이에 비해 군주는 외적의 침공을 막고 때론 공세적으로 주변을 공략하는 전투 조직의 수장을 의미한다. 신라는 외직을 임명할 때 군사직과 행정직을 나눠 운용했다. 신라가 삼척 일대 동해안을 영토화하면서 서라벌 출신의 '왕경인王京人' 행정관을 보내 직할통치를 했음을 의미한다.

이사부가 실직 군주로 갈 때, 이사부와는 별도로 누군가를 실직 도사에 임명해 파견했을 가능성이 있다. 그 도사는 실직주의 행정을 관할하고, 이사부는 서라벌에서 파견한 군대를 관장하는 역할을 맡았던 것이다. 이사부는 현지인으로 구성된 군을 관할했다기보다, 중앙에서 파견한 군을 맡았고, 병졸 또는 하위직에 현지인을 썼을 것이다.

신라시대에 경주에서 삼척까지 사람을 보내 연통을 넣거나 물자를 실어올 때 적어도 몇 주는 걸렸다. 또 다른 왕경인이 실직 도사를 맡았더라도 왕족 가운데서 최고의 실력자가 국경에 부임했으므로, 왕국 수도의 지시, 보고 없이도 통치할 수 있는 권한을 부여받았을 것이다. 이사부는 동해안 일대와 동해 바다를 관장하는 육군과 해군의 최고 사령관이었고, 식민지 총독으로서의 역할을 했을 것이다. 그래서 후세는 그를 '동해왕'이라고 부른다.

(4) 실직은 동해 제해권의 거점

이사부는 실직 군주로 부임하면서 어떤 길로 왔을까. 『삼척군지三陟郡志』에는 이사부가 가장 처음 실직에 부임했을 때 "수륙군水陸軍을 동원하여 오십천 하구로 상륙하였다"로 기록돼 있다. 김태수 삼척문화예술센터 소장(국학박사)은 "이사부가 실직 군주로 부임해 올 때 해로로 왔다는 것이 정설"이라는 의견을 주었다.

경주에서 삼척까지 육로는 험난하다. 동해안을 따라가면 곳곳에 해안절벽이 가로막고 있고, 경상도 내륙을 거쳐 태백산을 넘어가는 길은 그 당시엔 꿈도 꾸지 못했을 것이다. 길은 하나밖에 없다. 바닷길이다. 이사부가 실직 군주로 임명되던 해 겨울, 지증왕이 선박 이용제도를 개편했다는 기록이 있다. 이는 신라가 강원도와 경상도 일대의 동해안을 직할통치하고, 나아가 울릉도를 복속시킴으로써 왜의 침략을 방어하기 위한 사전준비였을 가능성이 높다.

삼척은 동해안 교역로의 중심에 있었다. 신라에 의해 멸망한 실직국은 멀리 남해안의 금관가야에서, 북으로는 옥저, 예국까지 철광석을 무역하는 해상왕국이었다. 실직인들은 선박 건조 능력은 물론 항해술도 뛰어났다.

삼국시대 초기에 함경남도에서 강원도, 경상북도에 이르는 동해안 일대는 동이東夷족의 한 갈래인 예족濊族이 지배하고 있던 곳이었다. 함경남도 안변에서 강원도 속초, 강릉, 삼척, 경상북도 울진, 영해에 이르는 지역이다. 이사부가 실직 군주로 부임했을 때 신라와 예국의 경계선은 삼척과 강릉 사이였던 것으로 보인다.

이사부가 실직에서 하슬라로 임지를 바꾼 505년에서 512년 사이 7년 동안 그의 공적을 언급한 사료는 아직 찾을 수 없다. 하지만 당시 이사부는 우산국을 공략하기에 앞서 삼척에서 강릉 이북까지 내지화內地化하고, 북쪽으로 양양, 서쪽으로는 태백산맥을 넘어 평창으로 추정되는 니하泥河를 재탈환했을 것으로 추측된다.

신라군을 강릉까지 밀어붙인 후 이사부의 다음 목표는 왜倭와 연합해 신라에 저항하는 우산국을 정벌하는 것이었다. 동해를 내해화內海化하기 위한 것이다. 그동안 동해는 신라의 바다라고 할 수 없었다. 지증왕 이전인 소지왕 시대까지 왜는 수시로 안방처럼 신라를 공격했고, 왕성인 금성金城을 포위해 노략질하며 무고한 백성들을 살상하거나 끌고 갔다. 결과적으로 지증왕의 뜻은 왜구 소탕에 있었다. 드디어 이사부는 임금의 뜻을 받잡아 동해로 눈을 돌린 것이다.

2. 해상왕국 실직국

(1) 해상교역로 전쟁

삼척 일대는 신라에 의해 실직주로 개편되기 앞서 실직국이라는 독립국이 있었고, 토착 세력이 주권을 상실한 이후에도 수 세기 동안 신라와 고구려, 말갈, 예국과 치열한 영토 싸움이 벌어진 분쟁 지역이었다.

실직국은 신라, 백제, 고구려에 의해 사라진 숱한 소왕국들 가운데 비교적 구체적으로 언급되는 나라다. 자세한 자료가 없지만, 『삼국사기』와 최근 고고학자들에 의해 출토된 유물을 통해 고대국가 실직국의 얼개를 그려 볼 수 있다. 실직국에 관한 기사는 『삼국사기』 「신라본기」 파사이사금조에 주로 등장한다.

파사왕 23년(102년) 가을 8월,

① 음집벌국音汁伐國과 실직곡국悉直谷國이 강역 문제로 다투다가爭疆 임금에게 찾아와서 이를 해결해 줄 것을 요청했다.

② 임금이 어려워 하다가 금관국金官國 수로왕首露王이 나이가 많고 아는 것이 많을 것이라고 하여, 그를 불러와 물었다. 수로가 의견

을 내어 다투던 땅을 음집벌국에 귀속하게 했다.

③ 이에 임금은 6부에 수로왕을 위하여 연회를 베풀도록 명했다. 5부는 모두 이찬으로 연회의 주인을 삼았는데, 오직 한기부漢祇部만은 직위가 낮은 자를 연회의 주인으로 삼았다. 수로가 노하여 그의 종 탐하리眈下里를 시켜 한기부의 우두머리 보제保齊를 죽이게 하고 돌아갔다. 종은 도망하여 음집벌국 우두머리인 타추간陁鄒干의 집에 의탁했다. 임금이 사람을 보내 그 종을 찾았으나 타추는 돌려보내지 않았다.

④ 임금이 노하여 병사를 일으켜 음집벌국을 공격하니,

⑤ 그 우두머리가 무리와 함께 스스로 항복했다. 실직悉直 압독押督 두 나라 임금도 와서 항복했다.

이 기사는 하나의 스토리를 이루지만, 전개 과정은 몇 단계로 나뉜다. ▲실직곡국과 음집벌국 간의 강역 다툼爭疆 ▲금관국의 개입 ▲수로왕의 도발 ▲신라의 공격 ▲음집벌국, 실직, 압독 항복.

실직국과 실직곡국의 차이에 대한 역사학계의 논란이 분분하다. 실직곡국이 실직국의 직할 영토라는 주장과 식민지라는 주장이 있다. 논쟁의 결론은 역사를 전공하는 분들에게 맡기기로 한다. 다만 분명한 것은 직할 영토이든, 식민지든, 실직국의 영향력이 미치는 지역임은 분명하다. 네 나라가 엉켜 전쟁을 벌일 만큼, 실직곡국은 중요한 군사적, 경제적 요충지였을 것이다.

파사이사금조에 등장하는 실직국은 강원도 삼척을 중심지로 하는 국가이며, 음집벌국은 경북 경주시 안강읍, 압독국(압량국이라고도 했다)은 경북 경산시 압량면으로 비정比定된다. 금관국은 경남 김해의 금관가야를 말한다.

삼척시 오분동에 위치한 이사부 장군 우산국 복속 출항기념비

　　이 기사는 의문투성이다. 삼척과 경주시 안강, 그 먼 거리에 떨어진 소국이 과연 싸웠을까. 싸웠다면 연유는 무엇일까. 금관국은 왜 감 놔라, 배 놔라 하며 개입했을까. 전쟁 당사자도 아닌 압독국이 남의 전쟁에 구경만 하면 될 것이지, 왜 신라에 항복했을까.

　　역사는 승자의 것이라 했지만, 지나칠 정도로 신라 중심으로 스토리가 전개됐고, 패전국의 내용은 거의 삭제되다시피 했다. 그래서 의문이 증폭된 감도 없지 않다. 그런데 의문을 풀 실마리는 의외의 곳에서 나타난다. 중국 사람이 쓴 『삼국지三國志』다.

　　우리가 흔히 알고 있는 『삼국지』는 원나라 말기에 나관중羅貫中이 쓴 중국 정통 소설을 말하지만, 여기서 언급하는 『삼국지』는 중국 서진西晉(265~316) 무제 시대에 진수陳壽(233~297)가 편찬한 역사서를 말한다. 진수의 『삼국지』는 「위서魏書」, 「촉서蜀書」, 「오서吳書」로 나뉘어 있고, 그중 「위서」 30권 가운데 「오환선비동이전烏丸鮮卑東夷傳(흔히 '동이전'이라고 부른다)」 변진조에 이런 글이 실려 있다.

"나라(변한)에서 철이 나는데 한韓·예濊·왜倭가 모두 이를 가져다 썼다. 시장에서 매매할 때 철을 사용함이 중국의 동전 사용과 같아, 넉넉히 사용했다."

『삼국지』「동이전」

『삼국지』「동이전」에서 지칭한 변한은 나중에 가야 연맹체로 됐고, 연맹의 맹주는 금관국이다. 예로부터 금관국에는 철이 났고, 금관가야는 이 철을 진한의 맹주인 신라(사로), 왜국, 예국(강원도 동해안 일대의 부족국가)에 팔았다. 근래의 고대유물 발굴을 통해 삼척을 중심으로 하는 실직국은 강릉 중심의 예(동예)와 동일한 종족이라는 사실이 확인되고 있다.

인류사를 혁명적으로 발전시킨 물질이 철鐵임은 주지의 사실이다. 인류는 쇳덩어리를 녹여 무기를 만들어 전쟁을 벌이고, 농구를 만들어 생산력을 향상시켰다. 고대에는 철이 아주 귀했고, 이미 『삼국지』에서 설명하고 있듯이, 한반도 부족국가들은 이 쇠를 화폐로 사용했다. 금관가야는 철을 매개로 한반도는 물론 일본까지 무역을 했고, 육로보다는 해로를 이용했다. 금관국은 철의 최대 수출국이자, 해상교역로를 확보한 해상국가였다.

그렇다면 『삼국사기』 파사이사금조의 실직−음집벌국 간의 영토 싸움의 윤곽이 그려진다. 바로 금관국의 철을 운송하는 해상 수송로를 놓고 벌인 전쟁이었다. 수에즈 운하Suez Canal를 놓고 영국과 프랑스, 이스라엘과 이집트가 벌인 전쟁과 다름없는 셈이다. 여기서 파사이사금조의 기사를 해석하기 위해 몇 가지 전제를 설정해 보자.

① 실직곡국은 영일만의 포항 일대의 항구도시다. 실직국은 동해 안에서 가장 강력한 해상 세력이었고, 금관국의 철을 사오는 루 트를 개발하기 위해 포항 근처에 항구 식민지를 개척했다. 그것이 실직곡국이다. 그리스의 아테네가 흑해와 소아시아 해안에 식민도 시를 건설하는 것과 같다.

② 안강은 경주 시내에서 형산강을 따라 내려가다 형성된 마을로, 형산강과 동해가 만나는 끝에 아마도 실직곡국이 위치했을 것으 로 추정된다. 해상권을 차지하기 위해 실직과 음집벌국은 포항 항 구를 놓고 필연적으로 영토 분쟁을 벌일 수밖에 없었고, 신라와 금관국이 개입, 국제전으로 비화했다.

이런 전제를 바탕으로 실직국-음집벌국의 기사를 재구성해 볼 수 있다.

"경주 안강읍에 위치한 소국 음집벌국은 내륙국이었고, 금관국의 철을 수입하기 위해 가까운 포항 지역의 항구가 필요했다. 그런데 포항에는 실직국이 실직곡국이라는 식민도시를 건설해 동해안 일 대의 해상무역을 장악하고 있었다. 두 나라는 실직곡국이 자기 땅 이라고 주장하며 진한 맹주국인 신라의 파사왕에게 중재를 요 청했다. 그런데 철 수출국이자, 동남해안의 해상권을 쥐고 있는 금관국이 개입했다. 변한 맹주국인 금관국의 수로왕은 동해안의 해상 세력인 실직국을 견제하기 위해 음집벌국의 손을 들어 주 었다. 경주에서 합의서를 작성하고 합의를 경축하는 연회가 열렸 다. 수로왕과 파사왕, 음집벌국의 우두머리 타추간, 실직국왕도 참석했다. 그런데 신라 6부 가운데 음집벌국과 국경을 맞대고 있는 한기부가 불만을 표시했다. 한기부는 이웃한 음집벌국이 해 상교역로를 확보하는 것이 못마땅했던 것이다. 수로왕은 부하 탐 하리를 시켜 한기부의 우두머리 보제를 죽이고, 탐하리는 음집벌국으로 도망갔다. 이에 파사왕은 진노했고, 병사를 일으켜 음집벌국을 공격해 항복을 받았다. 그리고 포항의 항구도 빼앗았다. 포항의 해상 거점을 잃은 실직국은 신라에 속국임을 선언하면서 조공을 바치겠다고 약속하며, 그 대가로 해상 이용권을 얻어낸다. 또 다른 내륙국인 압독국도 포항 항구를 이용하기 위해 신라에 속국이 되겠다고 약속했다."

그러나 실직국은 포항의 실직곡국을 차지하기 위해 2년 후인 파사왕 25년(104년)에 신라에 반기를 들었다. 신라는 병사를 보내 실직을 토벌하고 평정했다. 그리고 삼척, 울진 등지에 살고 있던 실직국민을 남쪽 변경으로 옮기도록 사민徙民정책을 취한다.

『삼국사기』 기록으로는 실직국이 2세기 초인 파사왕 25년에 멸망한다. 실직국 백성들은 고향 땅을 등지고, 아마도 신라와 금관국과의 경계지역인 부산 또는 경상남도 일대로 보내져 가야와의 전투에 동원됐을 것이다. 고대에 나라 잃은 백성들은 노예나 다름없다. 실직국인들은 슬플 겨를도 없이 고난의 행군을 해야 했다. 남부여대男負女戴. 삼척에서 부산까지, 그들은 마치 6·25전쟁 때의 피난행렬처럼 아이와 가재도구만 이고 지고 쫓겨 갔다.

이에 비해 압독국은 처음엔 신라에 고분고분했다. 실직국이 멸망한 지 2년 후인 106년 정월에 파사왕은 압독에 행차해 가난한 백성들을 구제해 주는 등 유화정책을 취했다. 파사왕이 3월에 돌아왔으니, 두 달 동안 압독에 머물며 점령지의 반란 세력을 소탕하는 한편 백성들을 신라로 끌어들인 것이다.

하지만 압독국 사람들은 40년 후인 일성왕 13년(146년) 반란을 일으켰다. 신라는 병사를 일으켜 평정하고, 실직국인들에게 취했던 것처럼 남은 백성들을 남쪽 지방으로 쫓아냈다. 정복국가 신라의 이중적 모습을 보여 준다. 고분고분하면 도닥거려 주고, 저항하면 말살시키는 정책이다. 이처럼 고대나 현대나 전쟁은 가혹한 것이다.

(2) 타임캡슐을 깨고 나온 실직국

삼척에는 실직군왕릉, 실직군왕비릉이 있는데, 신라에 패망한 실직국과는 직접적 연관성이 없다. 오히려 실직국을 멸망시킨 신라 왕족의 무덤이며, 삼척 김씨의 시조묘로 모셔지고 있다. 강원도 기념물 제15호로 지정된 실직군왕릉은 삼척시 성북동에 위치하고, 왕비릉은 왕릉에서 2㎞ 떨어진 사직동에 있다. 실직군왕은 신라 마지막 왕 경순왕의 제8자인 김추金鍾의 아들 김위옹金渭翁의 무덤이다. 고려 왕건은 마의태자가 무리를 이끌고 강원도 산간에 숨어 버리자 유화책으로 경순왕의 여덟 번째 왕자 김추에게 문하시중門下侍中 자리를 주고, 삼척군三陟君으로 책봉册封하고, 관향貫鄕을 삼척三陟으로 삼게 했다. 왕

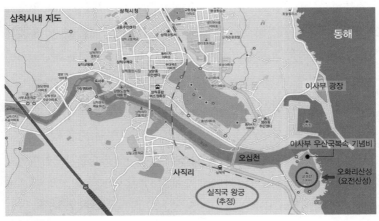

실직국 위치

비릉의 주인공은 밀양 박씨다.

실직국을 다스리던 왕조는 전설 속에 사라지고, 실직국을 멸망시키고, 그 강역을 지배한 경주 김씨의 후손이 실직군왕에 임명돼 오늘날에도 그 무덤이 보존되고 있으니, 이것이말로 역사의 아이러니가 아닐 수 없다.

실직국에 대한 공식 기록은 『삼국사기』 파사이사금조의 짧은 이야기밖에 없어 실체를 파악하는 데 한계가 있다. 하지만 최근 영동지방에 개발 사업이 활발해지면서 철기시대 유물들이 대량으로 발굴되고 있다. 고고학자들이 영동지방의 이 유물들을 분석해 본 결과는 다음과 같다.

> ① 강릉 중심의 예국과 삼척 중심의 실직국이 동해안을 활동 무대로 한 예족 계통이며,
>
> ② 실직국은 북쪽으로는 지금의 강릉시 옥계면 지역, 남쪽으로는 경북 동해안 일대(울진, 평해, 영덕, 청하)에까지 영향력을 미쳤다.

특히 동해시 송정동 유적은 1996년 관동대 발굴팀이 처음으로 조사한 이래 지금까지 20여 차례나 여러 조사기관에 의해 발굴조사가 이뤄지고 있다. 송정동 마을 유적은 기원 무렵부터 4~5세기경에 조성된 것으로 추정되는데, 1,600호 정도의 대규모 마을로 평가되고 있다. 동해시 망상동, 삼척 증산동, 삼척 하맹방리, 삼척 호산리 등지에서도 철기시대의 유적지와 유물들이 연이어 발굴되고 있다. 2,000년 동안 숨겨져 있던 실직인들의 삶이 타임캡슐을 통해 재현되기 시작한 것이다. 고고학자들이 동해와 삼척 일대의 철기시대 유적지를 조사한 내용을 아래에 간추려 본다.

① 마을이 하천과 동해가 만나는 사구지역에 형성돼 있다. 한강, 임진강 유역에서 발견되는 주거 형태인 凸자형, 呂자형 주거지가 강원도 영동지방에서 나타난다. 영동의 예족과 영서의 맥족이 같은 형태의 주거 형태를 운영한 것이다. 고고학적으로는 예족과 맥족이 동일 문화권에 속해 있었다.

② 동해 송정동 유적은 영동지방에서 발굴된 최대 규모의 마을 유적지인데, 다양한 모양의 토기, U자형 삽날, 철촉, 철모, 은제 귀걸이, 관옥, 유리구슬, 동경의 재가공품인 파경破鏡 등이 출토돼, 실직인들의 생활 형태가 파악되고 있다.

③ 특히 송정동 유적에서는 송풍관, 철기 부산물이 출토됐는데, 여기서 발굴된 철기들을 조사하면 단야공방지가 있었음을 짐작케 한다. 기원 1세기 말, 늦어도 2~5세기 무렵까지 운영됐을 것으로 보이는 단야공방지는 이른바 대장간이다. 철에 열을 가해 모양을 변형시키고 담금질해서 가공하는 작업이 이루어진 곳이다. 실직국의 유적지에서 대장간이 있었다는 것은 어디서인가 쇳덩어리를 수입했다는 말이다. 그곳이 바로 금관국이었을 것이다. 파사이사금조의 실직국-음집벌국의 영토 분쟁은 동해 송정리에서 가공할 쇠를 거래하기 위해 멀리서 기항지를 찾던 중 벌어진 사건이었던 것이다.

④ 송정리 유적에서는 한식계 토기, 유리옥 제품, 파경의 재가공품, 청동 소환 등이 외래 문물이 발견되는데, 실직국이 외부와의 접촉이 잦았음을 보여 준다. 실직국은 해상을 통해 변한, 진한, 마한은 물론 낙랑과도 문물을 교역했던 것이다. 고대엔 태백산맥을 넘어 한강 또는 대동강 유역까지 거래하기 어려웠고, 해상을 이용할 수밖에 없었다.

⑤ 강원도 영동지방의 철기시대 유적에서는 무덤이 전혀 발견되지 않는다. 발견되는 무덤은 신라의 지배를 받은 후의 것이고, 실직인

들의 무덤은 아직 발굴된 게 없다. 마한, 변한, 진한, 강원도 영서 지방의 맥족 등 고대 부족국가들에게서 무덤이 발견되는 것과 상이하다. 고고학계에선 옥저沃沮의 세골장洗骨葬 풍습을 실직국이 공유한 것이 아닌가 하는 해석을 하고 있다. 세골장이란 유해를 일정 기간 보존한 후 남은 뼈만 씻어서 납골해 다시 장사 지내는 장례법을 말한다. 『삼국지』 「위서」 동이전에는 옥저에는 세골장을 한다는 기록이 있는데, 옥저와 예국, 실직이 동일 계통의 종족이어서 비슷한 장례법을 운영했을 가능성이 있다고 한다. 공중에 만들어 놓은 대형 목곽에 뼈를 추려 안치할 경우 2,000년의 세월을 지내며 남아 있기 어렵다.

영동지방의 유적 발굴지에서 실직국 시대의 것으로 보이는 유적과 유물은 3세기 후반부터 사라지고 신라의 유적으로 전환된다. 2세기 초 파사왕에 의해 실직국이 멸망하자 유민이 남쪽으로 이주한 후, 실직국의 고유문화는 소멸했다. 신라의 것이 이를 대체한 것이다.

(3) 해상왕국

사료에 희미하게 나타나는 실직국의 모습을 완전 복원하는 것은 거의 불가능하다. 다만 고고학적 연구업적이 살을 보태고, 삼척, 강릉, 울진 일대의 지형지물을 살펴보면서 실직국의 윤곽을 그려보는 것으로 만족할 수밖에 없다.

실직국의 강역은 북쪽으로 강원도 강릉시 옥계면에서 경북 동해안인 영덕에 이르는 동해안 해상왕국이었다. 서쪽으로는 백두대간白頭大幹과 낙동정맥洛東正脈이 흐르고, 그 사이 바다 쪽으로 뻗친 지맥 사이로 소하천이 형성되고 있다. 실직국은 강원도 남부에서 경북 북부에 이르는 동해안에 좁고 길게 연맹체를 형성했다. 안데스 산맥 Andes Mts.에 가로막혀 길쭉하게 국토를 형성하고 있는 남미의 칠레를 연상케 한다.

동해안 유적을 살펴보면 실직국은 해상왕국으로서 북의 옥저, 남의 진한, 변한을 연결하며 중계무역으로 번성한 사실을 알 수 있다. 강릉 교황리 유적에서 철 생산과 관련 있는 유구가 출토되고, 동해 망상동과 송정동 유적에서 송풍 파편이 발견됐다. 이는 실직국이 금관국의 철기를 수입해 자체적으로 사용하기도 하고, 북쪽의 예국에 수출한 사실을 입증하고 있는 셈이다. 실직국의 수출품은 어물과 소금, 임산물 등이 아니었을까. 강릉 유적지에서는 중국 한대漢代의 오수전이 발견되는데, 동해안 해로가 오래전부터 운영되고 있었음을 보여 주는 증거다.

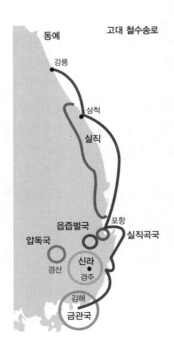

고려조 이승휴가 남긴 기록에도 있듯이 삼척, 울진 등지에서는 맑은 날에 울릉도가 보이고, 울릉도에서도 육지가 보인다고 한다. 따라서 실직국과 우산국 사이에도 교역이 있었고, 실직인들은 삼척에서 울릉도까지의 해로를 알고 있었을 것이다.

기록상으로 이사부가 실직주 군주가 되기 300년 전에 실직국은 이미 존재했다. 실직국은 동해를 장악한 고대 해상왕국이었고, 실직국인들은 해류와 해풍의 방행과 이용법을 알고 있었던 것으로 보인다. 선박 제조술은 물론 발달한 항해술도 갖고 있었을 것이다.

신라는 숱하게 왜의 침공을 받아 왔기 때문에 제해권의 중요성을 일찍이 깨달았다. 때문에 지증왕이 가장 신뢰하는 왕족을 실직 군주로 보낸 것은 동해의 제해권을 장악하라는 뜻이었다. 실직국은 멸망했지만, 그 후예들이 보존해 온 선박 제조술, 항해술은 나중에 이사부가 우산국을 정벌하는 데 충분히 활용됐을 것이 분명하다.

안일왕 전설

실직 왕국의 전설은 살아남은 백성들 사이에서 이어져, 2000년이 지난 지금까지 동해안 일대에 남아 있다. 삼척문화원 웹사이트[1]에 기록되어 있는 경북 울진군 서면 왕피리王避里의 실직국왕 전설을 소개해 보기로 한다.

> 지금부터 2천여 년 전 동해안에는 강릉 지역의 예국濊國, 삼척 지역의 실직국悉直國, 울진 지역의 파조국波朝國 또는 파단국波但國이라 불린 군장국가가 공존해 있었는데, 이들 세 나라를 통칭해 '창해 삼국滄海三國'이라 불렀다. 철기시대를 맞아 다량의 청동제 및 철제 무기를 소유한 이들 세 나라는 영역 확장을 위한 전쟁을 하게 되고, 기원후 50년경이 되면 마침내 삼척의 실직국이 울진의 파조국을 침공해 합병하게 된다. 그로부터 10년 후 실직국은 강릉의 예국으로부터 공격을 받아, 안일왕安逸王은 울진으로 피난하여 산성을 쌓고 방비를 했다. 이 산성은 안일왕이 피난 와서 축조한 성城이라 하여 '안일왕산성安逸王山城'이라 부르는데 경북 울진군 서면 소광리에 가면 지금도 정상부에 산성의 형태가 잘 남아

....

[1] http://samcheok.kccf.or.kr/.

있다. (중략) 실직국의 왕 가운데 유일하게 그 이름이 남아 있는 안일왕은 울진 지역에서만큼은 안일왕보다 '에밀왕'으로 불린다. 그곳의 70~80대 노인들의 이야기에 의하면 어릴 적에 울음보를 터뜨리면 어른들이 "예滅 나온다, 그쳐라", "예 쳐온다, 그쳐라" 하고 달랬다고 한다. 즉 강릉의 예국이 쳐들어오니까 울음을 그치라는 뜻이다. 안일왕산성 주변의 통고산通高山은 안일왕이 이 산을 넘으면서 하도 재가 높아 통곡했다 해서 '통고산'이라 한다. 삿갓봉의 복두괘현僕頭掛縣('박달재'라고도 함)은 안일왕산성이 함락되자 안일왕이 신하와 옷을 바꿔 입고 도망가다가 이곳에서 복두, 즉 임금이 쓰던 모자를 벗어 놓고 샘물을 마시던 중 적군의 추적이 가까워지자 미처 걸어 놓은 복두를 쓰지 못하고 도망간 곳이라 하여 붙여진 지명이다. 울진군 서면 왕피리는 임금이 피신했던 곳, 병위동(또는 병우동)은 안일왕의 군사가 머물렀던 곳, 포전飽田은 왕이 피난 당시 군속과 같이 갈증을 풀고 포식한 곳, 임광터(또는 임왕기)는 임금이 앉아 쉬던 곳, 핏골은 왕이 적에게 붙잡힌 곳, 거리곡은 실직국의 군량미를 저장하는 창고가 있었던 곳이라 해서 그런 지명이 붙여졌다는 유래가 전해져 오고 있다.

2000년 전 실직국의 숨결이 경북 울진에서 설화와 지명의 형태로 이어지고 있는 것이다. 실직국의 중심지였던 삼척보다 울진 지역에 실직국 설화가 잘 남아 있는 것은 울진 지역의 지형적 고립성 때문으로 해석된다.

신라 파사왕 때 멸망한 실직국을 건설한 사람은 실직인, 부족을 '실직씨'라 불렀는데, 지금은 그 성씨가 남아 있지 않다. 잃어버린 왕국의 후손은 어찌 성씨를 쓸 수 있으랴. 일부에서는 울진 '봉평신라비'를 해석해 실직국 부흥운동이 벌어졌다고 주장하는데, 딱히 동의할 수 있는 근거가 없다.

3. 개혁 군주 지증왕

(1) 혁명 정권

서기 500년, 지증왕이 소지왕을 이었다. 지증왕은 소지왕과 마찬가지로 내물왕에서 내려왔지만, 내려오는 계통이 다르다. 소지왕은 내물왕의 아들 눌지왕의 장자 계열이다. 학계에서 논란이 있지만, 지증왕은 눌지왕의 동생인 복호ト쌹 계열로 파악되고 있다.

『삼국사기』엔 소지왕이 아들이 없어 지증왕이 대신 왕위를 이었고, 즉위 시 나이는 64세 고령이었다고 적고 있다. 뭔가 설득력이 약하다. 고대 사서에 '아들이 없어서', '천성이 착해서', '국인國人들의 평이 좋아서' 등의 표현과 함께 권력이 승계될 경우 후세의 사가史家들은 정통성이 없는 승계를 정당화하기 위한 기술로 파악하는 것이 일반적이다.

실제로 소지왕은 후궁에게서 낳은 아들이 있었다. 『삼국사기』 기록의 모순인 셈이다. 사학자들 사이에서는 소지왕에서 지증왕으로 넘어가는 과정 중 상당한 정치적 혼란이 발생했고, 일종의 쿠데타를 통해 지증왕이 즉위했다는 주장이 있다. 이와 관련해 소지왕 마지막 해의 기록에 미심쩍은 문구가 발견된다.

"소지왕 22년(서기 500) 여름 4월, 폭풍이 불어 나무가 뽑혔다. 금성의 우물에 용이 나타났다. 서울 사방에 누런 안개가 가득 끼었다."

『삼국사기』「신라본기」

이와 같이 고대 사서에서 '우물에서 용이 났다'든지, '폭풍우가 불고 누런 안개기 끼었다'는 기상이변에 대한 내용은 당시 정치적 변동이 있었다는 것을 은유적으로 표현하는 것이다. 구체적인 반란의 조짐은 그 다음 문장에서 확인된다.

소지왕 22년(서기 500) 가을 9월, 임금이 날이군捺已郡에 행차했다. 그 고을 사람 파로波路에게 벽화碧花라고 하는 딸이 있었는데, 나이는 열여섯으로 실로 온 나라 안에서 뛰어난 미인이었다. 소녀의 아버지가 그녀를 수놓은 비단을 입혀 수레에 태우고 색깔 있는 명주로 덮어서 임금에게 바쳤다. 임금은 음식을 보낸 것으로 생각했으나, 열어 보니 어린 소녀였으므로 괴이하게 여겨 받아들이지 않았다. 그러나 왕궁에 돌아와서 그리운 생각을 버리지 못하고, 두세 차례 평복을 입고 그 집에 가서 소녀와 잠자리에 들었다. 도중에 고타군古陀郡을 지나다가 어떤 노파의 집에 묵게 되었는데, 그녀에게 물어보았다.

"요즘 백성들은 임금을 어떻게 생각하는가?"

노파가 대답하였다.

"많은 사람들이 성인으로 여기지만 나는 의심하고 있지요. 왜냐하면, 임금이 날이捺已의 여자와 관계하러 보통 사람들이 입는 옷을 입고 자주 다닌다는 얘기를 들었거든요. 무릇 용이라도 물고기의 껍질을 쓰고 있다가는 고기잡이에게 잡히게 되는 것이지요. 지금의 임금은 높은 자리에 있으면서 스스로 신중하지 않으니 이런 사람이 성인이라면 누가 성인이 아니겠습니까?"

임금이 이 말을 듣고 크게 부끄럽게 여겨 곧 몰래 그 여자를 맞아
들여 별실에 두었다. 아들 하나를 낳기에 이르렀다. 겨울 11월, 임
금이 돌아가셨다.

『삼국사기』「신라본기」

날이군은 경북 영주로, 김씨 왕조의 시조 성한왕星漢王이 출생한
곳으로 알려져 있다. 사학자 강종훈은 '문무대왕비'에 기록된 성한
왕의 출생지가 죽령 바로 남쪽인 지금의 영주 지역이며, 소지왕이
이곳에 김씨 조상을 모신 신궁을 만들었다고 했다. 소지왕은 재위
9년에 시조(성한왕)가 태어난 내을奈乙에 신궁神宮을 설치했다. 강종훈
은 내을을 경주로 보지 않고, 영주 인근일 것으로 보았다.

소지왕은 날이군에서 벽화부인을 만나 아들을 낳았다(소지 22
년조에 9월에 벽화부인을 만나 아들을 낳았다는 기사에는 무리가
있다. 아직 임신 중이거나, 낳아도 아주 어렸을 것이다). 임금이 후궁
을 얻어 아들을 낳는 것은 봉건왕조 시대에 전혀 문제될 것이 없었
다. 게다가 정통 사서에 이런 일로 임금을 비난하는 글귀를 적기 힘
들다. 진흥조에 이사부와 거칠부居柒夫가 신라의 역사國史를 기록하면
서 지증왕 계승의 정당성을 뒷받침하기 위해 소지왕의 잘못을 남겼
던 게 아닌가 싶다. 경주부터 영주까지 순행할 정도로 강건하던 소
지왕이 여염집 미인과 사랑을 나누다 여론의 뭇매를 맞자 두 달 만
에 급사하는 장면은 정사正史의 기록으로는 이해하기 힘든 내용이다.
어느 노파가 "무릇 용(임금)이라도 물고기의 껍질을 쓰고 있다가는
고기잡이(반락 세력)에게 잡히게 되는 것이지요"라는 말 속에서 소
지왕과 지증왕의 교체기에 있었던 반전 드라마를 상징하는 것인지
도 모른다.

소지왕은 신궁을 짓고, 시조묘에 세 차례나 행차하며 김씨 세력의 중심임을 강조했다. 그가 김씨 왕족의 본거지인 영주(날이군)를 비롯해 안동(고타군), 구미(일선군)을 오갔다는 기록은 지방의 지원 세력을 강화하기 위한 것으로 해석되며, 그곳에서 낳은 아들이 서라벌로 들어와 임금이 될 경우 권력이 약화될 것을 우려한 세력이 경주에 있었을 것이다. 그들이 반발한 것으로 보인다.

지증왕의 부인은 박씨 연제부인延帝夫人으로 이찬 등흔登欣의 딸이다. 권력에서 소외되었던 박씨 세력이 김씨 방계인 지증왕과 연대해 김씨 정통을 주장하는 소지왕의 아들 대신에 지증왕을 세웠다는 그림을 그려도 무난할 것 같다. 경북 내륙의 토착 세력과 손을 잡은 소지왕계와 해상 세력(고기잡이)의 지원을 얻은 지증왕계가 권력 투쟁에서 승리했다는 해석도 가능하다.

(2) 덕업일신 망라사방德業日新 網羅四方

쿠데타로 권력을 장악한 정권은 정통성이 취약하다. 이를 극복하기 위해선 강력한 개혁, 개방조치를 취해야 한다. 선진국 문물도 적극적으로 받아들여야 지지 기반을 확보할 수 있다. 5·16 쿠데타로 권력을 잡은 박정희 정권이 사회를 개혁하고, 경제개발계획을 수립하며, 농업 혁명을 주도한 것도 같은 맥락이다.

지증왕은 즉위 초기 과감히 개혁 조치를 취했는데, 이것 역시 쿠데타 정권으로서의 약점을 보완하기 위해서였을 것이다. 지배 권력 내부의 갈등을 딛고 권력을 잡았기에 지배층 내부보다는 백성들에게 도움이 되는 조치를 적극적으로 마련했다. 민중과 손잡고, 지배 집단을 누르고 왕권을 강화하는 일련의 조치들이 지증왕조에 행해진 것이다.

지증왕은 집권 초기에 체제 정비에 나섰다. 개혁 군왕은 즉위 3년에 백성들의 말 못할 고통중 하나인 순장殉葬을 금지하고, 소를 몰아서 밭갈이牛耕하는 법을 개발해 농사를 권장했다. 아울러 지증왕 6년에 스무 살밖에 되지 않은 이사부를 동해 해상 세력의 중심지인 삼척의 통치자로 보내고, 그해에 선박 이용 제도를 정비해 해양 세력을 강화하기 위한 조치를 단행한다. 지증왕 4년(503년) 국호를 신라新羅로 정하고, 임금의 호칭을 왕王으로 정했다.

"신하들은 아뢰었다."

"시조께서 나라를 세우신 이래 나라 이름을 정하지 않아 사라斯羅라고도 하고, 혹은 사로斯盧 또는 신라新羅라고도 칭했습니다. '신新'은 '덕업이 날로 새로워진다德業日新'는 뜻이고 '라羅'는 '사방을 덮는다網羅四方'는 뜻이므로 '신라'를 나라 이름으로 삼는 것이 마땅하다 생각합니다. 또 예부터 나라를 가진 이는 모두 '제帝'나 '왕王'을 칭했는데, 우리 시조께서 나라를 세운 지 지금 22대에 이르기까지 단지 방언으로 칭했고, 존엄한 호칭을 정하지 못했으니, 지금 여러 신하가 한 마음으로 삼가 '신라국왕新羅國王'이라는 칭호를 올립니다."

임금이 이 말에 따랐다.

『삼국사기』「신라본기」

지증왕은 '신라'라고 정한 국호 속에 나라의 비전을 담았다. '신新'에서 내치內治를 의미하는 '덕업일신德業日新'의 뜻을 담았고, '라羅'에서 외치外治에 해당하는 '망라사방網羅四方'의 의미를 녹였다.

지증왕의 덕업일신 정책은 순장제 폐지, 우경牛耕 실시, 주군현

州郡縣제 실시 등으로 나타난다. 순장제 폐지는 백성과 손잡고 귀족 세력을 억누르기 위한 조치였다. 당시 순장은 임금이 죽으면 남녀 각 다섯 명씩 함께 묻는 제도였는데, 이는 흉노족의 풍습이었다. 또 다른 흉노 계열로 파악되는 가야국에서는 마지막 왕까지 순장을 치렀는데, 신라는 가야보다 훨씬 앞서 살아있는 목숨을 매장하는 비인간적인 제도를 폐기한 것이다.

중국을 통일한 진시황秦始皇이 죽은 후(B.C. 210년) 자신의 무덤을 지키게 하려는 목적으로 병사와 말의 모형을 흙으로 빚어 실물 크기로 제작한 병마용을 매장토록 지시했다. 중국에서도 국왕이 죽으면 섬기던 가신이나 병사도 따라 매장하는 풍습이 있었지만, 시황제는 국력 쇠퇴를 우려해 병사들과 꼭 닮은 인형(병마용)을 만들어 매장하는 지혜를 발휘했다.

(3) 우경 실시

우경은 소를 몰아서 밭을 가는 농법으로 지증왕 때 처음 사용됐다. 이전까지는 쟁기질을 두 사람이 했다. 사람이 앞에서 끌고, 뒤에서 쟁기를 잡고 따라가는 방식이다. 우경 제도를 실시하면서 노동력이 절감되는 것뿐 아니라, 소의 힘을 이용할 수 있어 농사일이 훨씬 수월해졌을 것이다.

우경의 실시는 무기로 사용되던 철이 농사 도구인 괭이, 호미의 단계에서 쟁기 단계로 넘어가고, 철의 강도도 강해졌다는 것을 의미한다. 쟁기의 모양도 사람이 끌던 때와 달라진다. 소가 끄는 쟁기는 사람이 끌 때보다 넓고 두터워졌다.

소의 힘을 이용하기 때문에 사람의 힘으로 농지를 개척할 때보

지증왕 때 축조한 경주 월성의 석빙고

다 험한 땅도 농지로 전환할 수 있게 되었다. 이처럼 농경시대의 우경 실시는 근대의 산업혁명과 같은 역할을 했다. 실제로 소로 쟁기를 끌면 인력으로 농사를 지을 때보다 소출所出이 2~3배로 증가하는 것으로 분석된다. 원시 농경시대에 우경은 일종의 농업혁명인 셈이다.

반면 우경은 농업 생산력을 높이고, 경지 면적을 혁명적으로 넓힐 수 있는 장점이 있지만, 토지와 소, 쟁기 등 생산수단을 가진 유산 계급(지주층)과 땅과 생산 도구가 없는 무산대중의 계급 분화가 심해지는 결과를 초래한다.

신라는 백제와 고구려에 앞서 우경을 실시함에 따라 삼국 가운데 가장 높은 농업 생산력을 확보할 수 있었다. 농업 생산력이 높으면 인구가 늘고, 병력 자원이 많아진다. 경제사적으로 볼 때 신라 팽창의 원동력은 이러한 농업 신기술의 개발에 있었다고 평가할 수 있다. 농업 생산력의 발달로 먹고 남은 잉여 농산물이 늘고, 자연스럽게 다른 사람과의 농산물 교환 시장이 발생한다.

『삼국사기』를 살펴보면, 신라는 소지왕 12년(서기 490년)에 처음으로 서라벌에 시장을 열어 물자를 유통시켰다. 이어 지증왕 10년(서기 509년) 서울 동쪽에 시장을 설치했다. 우경을 실시하면서 농업생산력이 급증함에 따라 서라벌에 한 개였던 시장이 두 개로 늘어났다는 얘기다. 『삼국지』「위서 동이전」에는 당시 신라에서 철을 화폐로 사용했다는 기록이 등장한다. 이는 우경 실시에 의한 시장의 확대로 철물이 화폐 역할을 대신하는 시대가 열리게 된 것을 말한다.

지증왕은 내치의 일환으로 상복喪服에 관한 법률을 제정해 시행하고, 처음으로 담당관에게 명해 얼음을 저장하게 했다(경주 월성에 석빙고가 있다). 아울러 가뭄이 들어 백성이 굶주리자, 국가의 창고를 풀어 구제했다. 이처럼 지증왕은 백성을 배불리 하는 데 힘을 쏟은 임금이었다.

지증왕이 덕업일신에 주력했다면, 이사부는 망라사방, 즉 외치에 힘쓰며 임금을 도왔다. 이사부는 지증왕 초기, 10대 후반의 어린 나이에 변경의 관리가 되어 거도居道의 계략으로 가야를 속여 땅을 빼앗고, 이어 실직과 하슬라의 군주가 되어 우산국을 복속시킨다.

4. 뭍에서 울릉도를 보았다

(1) 독도와 울릉도를 가다

이사부의 흔적을 찾기 위해 필자는 직접 울릉도와 독도를 방문했다. 다행히 이사부기념사업회가 매년 실시하는 이사부항로탐사대에 동참할 기회가 생겼다.

2015년 7월 28일 오전, 코리아나호는 삼척항을 떠나 독도로 향했다. 당초 25일 오후에 예정됐던 출항 시각은 제12호 태풍 할룰라의 북상으로 3일간 연기됐다. 오전 9시 5분, 정채호 선장의 출항 명령으로 닻줄이 올려지고, 코리아나호는 미끄러지듯 부두에서 멀어졌다. 승선 인원은 38명이었다.

코리아나호는 국내 유일의 범선이다. 1995년 건조建造된 이 범선은 길이가 41m, 너비가 6.6m로 99톤급이다. 선장 정채호 씨는 민선 초대 여천시장을 역임했으며 거북선연구소장, 코리아요트학교 교장, 전남요트협회장 등 다양한 이력을 갖고 있다. 이 후덕한 인상의 선장은 바다를 사랑하고 있는 것이 분명했다.

태풍이 지나고 난 뒤여서 파도는 잔잔했고, 하늘을 청명했다. 백두대간의 지류인 백두정맥이 병풍처럼 펼쳐졌다. 코리아나호는 이를 뒤로 한 채 대양을 항진했다. 안익태 선생이 "동해물과 백두산이 마르고 닳도록 하나님이 보우하사"라고 애국가 첫 소절을 시작했는데, 바로 그 장면이 여기서 연출된 듯싶다.

이사부가 울릉도로 출항한 시기는 지증왕 13년(서기 512년) 여름 6월(음력)이었는데, 마침 코리아나호의 출항일은 음력 6월 13일이었다. 당시 이사부도 바다가 잔잔해지길 기다리다가 출항일을 잡았을 것이다. 삼척에서 울릉도는 정동正東의 방향이다. 항해술이 발달하지 않은 당시에는 정동으로 기수를 맞춰 놓고 항해했으리라. 아침 일찍 배를 띄워 저녁에 울릉도 인근에 도착한 뒤 밤을 보내고 새벽에 우산국을 공격했을 것이다.

코리아나호는 울릉도를 들르지 않고 바로 독도로 가기로 했다.

이사부 항로탐사대가 탑승한 코리아나호(2016년)

이사부가 실직 군주의 명을 받아 주둔한 것으로 추정되는 삼척시 오분동 고성산(오화리산성)을 뒤로 하고, 코리아나호는 바다로, 바다로 나아갔다. 지루한 항해가 계속되었다. 작열하던 8월의 태양도 서서히 기울고 원형 바다의 서쪽에 황혼이 길게 드리워졌다. 밤이 다가왔다. 코리아나호는 울릉도 남쪽 15㎞ 해상을 지나 독도로 향했다.

7월 29일 새벽 4시. 코리아나호는 독도 해역에 도착했다. 무려 19시간의 항해였다. 해무가 짙게 끼어 독도의 일출은 보지 못했다. 오전 6시, 짙은 해무 사이로 검은 섬이 나타나자 선착장이 가까이 보였다. 해경이 접안을 도와줬지만, 코리아나호는 좀체 접안하지 못했다. 해무가 걷힐 때까지 바다에서 두 시간 정도 더 기다려야 했다. 오전 8시, 코리아나호는 독도 접안에 성공했다. 일반선의 접안 확률은 20%에 불과하고, 성능이 좋은 여객선의 접안 확률이 50% 정도라고 한다. 독도까지 와서 발을 내딛어 보지 못하고 돌아가는 사람도 많다. 운이 좋았다. 독도를 지키는 해경들의 거수경례를 받으며 하선했다. 독도 땅을 밟았다. 20여 시간을 흔들리는 배 위에 있다가 땅을 밟았는데, 여전히 어찔함이 느껴졌다.

하선 후 안호성 이사부기념사업회장이 '독도 성명서'를 낭독했다. 독도를 자기네 땅이라고 우기는 일본을 규탄하는 내용을 담았다. 마침 독도 이장인 김성도 씨(당시 76)가 선착장에 나와 여객선을 기다리고 있었다. 부인 김신렬 씨와 함께 독도에 거주하며 우리 국토 최동단의 섬을 지키고 있는 김씨는 그날 대구로 약을 받으러 간다고 했다. "6개월에 한 번 정도 육지에 나가는데, 이번엔 네 달 만에 나가는 것입니다. 문어도 잡고 어업에 종사하고 있는데, 요즘 잘 잡히지 않아요"라고 말했다. 그는 1991년부터 1997년까지 매년 10월에서 이듬해 5월 초까지 독도에서 생활했다. 그 후 울릉도에서 생활하다가, 어업민 숙소가 개축되고 국민성금으로 마련된 어선 독도호를 제공받아 2005년부터 독도에 상주하고 있다.

우리는 독도 탐방에 나섰다. 해무가 서서히 걷히고 독도가 웅장한 자태를 드러냈다. 독도 나루터에서 경북지방경찰청 독도경비대까지의 길 이름이 '독도이사부길'이다. 이 이사부길을 따라 가다 맨 처음 만나는 곳이 '대한민국 동쪽 땅끝'이라 새겨진 둥근 표지석이다. 가슴이 뭉클하다. 일본이 어찌 이 땅을 자기네 것이라고 우긴단 말인가.

계단을 올라 중턱쯤에서 독도를 지키다 숨진 이들을 위해 축문 낭독과 제사를 지낸 후 경북지방경찰청 독도수비대 건물로 올라갔다. 바위에 '한국령韓國領'이라는 글자가 선명히 새겨져 있다. 이명박 전 대통령이 이곳에 와서 사진을 찍은 후 한일 관계가 악화된 적이 있다. 하산길에는 안개가 완전히 걷혔다. 독도는 그 자체가 절경이다. 선착장에 다시 도착했을 때 여객선이 들어왔다. 광복둥이들을 위한 행사가 준비되고 있었다. 1945년에 출생하신 70세 할아버지, 할머니들이 독도에 도착해 마련된 행사에 참여하고 계셨다.

독도의 날씨는 예측하기 어렵다. 정채호 선장은 예정 시간보다 한 시간 앞당겨 출항하기로 했다. 오전 10시, 우리는 독도를 떠났다. 두 시간 정도 독도에 머물렀다. 매년 갖는 이사부 독도 탐방 행사도 벌써 여덟 번째였지만 독도에 접안한 날은 몇 번 되지 않았다고 한다. 두 시간의 짧은 독도 상륙이었지만, 우리는 행운아였다. 독도를 뒤로 하고 우리는 다시 울릉도로 향했다. 코리아나호는 7월 29일 오후 5시 30분에 울릉도 사동항에 도착했다. 독도에서 7시간 반이나 걸렸다. 우리는 이틀 사이에 무려 27~28시간 배 위에 생활하느라 지칠 대로 지쳐 있었다.

7월 30일, 탐사대는 울릉도 관광에 나섰다. 울릉도는 신생대에 화산이 폭발해 뜨거운 용암이 굳어 형성된 섬이다. 화산 중심부가 굳어 형성된 곳이 나리분지다. 거북바위, 사자바위, 국수바위, 버섯바위, 코끼리바위, 삼선암 등 해안의 기암괴석은 화산암이 굳어 형성된 바위다. 특히 봉래폭포는 나리분지에서 형성된 지하수가 3단계의 지층을 깎으며 흘러내려 형성됐다. 장관이었다. 봉래폭포를 가는 도중에 풍혈風穴은 등산길의 땀을 식혀 주는 천연 에어컨이었다.

울릉도 여행을 마치고 탑승한 코리아나호는 7월 31일 오전 4시 50분 울릉도 사동항을 출발해 서쪽을 행했다. 오후 2시 한반도의 등뼈를 형성하는 백두대간이 보이기 시작했다. 오후 4시 30분 삼척항에 도착했다. 4일간 선상에서만 40시간 가까운 시간을 보냈다. 지루하고 힘든 여정이었다. 하지만 서기 512년 이사부 장군의 동해 공략이 있었기에 넓고 넓은 동해 속 울릉도와 독도를 통해 우리 영토의 역사를 제대로 알 수 있었다.

(2) 육지에서 울릉도를 확인하고 출항했다

『삼국지』「위서 동이전」에는 울릉도를 가리키는 것으로 추정되는 기사가 실려 있다.

> 관구검毌丘儉(고구려를 침공한 위의 유주자사)이 부하 왕기王頎 장군에게 부대를 나누어 주고, 고구려 임금(동천왕)을 쫓아 옥저로 파견했다. 왕기가 옥저의 동해안에 이르러 현지 노인들에게 "바다 동쪽에도 사람이 있느냐"고 물었다. 노인耆老이 말하기를, "국인(옥저인)이 일찍이 배 타고 고기를 잡다가 풍랑을 만났는데, 수십 일 만에 동쪽으로 바다 위에 한 섬을 보았다. 뭍에 올라가

보니 사람이 살고는 있는데 언어는 서로 통하지 않았고, 그 풍속은 항시 7월이면 어린 여자를 바다에 바쳤다"고 말했다. 그 노인은 이어 "바다 한가운데 나라가 하나 있는데 모두 여자이고 남자가 없다"며, "바다에 떠다니는 옷 하나를 얻었는데, 모양은 중국인의 옷과 같고 양 소매 길이가 세 장이었다"고 했다. 또 "부서진 배 하나가 파도에 밀려와 해안에 닿았는데, 목에 얼굴이 또 있는 사람이 타고 있었다. 살아는 있었는데 말이 통하지 않았고 음식을 먹지 않아 죽었다"고 했다. 그곳은 모두 모두 옥저 동쪽의 큰 바다 가운데에 있는 것이다.

위 기록은 옥저 노인의 말을 왕기가 듣고, 그 말이 몇 차례 건너 저자 진수陳壽에게 전해졌으므로, 사실과 다른 측면도 있을 것이다. '남자가 없고 여자만 사는 나라', '얼굴이 둘인 사람'은 실제 상황이 아니고 전설이 와전된 것 같다. 하지만 동해바다 한가운데 나라가 있었다고 전해 우산국의 실체를 알려 주고 있다. 옥저는 함경도 해안에 형성된 고대 부족국가다. 고려시대에 함경도 여진족들이 울릉도를 침공한 사실로 비추어 고대에도 동해를 가로지르는 해상항로가 있었을 것이다.

『삼국지』「위서 동이전」에는 또 예국濊國 바다에는 반어피班魚皮가 있어 한나라 환제桓帝 때 이를 바쳤다는 기록이 있다. 예국은 강원도 동해안에 형성된 고대 부족국가이며, 반어피는 바다사자 가죽이다. 당시 옥저 사람들이 바다 한가운데 섬나라를 인식하고 있었으므로, 강릉의 예국이 울릉도에서 반어피를 구해 중국 황제에게 헌상한 것이다. 3세기 이전에 강릉에서 울릉도까지 뱃길이 열려 있었다는 얘기다. 신라도 당나라에 우산국의 특산품인 해표피를 조공품으로 보냈다. 이사부가 우산국을 정벌한 이후 신라는 울릉도 특산물을

2010년 9월 27일 삼척 임원의 소공대에서 촬영한 울릉도.
이 사진은 소니 A900에 700-300렌즈(1.5크롭)로 촬영했다. 일기가 좋아야 하므로 태풍 직후나 큰 비가 내린 다음 하늘이 쾌청할 때가 촬영했다. 옛 문헌에는 가을철 청명할 때 울릉도가 보였다고 한다. 소공대를 오르는 길은 삼척 임원에서 호산으로 가는 구 도로에 소공대로 가는 안내 표지판이 있는데, 그곳에서 약 5.5㎞ 정도 되며 해발 약 300m 정도다. (사진 제공: 이효웅)

구해 중국 황제에게 바친 것이다.

예부터 울릉도는 뭍에서도 육안으로 관측됐다는 기록이 많이 남아 있다. 이사부도 20대에 삼척에 군주로 부임하면서 촌로들로부터 울릉도를 보았다는 얘기를 들었을 게 분명하다. 고려 문신 이승휴李承休가 저술한 『동안거사문집動安居士文集』은 그 사실을 생생히 전하고 있다.

1252년 이승휴는 홀어머니를 뵈러 삼척에 내려가야 했다. 그러나 당시 몽고의 침략으로 인해 길이 막히자 그는 요전산성蓼田山城에서 진주부(당시 삼척) 군민들과 함께 몽고군에 맞서 싸웠다. 그는 당시 전투를 이렇게 적었다.

계축년 가을에 몽고의 난리를 피하면서 진주(삼척)부 요전산성에 모여 수비했다. 성의 동남쪽은 바닷가 하늘에 닿아 사방이 끝없이 펼쳐졌다. 그 속에 산이 하나 있는데, 구름 물결 안개 파도의 속에 떴다 가라 앉았다, 나타났다, 잠겼다 했다. 아침저녁에 더욱 아름다웠는데, 마치 무슨 일을 하는 것 같았다. 노인들이 "무릉도 武陵島입니다"라 말했다.

이승휴가 몽고의 침공을 피해 피난한 요전산성은 조선조의 오화리산성이다. 앞서 이사부가 실직군주를 맡아 주둔한 곳이다. 이사부가 처음 발을 내딛은 후 750년이 지나 이승휴가 이 요전산성을 찾은 것이다. 그는 현지 노인들의 말을 듣고 삼척 바닷가 높은 곳에서 무릉도가 보인다고 기록했다. 무릉도는 울릉도의 다른 이름이다. 그렇다면 이사부는 오화리산성에서 눈으로 울릉도를 확인한 뒤, 적의 방향을 유추해 공격했을 것이다.

조선 선조 때는 영의정을 지낸 이산해李山海가 경북 울진으로의 길에 저술한 『아계유고鵝溪遺稿』의 「망양정가望洋亭記」에 "소공대를 지나면서 아득히 보이는 울릉도를 바라보니 마음이 저절로 기쁘고 행복하다"고 남겼다. 실제로 지금도 삼척 오화리산성 근처 주민들은 맑은 날이면 울릉도가 잘 보인다고 얘기한다.

삼척에서 울릉도를 관측해 촬영한 이효웅 씨는 동해시 초등학교 교사 임기를 마치고 해양탐험가와 사진작가를 겸하고 있다. 그는 2010년 9월 27일 삼척 해안에서 동해 망망대해 위에 떠 있는 울릉도를 카메라 렌즈에 담았다. 그는 그해 8월 말부터 한 달 동안 삼척시 원덕읍 소공대召公臺에 올라 울릉도 촬영을 시도하다가 9월 2일, 24일, 27일에 망원렌즈를 이용해 울릉도를 여러 컷 찍는 데 성공했다. 그

중 9월 27일 찍은 사진에는 성인봉을 중심으로 우뚝 솟은 울릉도의 모습이 가장 선명하게 보인다. 이씨는 "과거에 소공대에서 울릉도를 바라본 시를 여러 편 접한 바 있어 망원렌즈로 촬영이 가능하겠다는 확신을 가졌다"고 말했다. 바로 조선조 이산해의 시가 그에게 영감을 준 것이다.

소공대는 삼척시 원덕읍 임원리 소공령 정상(해발 320m)에 위치해 있다. 이곳은 옛날부터 많은 문사들이 울릉도를 바라보며 시를 읊은 곳으로 유명하다. 소공대가 위치한 임원항에서 울릉도까지의 거리는 137㎞로, 울진 죽변항에서의 거리 130.3㎞와 함께 육지에서 가장 가까운 거리다.

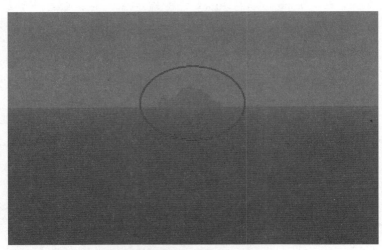

울릉도에서 바라본 독도. (사진 출처: 울릉군청 공식홈페이지)

5. 목우사자木偶獅子

(1) 해양을 왜에 내준 신라

이사부가 활동하는 6세기 이전에 신라를 가장 많이 괴롭힌 것은 섬나라 왜였다. 『삼국사기』에는 시조인 혁거세 8년부터 왜의 침입 기사가 나온다. 왜와 관련한 기사는 『삼국사기』「신라본기」에 수십 차례나 나온다. 그중 대부분이 왜의 침략 기사다.

신라에게 왜는 매우 강력한 존재였다. 네 차례나 수도 금성金城을 포위하고, 백성 1,000여 명을 끌고 가는 침략 세력이었다. 임금의 동생을 볼모로 잡았고, 툭하면 대신의 딸을 왜왕에게 시집오라고 했다. 신라는 그만큼 해상 전투에 무력했다. 경주 분지에 웅거하고 있는 부족연맹체에 지나지 않았다. 신라 임금이 왜의 공격을 받고 고민하는 장면을 『삼국사기』를 통해 들어 보자.

① 유례 12년(295년), 임금이 신하들에게 말했다. "왜인이 자주 우리 성읍을 침범해 백성들이 편히 살 수가 없다. 백제와 도모해 일시에 바다를 건너 그 나라를 공격하고자 하는데 어떠한가?" 서불한舒弗邯 홍권弘權이 대답했다. "우리나라 사람은 물에서의 싸움은 익

숙하지 않은데, 위험을 무릅쓰고 멀리까지 가서 정벌한다면 뜻하지 않은 위험이 있을까 걱정스럽습니다. 하물며 백제는 거짓이 많고 늘 우리나라를 집어 삼키려는 마음을 가지고 있으니 또한 함께 도모하기는 어려울 듯합니다." 임금이 받아들였다.

② 흘해 37년(346년), 왜병이 갑자기 풍도風島에 이르러 변방의 민가를 노략질했다. 또 진군해 금성을 포위하고 급하게 공격했다. 임금이 싸우고자 하자 이벌찬 강세가 말했다. "적은 멀리서 왔습니다. 그들의 날카로운 기세를 당해낼 수가 없으면 공격을 늦추어 그 병사들이 피로해지기를 기다리는 것만 못합니다." 임금이 받아들여 성문을 닫고 나가지 않았다. 적들이 식량이 떨어져 물러가려 하니, 날쌘 기병으로 추격토록 해 쫓아버렸다.

③ 실성 7년(408년), 임금은 왜인이 대마도對馬島에 군영을 설치하고 무기와 군량을 쌓아두고는 우리를 습격하려 한다는 말을 듣고서, 일이 터지기 전에 먼저 정예 병사를 뽑아 적의 군영을 격파하고자 했다. 서불한 미사품이 말했다. "무기는 흉한 도구이고 전쟁은 위험한 일이라고 들었습니다. 하물며 큰 바다를 건너서 다른 나라를 정벌하는 것은 어떠하겠습니까? 이기지 못하면 후회해도 돌이킬 수 없을 것이니, 지세가 험한 곳에 관문關門을 만들고 적들이 오면 막아, 그들이 침입하여 어지럽히지 못하게 하다가 유리한 시기가 되면 나가서 그들을 사로잡는 것이 좋을 것입니다. 이것은 이른바 남은 끌어당기고 남에게 끌려 다니지는 않는 것이니, 최상책이라 하겠습니다." 임금이 그 말에 따랐다.

왜의 공격에 신라는 속수무책이었다. 수도인 금성을 지켜 농성하고, 왜군이 지치기를 기다렸다가 역습하는 수세적인 방법을 취했다. 신라는 물의 싸움水戰에 약했다. 임금도 이를 인정했다. 바다를 건너가 선제공격하는 것은 생각지도 못했다. 그저 관문을 지켜 왜병이 수도로 들어오지 못하게 하는 것이 최선이었다. 마침내 신라는 내륙이 아니라, 해안에서 왜의 침공을 저지했다. 실성 14년(415년), 신라 수군이 풍도에서 싸워 이겼다. 마냥 당하기만 하던 신라는 5세기 들어 해상 전략을 강화해 나갔다.

"자비 임금은 즉위 6년(463년)에 담당관에 명해 전함을 대대적으로 수리케 하고", "지증왕 6년(505년)엔 선박이용의 제도舟楫之利를 정비했다."

『삼국사기』

512년 이사부가 바닷길을 건너가 우산국을 정벌한 것은 물을 두려워하던 신라 수군으로선 엄청난 발전이며, 신라군에 바다 싸움(해전)에서 자신감을 얻게 한 전투였다.

(2) 우산국 정벌

이사부가 우산국을 공격한 해는 지증왕 12년(512년)이다. 실직 군주에 임명된 지 7년 후다. 실직 군주 임명에서 우산국 복속까지 7년간에 대한 기록은 없다. 7년 동안에 이사부는 군대를 북쪽으로 이동시켜 강릉의 예국을 공격하고, 동쪽 해로로 울릉도의 우산국을 복속하기 위한 준비 작업을 했을 것으로 보인다.

신라는 육상전투에 강했다. 앞서 소지왕 땐 비열성(함경남도 안변, 북한에선 강원도에 포함시킴)까지 공격하기도 했다. 다시 고구려군에 의해 포항 흥해까지 밀려났지만, 신라의 육군은 동해안에서 고구려와 막상막하의 전투력을 보유하고 있었다.

하지만 이사부 이전의 신라는 해상전투에 약했다. 해상 세력인 왜의 공격에 일방적으로 당했다. 왕궁이 포위되고, 수천 명의 백성이 왜군에 끌려가는 수모를 당했다. 그런 수군을 키워내 동해 제해권을 장악하려면 이사부에겐 시간이 필요했다. 한때 동해 해상로를 개척한 실직국의 경험을 살려 전선과 수군 병력을 늘려야 했다.

실직 군주에 임명된 이사부의 포부는 곧바로 동해를 내해로 만드는 일로 구체화된다. 실직 군주로 임명된 지 7년 후 이사부는 하슬라 군주로 임명됨과 동시에 우산국 공격에 나선다.

이사부의 우산국 복속 기사는 『삼국사기』에 두 차례 나오고, 『삼국유사』에도 실려 있다. 두 사서에 실린 이야기는 대체로 비슷하지만, 내용에 약간의 차이점을 발견할 수 있다.

① 지증왕 13년(512년) 여름 6월, 우산국于山國이 복종해 해마다 토산물을 공물로 바치기로 했다. 우산국은 명주溟州의 정동쪽 바다에 있는 섬으로 울릉도鬱陵島라고도 한다. 땅은 사방 백 리인데, 지세가 험한 것을 믿고 항복하지 않았다. 이찬 이사부異斯夫가 하슬라주何瑟羅州 군주가 되어 말하기를 "우산국 사람은 어리석고도 사나워서 힘으로 다루기는 어려우니 계책으로 복종시켜야 한다"라고 하고, 바로 나무로 사자木偶獅子를 가득 만들어 전함에 나누어 싣고 그 나라 해안에 이르렀다. 이사부는 거짓으로 말했다. "너희가 만약 항복하지 않으면 이 사나운 짐승을 풀어 밟아 죽이겠다." 나라 사람들이 두려워하며 즉시 항복했다.

『삼국사기』「신라본기」

② 지증왕 13년(512년) 임진에 그는 아슬라주阿瑟羅州의 군주가 되어 우산국于山國을 병합하려고 계획했다. 그는 그 나라 사람들이 미련하고 사나워서 위세로 항복받기는 어려우니 꾀로서 항복시키는 것이 좋겠다고 생각했다. 이에 나무로 사자의 형상을 많이 만들어 전함에 나누어 싣고 그 나라 해안으로 가서는 속여 말했다. "너희들이 만일 항복하지 않는다면 이 맹수들을 풀어 놓아서 밟아 죽

이겠다." 우산국 사람들이 두려워하여 즉시 항복했다.

『삼국사기』「열전」

③ 아슬라주阿瑟羅州(지금의 명주溟州) 동쪽 바다에 순풍이 불면 이틀
만에 이를 수 있는 거리에 우릉도于陵島(지금은 우릉羽陵이라고 한
다)가 있었는데, 섬 둘레가 26,730보이다. 섬에 사는 오랑캐들은 바
닷물이 깊은 것을 믿고 교만하고 오만하여 신하 노릇을 하지 않
았다. 왕은 이찬 박이종朴伊宗에게 명해 군사를 거느리고 가서 토벌
하도록 했다. 박이종은 나무로 사자를 만들어 큰 배에 싣고 가서
그들을 위협하여 말했다. "항복하지 않으면 이 짐승을 풀어놓겠
다." 그러자 섬 오랑캐들은 두려워서 항복하였다. 왕은 박이종에게
상을 내리고 아슬라주의 우두머리州伯로 삼았다.

『삼국유사』

하슬라何瑟羅와 아슬라阿瑟羅, 울릉도鬱陵島와 우릉도羽陵島는 한자 표기
상의 차이다. 『삼국유사』에서는 이사부를 박이종이라고 했다. 삼국
시대엔 성姓씨의 개념이 약해 전승傳乘 과정에서 착오가 발생해 저자
일연一然이 잘못 받아 썼을 것으로 추측된다. 이종伊宗은 이사부의 '이
異'가 발음이 같은 '이伊'로 옮겨 갔고, '부夫'는 뜻이 같은 '종宗'으로 변
했다. 음과 뜻에 따라 표기하는 이두식 표현이다. 이사부의 또 다른
이름인 '태종苔宗'도 이두식 표기다.

두 사서에서 중요한 차이는 이사부가 하슬라 군주에 부임한 후
우산국을 정복했는지, 우산국 정복을 한 후에 하슬라의 우두머리
가 됐는지 하는 점이다. 『삼국사기』에서는 「신라본기」와 「열전」에
서 모두 하슬라 군주가 먼저이고, 그 다음에 우산국을 정복했다고
하는 데 비해, 『삼국유사』에서는 우산국을 정복한 대가로 지증왕이
이사부를 아슬라 주백州伯으로 삼았다고 했다.

두 사서의 이 차이로 인해 이사부 출항지를 놓고 강릉시와 삼척시가 다투기도 했다. 강릉시는 하슬라 군주로서 경포호 입구에서 출항했다고 주장하고, 삼척시는 오십천 하구에서 출항했다고 내세웠다. 역사학자들은 『삼국사기』의 기술대로 이사부가 우산국 복속에 앞서 하슬라 군주에 임명됐다고 하더라도, 강릉에 가자마자 대규모 선단을 제작하기 어려웠을 터이고, 실직 군주를 7년간 맡으면서 우산국 정벌에 관한 전투 준비를 했을 것으로 보고 있다. 따라서 춘천에 소재하고 있는 이사부학회는 삼척시의 손을 들어주고 있다.

이사부가 삼척에서 출항한 또 다른 이유는 울릉도의 정서正西 방향에 삼척이 있다는 사실이다. 『삼국사기』엔 울릉도의 위치가 "명주(강릉)에서 정동正東 쪽 바다에 있다"고 했지만, 울릉도를 정동으로 항해할 수 있는 곳은 강릉이 아니라, 삼척이다.

신라시대엔 항해술이 발달해 있지 않기 때문에 '정방향 항해

독도의 위치

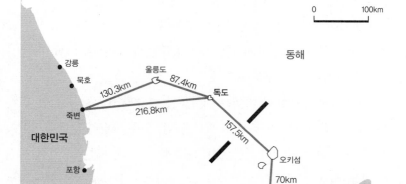

술'을 활용했을 가능성이 크다. 사선 방향으로 항해하다가는 목표 지점을 놓치거나 조난을 당하기 십상이다. 이사부 함대는 정동쪽으로 방향을 잡아놓고 울릉도를 향해 진군했을 것이고, 그 출항지로는 삼척이 가장 적합했다.

우산국 정벌의 명분은 조공이다. 조공은 근대 이전에 중국을 중심으로 한 동양의 지배 질서였다. 작은 나라가 큰 나라를 섬기고事大, 큰 나라는 작은 나라를 보호해 주는字小 관계를 통해 정치적 지배구조가 형성됐다. 조공朝貢은 작은 나라가 큰 나라에 사절을 보내 예물을 바치는 행위였다. 이에 큰 나라는 작은 나라의 임금을 책봉하고, 외적으로부터의 침략을 막아줬다. 중국이 주변 국가에 대해 조공을 받고 책봉을 내렸다. 중국 주변의 작은 나라들은 그 주변의 더 작은 나라에 대해 조공과 책봉의 관계를 하는 소우주를 형성했다. 신라와 우산국은 소우주를 형성했다. 우산국은 이사부 이전에 토산물을 공물로 바치며 신라에 조공했다. 우산국은 신라를 큰 나라로 모시고, 보호를 받았다.

그런데 작은 나라가 힘이 세지면 큰 나라에 대항하려 한다. 이때 큰 나라는 무력을 행사한다. 우산국이 신라에 대항했다. 해마다 신라에 보내오던 조공을 거부한 것이다. 우산국이 신라의 신하 노릇을 거부하며 '맞짱'을 뜰 수 있었던 것은 『삼국사기』에서는 '지세의 험함', 『삼국유사』에서는 '바닷물의 깊은 것'을 믿었다고 한다. 울릉도를 한번 가보면 지세가 험하고 바닷물이 얼마나 깊은지를 충분히 이해할 수 있다. 이 이야기는 또 우산국이 신라 수군을 깔보았다는 뜻이기도 했다. 신라는 오랫동안 해상 세력인 왜의 공격에 시달렸고, 수군의 전투력은 약했다. 그런 신라가 동해를 가로질러 공격해 올 수 있을까 하는 교만과 오만함을 가졌을 것이다.

삼척 이사부 사자공원에 서 있는 이사부 장군과 사자상   삼척 이사부 사자공원의 사자상 작품

　　이사부는 지혜로운 장수였다. 지세의 험함과 바닷물의 깊음을 믿고 덤비는 우산국 군졸들을 물리치기 위해 사나운 맹수를 끌어들였다. 나무로 깎은 '목우사자'였다. 『삼국사기』와 『삼국유사』에서 이사부가 목우사자를 동원하자 우산국 사람들이 공포에 떨며 항복했다는 대목과 일치한다.

　　사자는 한반도에 존재하지 않았다. 한반도에 서식하는 동물 중에는 호랑이가 가장 무서운 동물로 알려져 있다. 하지만 이사부는 그런 '미지의 동물'을 활용한 것이다. 그렇다면 이사부는 어떻게 사자를 알게 됐을까. 당시 사자의 주요 분포지역은 인도와 아프리카였다. 고대에 인도 사자는 인도뿐만 아니라 파키스탄, 이란, 그리스까지 분포해 있었다. 하지만 인도 사자는 사람들이 거의 다 죽여 없애는 바람에 현재 현재 멸종 위기에 처해 있다.

불교와 힌두교에서는 사자를 영물로 받들어 숭배해 왔다. 우리나라에는 불교와 함께 사자상이 들어왔다. 신라가 불교를 공인한 시기는 우산국 정벌 13년 후인 법흥왕 15년(525년)이지만, 그 이전에 이미 신라에는 불교가 전파되어 있었다.

『삼국사기』 법흥왕조에는 "일찍이 눌지왕 때 승려 묵호자墨胡子가 고구려로부터 일선군一善郡에 왔는데, 그 고을 사람인 모례毛禮가 자기 집안에 굴을 파서 방을 만들어 모셨다. (중략) 비처왕(소지왕) 때에 이르러 아도阿道가 시중드는 세 사람과 함께 모례의 집에 왔다. 그의 모습이 묵호자와 비슷하였는데 몇 년을 그곳에서 살다가 병도 없이 죽었다."라는 구절이 있다.

일선군은 지금의 경북 구미에 해당한다. 눌지왕 때 신라의 지방 도시에 불교가 들어왔고, 이차돈의 순교로 공인되기까지 불교는 100년 가까이 민간을 중심으로 교세를 확장하고 있었던 것이다. 이사부도 어린 시절에 불교에 접하면서 사자에 관한 얘기를 들었을 것이다. 허나 갈라파고스처럼 고립된 우산국 사람들은 사자를 몰랐을 것이 분명하다.

이사부가 전함에 목우사자를 가득 싣고 울릉도 해안에 접근해 "너희들이 항복하지 않으면 이 맹수를 풀어 밟아 죽이리라"고 위협하자, 어리석고 사나운 우산국 병졸들이 항복했다는 스토리는 다분히 우화적이다. 현재 울릉도의 주민은 1만여 명이다. 1500년 전엔 1,000~2,000명에 불과했을 것이다. 이 정도 인구로 군대를 꾸려봤자 수백 명에 불과했을 것이다. 이사부는 막강한 신라 수군을 이끌고 우산국을 침공했고, 당연히 우산국은 더 버티지 못한 채 항복했을 것이다. 목우사자의 우화는 민간의 설화로 전해 오다가 고려시대에 김부식과 일연이 사서를 집필하며 옮겨 적었을 가능성이 높다.

한편 이사부가 목우사자를 만들어 우산국의 항복을 받아낸 일화는 그리스 신화의 트로이 목마에 비견된다. 트로이 목마는 수많은 군인들이 들어갈 수 있도록 큰 규모로 제작됐지만, 목우사자는 군선에 실어야 했으므로 트로이 목마보다 훨씬 작았을 것이다. 그러나 우산국 사람들이 두려워 항복할 정도였으니, 상당한 크기였을 것으로 추측된다. 이것이 매년 여름 삼척시에서 열리는 이사부 축제에서 나무사자 깎기 행사를 갖는 이유이기도 하다.

(3) 신라의 첫 해전 승리

신라는 시조 박혁거세 거서간 이후 수십 차례 바다를 건너온 왜의 침략으로 고전했다. 왜의 침략을 받아 수도 금성이 포위되기도 하고, 수많은 백성이 끌려가는 수모를 당했다. 왜구의 노략질 대상이었다. 그런데 『삼국사기』에 지증왕 이후 왜가 신라를 침공했다는 기사가 사라진다. 신라와 왜의 사이가 좋아진 것도 아니고, 왜가 노략질을 하지 않아도 될 정도로 일본 열도의 생산성이 높아진 것도 아니다.

그것은 바로 이사부의 우산국 점령을 계기로 신라의 해상 전력이 강화되어 왜가 육지에 접근하기에 앞서 바다에서 침공 세력을 차단했기 때문인 듯하다.

이사부의 우산국 정복은 신라의 첫 해전으로 기록된다. 신라가 첫 해전에서 승리한 것은 그만큼 해상 전력이 강화됐다는 뜻이다. 따라서 이사부의 우산국 정벌은 신라가 동해의 해상주도권을 확보했다는 관점에서 의미가 크다.

우해왕 전설

울릉도에는 동해 한가운데서 바닷길의 험함을 믿고 신흥강국으로 떠오르는 신라를 우습게 여긴 우산국의 마지막 우해왕과 그 섬의 정복자 이사부에 관한 전설이 많이 남아 있다. 이 전설을 바탕으로 한 소설이 출간되었을 뿐 아니라, 어린이용 교재에도 해당 이야기가 실려 있다. 하지만 고려 중기에 여진족이 울릉도를 침공하자 고려 조정은 공도空島정책을 펼쳤다. 이로 인해 우산국의 후예들은 모두 뭍으로 나왔고, 그 후 사람들을 섬 안에 다시 들여보냈을 때엔 뭍의 백성들이 옮겨졌다. 이러한 역사를 돌아봤을 때 현재 울릉도 주민들 가운데 우산국 후손은 없다고 보아야 한다. 따라서 우해왕 전설이 우산국 시절부터 전해온 것이라고도 보기 어렵다. 후대에 다시 섬으로 건너간 사람들이 역사의 재료에다 현지의 지형을 조합해 만들어 놓은 것으로 추정된다. 하지만 우해왕과 풍미녀의 전설은 사실에 가깝게 묘사돼 있다. 물론 전설은 전설로 보면 된다. 많이 알려진 이야기지만, 다시 한 번 소개한다.

지금의 울릉도를 옛날 신라시대에는 우산국이라 불렀다. 우산국이 가장 왕성했던 시절은 우해왕于海王이 다스릴 때라고 한다. 우해왕은 신체가 건강하고 기운도 장사여서 바다를 마치 육지처럼 주름잡고 다녔다. 우산국은 비록 작은 나라였지만 근처의 어느 나라보다 바다에서는 힘이 세었다. 우해왕은 우산국에 와서 노략질을 하는 왜구들을 소탕하기 위해 그들의 본거지인 대마도에 군사를 거느리고 쳐들어갔다. 대마도의 왕은 우해왕에게 성대한 대접을 하고 사이좋게 지내자고 제안을 하였다. 그리고 대마도를 떠나려고 하니 대마도의 왕은 자신의 세 딸 중에서 인물도 마음씨도 뛰어난 셋째 딸 풍미녀豊美女가 우해왕을 따라 가고자 한다고 했다.

그리고는 만약 왕이 데리고 가지 않는다면 굶어 죽겠다고 했다는 것이었다. 우해왕은 할 수 없이 풍미녀를 데리고 우산국으로 돌아왔다. 풍미녀의 용모와 마음가짐이 단정하여 왕후로 삼기에 가장 적당하다고 생각한 우해왕은 풍미녀를 왕후로 삼기로 했다. 우산국의 백성들은 우해왕과 풍미녀를 온 힘을 다해 받들었다. 그러나 풍미녀가 왕후가 된 후부터 우해왕의 마음이 전과는 달라지게 되었다. 예전 같으면 왕은 백성들의 생활을 걱정하기를 자기 일 같이 했는데, 지금은 사치를 좋아했다. 그리고 풍미녀가 하는 말이면 무엇이든지 들어주려고 했다. 우산국에서 구하지 못하는 보물을 가지고 싶다고 하면 우해왕은 신라까지 신하를 보내어 노략질을 해오도록 했다. 신하 중에서는 부당한 일이라고 항의하는 자가 있으면 당장에 목을 베거나 바다에 처넣었다. 백성들은 우해왕을 겁내게 되었고 풍미녀는 더욱 사치에 빠지게 됐다. 신라가 쳐들어온다는 소문이 있다고 보고를 했으나 우해왕은 도리어 그 신하를 바다에 처넣었다. 이 광경을 본 신하는 될 수 있으면 왕의 마음을 불안하게 하지 않으려고 가까이 하지 않았다. 결국 풍미녀가 왕후가 된지 몇 해 뒤에 우산국은 망하고 말았다.

울릉문화원 공식홈페이지

울릉도에는 이외에도 이사부와 연결되는 전설로 사자바위와 투구봉 전설이 남아 있다. 우산국의 최후를 알 수 있는 이야기를 담고 있다. 이사부의 목우사자에 놀란 우해왕은 항복하기로 마음먹었다. 이사부가 제시한 항복조건은 우해가 왕위에서 물러나고, 우산국은 신라의 속국으로서 해마다 공물을 바친다는 것이었다. 우해는 항복하면서 이사부에게 "부디 데려오신 짐승을 남겨 두어 내가 죽더라도 그것이 이 섬을 지키게 해 주십시오"라고 부탁했다. 이사부는 그의 부탁을 들어주어 나무사자를 배에서 끌어내 물에 띄웠다. 그러자 우해는 바다로 몸을 던졌다. 우산국은 멸망했지만, 전설은 남아 있다. 우해가 죽을 때 하늘에서 뇌성벽력이 쳐 신라군이 가져온 나무사자가 지금의 사자바위가 되고, 우해가 벗어던진 투구는 지금의 투구봉이 됐다고 한다. 한편 우해왕에 대한 또 다른 전설도 있다.

> "풍미녀가 죽자 우해왕은 슬픔을 가눌 길이 없어 뒷산에 병풍을 치고 백 일 동안 제사를 지냈다. 또 왕비를 모시던 열두 명의 시녀에게 매일 비파를 뜯게 했다. '비파산과 학포 이야기'를 보면, 평소에 왕비가 사랑하던 학이 백 일 제사를 마치던 날 소리 높이 슬프게 울며 학포鶴圃 방면으로 날아갔다고 한다."
>
> 울릉문화원 공식홈페이지

국수산은 비파산이라고도 하는데 우해왕이 연주하던 비파였다고 한다.

6. 우산국 어떻게 정벌했나

(1) 출항지 논란

이사부가 우산국을 복속시키기 위해 전함을 출항시킨 곳이 실직(삼척)인지, 하슬라(강릉)인지에 대한 논란이 한때 벌어졌다. 논쟁의 배경은 『삼국사기』와 『삼국유사』의 표현이 다르기 때문이다. 『삼국사기』엔 이사부가 하슬라 군주로 부임한 이후에 우산국 정벌에 나섰다고 기록돼 있고, 『삼국유사』는 우산국 복속의 공로로 이사부를 아슬라(하슬라) 주백州伯으로 삼았다고 적었다. '강릉 출항론'을 주장하는 대표적 논객은 홍문식 이사부정신문화연구소장이다. 그의 주장을 요약하면, 아래와 같다.

① 2012년 11월 강릉 현대호텔 신축부지 발굴조사에서 죽도봉에 신라 토성이 발굴되었는데, 그 축성연대는 510년경으로 추정되고 있다. 이사부는 499년경에서 510년경 사이에 하슬라를 점령하고 북방으로 더 올라가 지금의 양양 근처까지 전선을 밀고 올라갔을 것으로 본다. 지증왕 때 동북방에 12개 성을 쌓았는데 그중 하나가 강릉에서 발굴됐다. 이 토성의 발견은 이사부가 하슬라에 510

년경 이미 진출하였음을 보여주는 증거라고 볼 수 있다. 하슬라가 안정이 된 시기인 512년 3월 이사부를 하슬라의 군주로 임명 되었고 이사부는 하슬라에 진출하여 우산국으로 갈 수 있는 선박의 건조 등을 착실히 준비한 후에 지증왕에게 상주하였을 것이다.

② 하슬라에서 출항했다는 증거는 바로 선곡소다. 선곡소란 "배 만드는 골짜기"다. 『삼국사기』에는 지증왕 6년 506년 겨울 주즙법(선박 운용에 관한 법)을 처음 시행했다. 『신증동국여지승람新增東國輿地勝覽』에 의하면 "선곡소와 월대산은 강릉부 동쪽 6리에 있다"고 했다. 이 선곡소는 지금의 월대산 북쪽 임암동 부근에 있었다고 볼 수 있다.

③ 수戍다. 명주에는 영평수, 해령수 등 다섯 곳의 수가 설치되어 있었다. 이 중 선곡소에서 4리 떨어져 있는 해령수를 주목해야 한다. 해령수는 강릉부 동쪽 10리에 있다고 하였다. 이곳은 바로 신라시대부터 수군기지라고 볼 수 있다. 또 경포호와 강문이 마주보는 죽도봉도 이번 발굴에서 선박을 정박하였던 흔적이 있는 바 군항으로서의 면모를 갖추었고 이 시대의 군선을 안전하게 정박할 천혜의 장소라고 볼 수 있다.

④ 선박의 조영을 위한 조건에 주목해야 한다. 신라시대의 군선을 건조하는 목재는 주로 소나무를 사용하였는데 이 소나무는 월정산(월대산) 일대에 많이 있었고 또 대관령과 칠성산 일대의 우람한 숲은 군선 건조의 목재를 대어 줄 충분한 조건을 갖추었을 뿐 아니라 선곡소가 있어야 군선을 건조할 수 있다.

⑤ 이사부는 사후에 강릉 지방에서 대성황사의 신으로 모셔졌다. 『신동국여지승람』에 의하면 강릉의 대성황사는 강릉부 서쪽 100보 지점에 있다고 하였는데 지금의 칠사당 뒤가 바로 그곳이다. 이 대성황사에서는 봄과 가을에 제사를 올렸는데 이사부신을 비롯하여 12신이 봉안되었다고 하였다. 이것은 목사자를 만들어 우산국을

복속시키는 등 위대한 업적을 남긴 이사부를 신격화하여 하슬라 백성들이 자연스럽게 바다의 신으로 모신 것이라고 본다.

⑥ 역사적 기록으로 볼 때도 하슬라다. 『삼국유사』에 의하면 "우산국은 하슬라로부터 이틀 거리에 있다"고 하였다. 만약 실직에서 출항하였다고 하면 『삼국유사』에 반드시 실직으로부터 얼마의 거리에 있다고 하였을 것이다.

하지만 이 '강릉 출항론'은 학계에서 인정받지 못했다. 강원도 춘천에 있는 이사부학회의 손승철 학회장은 "이사부 장군이 삼척에서 출항한 것은 학계에서 인정된 사안"이라고 못 박고, "강릉에서 신라시대 토성 흔적이 발견되면서 강릉 출항설이 제기되고 있지만, 삼척에서도 신라시대에 대한 발굴작업을 강화할 필요가 있다"고 말했다.

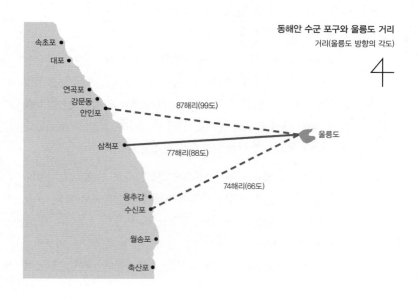

동해안 수군 포구와 울릉도 거리
거리(울릉도 방향의 각도)

손승철 교수는 고려시대와 조선시대의 기록을 중심으로 볼 때 국가 차원에서 동해와 울릉도에 대한 관리가 가장 수월한 곳이 삼척이며, 삼척의 오분항을 최적의 출항지라고 주장했다. 학계에서는 대체로 손승철 교수의 주장을 따른다. 강봉룡 목포대 교수는 삼척의 실직주를 군사 중심 도시로, 강릉을 행정 중심 도시로 두었기 때문에 주력 부대를 실직에 두었고, 실직에서 출항한 것이 가장 유력하다고 주장했다. 유재춘 교수는 삼척 지역에 소재한 성곽 유적의 현황과 수군 관련 유적, 그리고 이러한 유적 가운데 신라의 군사 활동과 관련하여 연구한 결과로 삼척의 오분항을 출항지라고 주장한다. 유명철 교수는 삼척은 이사부의 발진기지로서 조건을 비교적 잘 갖추고 있어 출항지의 역할을 주도하였고 강릉과 울진의 연합 체제를 갖추었을 가능성이 있다고 보았다.

(2) 이사부 함대의 규모

이사부가 우산국을 정벌할 때 함대의 규모는 얼마나 될까. 현재 울릉도 인구가 1만 153명(2015년 기준)이므로, 당시 우산국에 거주했던 백성들은 1,000명이 채 되지 못했을 것이다. 그중 병력으로 동원할 수 있는 인구는 몇 백 명이었을 것이다.

해양전문가 이효웅 씨는 이사부가 20척의 전함에 600명의 병력을 동원했다고 보았다. 우산국의 전투 인원 약 300명으로 가정한 결과로, "공격은 수비보다 많아야 하므로 2배 정도인 600명 정도의 군사가 필요하며 여기에 맞추어 함대 규모를 정한다. 이사부 함대 규모를 20척(30명씩)으로 결정하고, 10척씩 2개 선단으로 편성하여 한 선단은 5척씩 2개조로 편성했을 것이다"라고 말했다.

또한 그는 전선의 크기를 제작하기 쉬운 중형선 20척으로, 전선의 형태는 노를 주로 사용하고 돛 한 개를 보조로 사용하는 준범선의 다체성형선으로 제작했을 것으로 보았다. 노잡이는 좌우 6명씩 이열 방식 2교대(24명)로 운행하고, 척당 군사의 수는 30명씩, 20척, 목우사자 20두, 모두 600명 정도였을 것이라고 추정했다.

정채호 코리아나호 선장은 참전 선박 12척, 총 인원 508명이라고 추정했다. 그가 오랜 선장 경험을 살려 추정한 이사부 함대의 규모는 다음과 같다.

① 전선 2척: 한 척당 승선원 62명, 합계 124명
② 사후선 6척: 한 척당 승선원 46명, 합계 276명
③ 정탐선 4척: 한 척당 승선원 27명, 합계 108명

따라서 총 출전 인원은 508명이라는 것이다. 정채호 선장은 전투 선박과 전투 참여 인원은 2개조 편성 가능성이 높고, 150km의 항로를 직선으로 항해할 수 없었으므로, 항해거리는 더 길었을 것으로 추정했다. 시간당 6.66km를 이동했으므로 항해시간은 약 24시간이 걸렸을 것으로 보았다. 실직 출항시간이 오전 6시로 보이며, 우산국 근접시간도 다음 날 오전 6시 정도 됐을 것이다. 정 선장은 울릉도의 지형으로 보아 최초의 상륙지로 현재의 저동항을 꼽았으며, 그 다음으로 도동, 현포를 들었다. 그는 저동 포구가 남풍이 부는 계절에 접근하기 좋다고 평가했다.

이사부 함대의 출항 시기는 음력 6월로, 이 시기엔 동해에 남풍이 분다. 장마가 끝나고 바람이 순하며, 춥지도 않아 선상 생활을 하기에도 최적기라는 것. 정 선장은 이사부가 남서풍 바람을 기다

린 후 출항 일자를 선택했으며, 바람과 해류, 우천 등의 기상을 감안했을 것으로 추정했다.

이효웅 씨와 정채호 선장이 추정한 이사부 함대와 승선 전투원의 규모는 상이한 점이 있다. 하지만 오랜 해상 경험을 토대로 내린 결론이라는 점에서 참고할 필요가 있겠다.

(3) 우산국은 고려 중기까지 명맥을 이어갔다

우리는 울릉도가 우리 땅이 된 시기를 이사부가 우산국을 정벌한 서기 512년으로 알고 있다. 학교에서 국사 시간에 그렇게 배웠고, 대다수의 역사학자들 역시 그렇게 주장해 왔다. 하지만 상식처럼 굳어진 울릉도의 우리나라 영토화는 6세기 초 신라시대가 아니라, 11세기 초 고려 현종 때라는 주장도 있다. 우산국은 이사부의 정벌로 포말처럼 사라진 것이 아니었으며, 신라에 계속 조공하는 속국으로서 500년 이상 더 독립왕국의 명맥을 이어갔다는 것이다. 우산국을 최종 멸망시킨 것은 우리 선조가 아니라 여진족이었다는 주장도 새롭다.

이런 주장은 김호동 영남대 독도연구소 연구교수에 의해 처음 제기됐다. 김 교수는 2015년 12월 서울 한성백제박물관에서 열린 세미나에서 「이사부, 우산국 복속의 역사적 의미」라는 주제의 발표를 하면서 "우산국은 이사부 정벌로 신라의 영토에 편입된 것이 아니며, 신라와 속국관계를 유지하면서 고려 중기까지 명맥을 유지했다"고 주장했다. 그는 그 첫 번째 근거로 『삼국사기』「지리지」에 울릉도나 독도에 대한 기록이 없다는 점을 들었다.

만약 우산국이 512년 이사부 정벌로 신라 영토에 편입됐다면

『삼국사기』「지리지」에 우산국에 대한 기록이 나와야 한다. 「지리지」에서 신라시대 섬을 군현으로 설치한 경우는 남해군과 거제군을 들 수 있다. 고구려의 영역이었다가 삼국 통일로 신라의 영토가 된 곡도鵠島(백령도)란 섬도 기록돼 있다. 그런데 「지리지」에는 탐라국이나 우산국이 기록돼 있지 않다. 울릉도와 독도를 포함한 우산국이 512년 이후 신라에 항복했지만, 신라의 영토 안에 편재됐다고 보기 어렵다는 게 김 교수의 주장이다.

따라서 512년 이사부의 정벌로 우산국이 멸망한 것이 아니라, 신라에 귀복해 연합동맹을 구축하면서 공물을 바치는 복속국가로 왕국의 명맥을 유지해 왔다는 것. 고대사회에서 공물 진상은 복속 또는 속국화를 의미하고, 이를 거부하는 것은 적대화하겠다는 의사표시로 받아들여졌다. 이사부의 정벌은 우산국을 신라 영토로 편입시키려는 게 아니라, 복속관계를 관철시키기 위한 것이었다는 주장이다. 신라로서도 동해 한가운데 섬나라를 영토화해 직접 통치하기 어려웠으므로 우산국이 해마다 토산물을 바치는 선에서 타협했다고 보는 게 타당하다고 김 교수는 덧붙였다.

두 번째 근거는 『고려사』에 우산국의 명칭이 드러난다. 고려 현종 때까지다.

> ① 芋陵島에서 白吉과 土豆를 보내 방물을 바쳤다. 백길에게 正位,
> 토두에게 正朝의 품계를 각각 주었다.
>
> 『고려사』 태조 13년 8월(930년)
>
> ② 우산국이 동북 여진의 침략을 받아 농사를 짓지 못하였으므로
> 李元龜를 그곳에 파견하여 농기구를 주었다.
>
> 『고려사』 현종 9년 11월(1018년)

③ 우산국 백성들로서 일찍이 여진의 침략을 받고 망명하여 왔던 저들을 모두 고향에 돌아가게 하였다.

『고려사』 현종 10년 7월(1019년)

④ 도병마사가 여진에게서 약탈을 당하고 도망하여 온 우산국 백성들을 禮州(경북 영해)에 배치하고 관가에서 그들에게 식량을 주어 영구히 그 지방에 編戶로 할 것을 청하니, 왕이 이 제의를 좇았다.

『고려사』 현종 13년 7월(1022년)

①의 기사는 이사부의 정벌 기록 이후 418년이 지난 기록으로, 고려 태조 왕건이 병산전투(안동)에서 후백제 견훤을 물리치고 후삼국의 주도권을 잡은 때였다. 우산국은 독자 세력을 유지하면서 후삼국의 쟁패전을 나름대로 관찰하다가 판세가 급격하게 고려에 기울자 고려에 공물을 바치며 조공국으로서의 입장을 확인했다는 것. 나라國라고 자처하지 않고 우릉도라는 명칭을 쓴 것은 반도의 주도권을 쥘 나라에 스스로를 낮춰 표현한 것이 기록에 남았다는 해석이다.

이에 고려는 우릉도 사신에게 정위, 정조의 품계를 주어 정치적 복속관계를 형성했다. 정위, 정조는 향리나 탐라의 왕족, 여진의 추장 등 통치권이 미치지 않는 지역에 수여하는 향직이다. 후삼국 통일을 목전에 둔 고려로서는 현실적으로 지배권을 확보하기 어려운 울릉도를 독립국가로 인정하며 복속관계를 맺는 것으로 타협했다는 해석이다.

②~④의 기사는 고려 현종 때인 1018~1022년에 함경도에 거주하던 여진족이 울릉도를 침략했을 때의 기록인데, 이때 우산국이라는 명칭이 뚜렷하게 나타난다. 이는 고려의 군현제가 완성되는 현

11세기 여진 해적 침공로

종 9년을 전후한 시기에 우산국이 고려의 군현에 속해 있지 않은 채 독자성을 확보하고 있었음을 의미한다고 김 교수는 주장한다.

고려 현종 이후 우산국이라는 기록이 사라진다. 그러면 우산국은 언제, 어떻게 멸망했을까. 김 교수는 『고려사』에서 우산국 기록이 사라지는 고려 현종 때 여진족의 침략에 의해 우산국이 멸망했을 것으로 보았다.

함경도는 고려 때까지만 해도 여진족(동여진)의 땅이었다. 이곳의 여진족은 육상으로, 해상으로 고려를 침략, 약탈을 일삼았다. 이들은 쓰시마對馬를 넘어 큐슈九州까지 침범해 일본에서는 도이적刀伊賊이라 부르기까지 했다. 동여진은 11세기 초 고려의 동해안 북쪽 접경을 침범하기 시작해 울진까지 내려왔다. 고려의 동해안이 여진의 군사적 위협에 노출됐고, 고려 조정은 '동북의 해적'을 막기 위해 동해안에 대규모 축성사업과 수군 및 함대 배치를 단행했다. 그러자 동여진 해적들은 공격 목표를 바꿔 울릉도와 일본을 침공했다.

1019년(현종 10년) 여진 해적이 50척의 선단을 이끌고 쓰시마 섬對馬島, 이키 섬壹岐島. 하카타博多 등지를 침입해 큰 피해를 입힌다. 일본 조정은 사원에서 제사를 지내며 여진 해적을 물리치도록 빌었다는 기록이 있다. 여진 해적은 일본을 침공하는 과정에서 고려 동해안과 우산국을 거쳐 가면서 노략질을 했고, 우산국은 더 이상 버틸 힘이 없었다.

여진족의 침공으로 울릉도는 쑥대밭이 됐고, 그때부터 거의 사람이 살지 않게 됐다. 고려 1157년(의종 11년)의 기록에는 "울릉도가 이미 폐허가 되었지만, '석불, 철종, 석탑' 등이 있었다"라고 기록돼 있다. 고려 때 높은 수준의 불교문화를 갖고 있던 울릉도가 여진족의 침략으로 폐허가 된 것이다.

김 교수는 현종 때를 마지막으로 우산국의 명칭이 보이지 않고, 그 후 우릉도 내지 울릉도라는 병칭이 보인다는 점에서 우산국의 멸망시기를 여진족의 침공으로 자립 기반을 잃은 11세기 초로 잡았다. 섬에 살던 주민들은 모두 육지로 도망해 고려에 망명했고, 그 과정에서 우산국은 역사의 무대에서 사라졌다고 한다.

『고려사』 「지리지」에는 "울진현의 정동쪽 바다 가운데 울릉도가 있으며, 울진현에 귀속해 있다"고 정리돼 있다. 이는 조선조 세종이 『고려사』를 편찬할 때 울릉도가 고려의 군현에 편재돼 있어 영토화 했음을 보여준다고 김 교수는 정리한다.

이에 대해 경북 울진군청 소속 심현용 고고학박사는 "이사부 정벌로 우산국이 조공관계를 유지하며 복속한 사실로도 영토의 개념으로 보아야 한다"고 말했다.

(4) 강치의 고장

512년 이사부의 침공 이후 후삼국시대인 930년, 우산국이 고려에 토산물을 바쳤다는 내용이 다시 등장했다. 우산국 또는 울릉도는 그 후 여러 차례 고려에 공물을 바친 기록이 있다. 『고려사』는 울릉도에 이상한 과일 종자와 나뭇잎이 있고, 땅이 비옥하여 진귀한 나무들과 해산물이 많이 산출되었다고 기록했다.

조선 정조 때 강원도 관찰사 심진현沈晉賢의 장계狀啓에는 수토관 월송만호越松萬戶 한창국韓昌國이 그 섬의 산물인 가지어피可支魚皮 두 장, 황죽 세 개 등의 토산물을 가져오고, 지도 한 장을 그려왔다는 보고가 기록되어 있다. 가지어에 대해 조선 후기의 학자 이익李瀷은 『성호사설星湖僿說』에서 "동해 가운데 있는 울릉도에는 산물로 가지어가 있다"고 소개하고, "바위 틈에 서식하며 비늘은 없고 꼬리가 있다. 몸은 물고기와 같고 다리가 넷이 있는데, 뒷다리는 아주 짧으며, 육지에서는 빨리 달리지 못하나 물에서 나는 듯이 빠르고 소리는 어린 아이와 같으며, 그 기름은 등불에 사용한다"고 기록했다.

가지어는 강치라고도 하며, 흔히 물개 또는 바다사자, 바다표범海豹이라고 불린다. 신라도 당나라에 우산국의 특산품인 해표피를 조공품으로 보냈다. 이사부가 우산국을 정벌한 이후 신라는 울릉도 특산물을 구해 중국 황제에게 바친 것이다.

7. 하슬라 군주

(1) 이사부 군대, 강릉으로 북진

이사부는 502년 실직 군주의 명을 받은 후 7년 후 512년 하슬라 군주로 부임한다. 군주軍主의 직책은 중앙군京軍의 총책임자였으므로, 주둔지가 삼척에서 강릉으로 이동했다는 뜻이다. 실직군주였을 당시 이사부의 관할 구역이 경북 동해안에서 삼척까지였다가 7년 후 하슬라 군주가 됐을 때 관할 영역이 강릉으로 넓혀졌다. 기록은 없지만, 7년 사이에 신라군이 고구려와 그 동맹국과 수차례 전투를 벌였을 것이다.

『삼국사기』와 『삼국유사』는 이사부의 하슬라 군주 부임과 우산국 정벌이 비슷한 시기에 이뤄졌다는 사실을 동일하게 적고 있다. 하지만 선후의 문제에서 『삼국사기』는 하슬라 군주 부임 직후에 우산국 정벌이 이뤄졌다고 했고, 『삼국유사』는 우산국 정벌의 공로로 하슬라 주백에 보임됐다고 했다.

어찌했든 이사부는 7년간 실직에서 육상 전투력과 해상 전투력을 동시에 키워 동해 제해권을 장악함과 동시에 고구려를 강릉 이북으로 물러나게 한 것이다. 우리나라는 물론 세계의 유명 장수 가운데 해상전과 지상전을 동시에 성공적으로 수행한 인물을 찾아보기 힘들다. 그런 점에서 이사부는 해전과 육상전에서 동시에 승전한 장수로 기억될 것이다.

강원도 동해안엔 예나, 지금이나 산물이 풍부하지 못하다. 해안의 길은 평이한 육로가 아니다. 동해안에는 곳곳에 백두대간의 지맥이 내려와 일직선상의 행로가 평탄하지 않다. 7번 국도를 따라 운전하다 보면 산을 넘고 터널을 지나야 한다. 동해안은 절벽과 높은 산으로 막혀 있어 신라인들이 우마차로 인력과 물자를 수송하기 어려웠을 것이다.

경북과 강원도 해안에는 태백산에서 흘러 내려오는 하천(남대천, 오십천 등)의 어귀나 해류가 막아 놓은 석호(청초호, 경포호) 주변에 토지를 일구거나 고기를 잡아 생계를 잇는 부락이 해안선을 따라 점점이 이어져 있다. 이사부는 해안선을 따라 점점이 흩어져 있는 부락들을 해상 수단을 이용해 지배했을 것이다.

강원도 동해안은 과거 예국濊國의 영역이었다. 삼국시대 초기에 태백산맥을 중심으로 영동지역은 예족, 영서는 맥貊족이 거주했다. 삼척, 울진, 영해에 이르는 지역을 통치한 실직국도 예족의 한 갈래였다. 『삼국사기』에는 말갈에 관한 기록이 자주 등장하는데, 지리적으로는 예와 맥의 영역과 중첩된다. 따라서 예, 맥, 말갈이 미분화한 상태에서 강원도, 경북 동해안, 경기도 서부지역에 거주하며, 부족국가를 이뤘던 것으로 보인다.

이사부가 실직, 하슬라 군주를 맡으면서 우산국의 항복을 받아낸 것은 신라의 영토를 강원도 북부까지 확장해 예족을 지배함과 동시에 동해안의 해상 부족을 통치권에 넣어 동해안은 물론 바다의 영유권을 확보했다는 것을 의미한다. 즉 경주에서 강릉까지 육지를

선으로 하고, 울릉도와 독도를
점으로 지나는 반원형의 육상, 해
상 지배권을 확장했다는 의미다.

복호 도주로

국내성

함흥

고성

포항

경주

북해의 길

신라는 일찍부터 동해안 루트
를 개발해 운영해 왔다. 이사부
가 북쪽 국경과 동해를 거쳐 공
격해 오던 예(말갈)와 왜의 루트
를 차단했기에 신라가 서쪽과 남
쪽으로 영토를 확대하는 기반을
마련할 수 있었다.

이사부의 실직 군주 부임 이
전에 경주에서 강원도 고성까지
의 북해항로가 있었다는 사실을
『삼국유사』에 기록돼 있다. 『삼국유사』에는 눌지왕의 동생인 보해
(『삼국사기』엔 복호)가 동해안으로 도망쳐 배를 타고 경주로 돌아
온 기록이 남아 있다. 그 기사는 이미 '북해의 길北海之路'이 있었음을
시사한다.

제상堤上은 왕의 명을 받고 곧장 '북해의 길北海之路'로 떠났다. 옷을
바꾸어 입고 고구려로 들어가 보해寶海가 있는 곳으로 가서 함께
도망갈 날짜를 약속했다. 그리고 먼저 5월 15일에 고성高城의 수구
水口에 와서 배를 준비해 놓고 기다렸다. 약속한 날짜가 다가오자,
보해는 병을 핑계로 대고 며칠 동안 조회에 나가지 않았다. 그러다
가 밤중에 도망쳐서 고성의 바닷가에 이르렀다. 고구려왕이 이를
알고 수십 명을 보내어 뒤쫓게 하였는데 고성에 이르러 보해를 따
라잡았다. 그렇지만 보해가 고구려에 있을 때 늘 주변 사람들에게

은혜를 베풀었기 때문에 군사들은 그를 불쌍히 여기어 모두들 화살촉을 뽑고 쏘았다. 그래서 드디어 죽음을 면하고 돌아올 수 있었다.

박제상(『삼국유사』엔 김제상)은 왕의 아우인 복호卜好를 구하기 위해 배를 타고 강원도 고성으로 길을 떠나 고구려의 수도(국내성)에서 복호의 탈출을 도왔고, 복호는 고성의 포구에서 신라 측이 마련한 배를 타고 도망쳤다는 이야기다. 이사부가 실직 군주가 되기 이전에 신라의 배가 강원도 북쪽까지 항로를 읽고 있었다는 얘기다. 예국을 조공국으로 삼아 간접 지배를 하면서 신라의 선박은 동해안을 따라 강원도 북부 또는 함경도까지 운항하며 교역을 했던 것으로 보인다. 그 길을 따라 박제상은 고구려 수도로 입성했고, 눌지왕의 동생이 탈출한 것이다.

신라와 고구려 사이의 길은 육로로는 백제 또는 맥족(또는 말갈)이 막고 있었고, 바닷길은 가야와 백제에 막혀 있었다. 신라가 고구려와 교역을 하든 전투를 벌이든 그 길은 바다를 이용한 동해안 해상로였다.

따라서 이사부가 하슬라 군주로 임명되자 바로 우산국을 공격 대상으로 삼은 것은 고구려와 예(또는 말갈), 왜, 우산국 사이에 있을 수 있는 동맹의 고리를 끊고, 동해를 신라의 바다, 즉 신라해新羅海로 만들기 위해서였다. 후에 진흥왕이 함경남도 마운령, 황초령까지 영토를 넓히는 데 이사부의 동해 경영이 힘이 됐을 것이다.

군주軍主의 위치는 전략 변경에 따라 옮기기도 한다. 지증왕은 고구려와 말갈의 침입에 대비해 동해안 군사 거점을 삼척에서 강릉으로 북쪽으로 이동시켰고, 성공적으로 실직 군주의 임무를 수행한 이사부를 하슬라 군주로 발령했다. 이사부의 내륙 관할 영역이 울진에서 삼척, 강릉까지 확대된 것이다.

(2) 예왕지인(濊王之印)

서울특별시 용산구 한남동 소재 리움미술관에는 가로와 세로 각 2cm가 조금 넘는 고대 인장이 하나 있다. 작고 네모난 인장에는 '진솔선예백장동인晋率善濊伯長銅印'이라는 문장이 새겨져 있고, 황동으로 만들어진 인장 모서리에는 형상을 구체적으로 파악하기 어려운 동물이 웅크리고 있다. 보물 제560호로 지정된 이 인장은 중국에서 위, 촉, 오 삼국시대가 끝나고 진나라가 중국을 통일한 3~4세기에 중국 황제가 한반도 동해안 일대 부족장에게 수여한 관인官印이며, 부족장에게는 옥새玉璽에 해당한다.

이 인장은 1958년 평양시 낙랑구역 정백동 무덤에서 발견된 인장과 거의 유사한 양식을 보여주고 있다. 크기도 비슷하다. 평양의 인장에는 '부조예군夫租薉君'라는 글자가 새겨져 있다. 기원전 1세기에 만들어진 것으로 추정되는 이 도장은 은으로 만들어졌고, 한나라가 고조선을 점령해 한사군을 설치한 후 한반도 동해안 북부지역의 옥저夫租, 沃沮의 부족장에게 하사한 인장으로 파악되고 있다(부조예군 인장에 대해선 옥저 편에서 다시 살펴보기로 한다).

리움미술관의 인장과 평양에서 발견된 인장에 새겨진 한자는 '濊'와 '薉'의 차이는 있지만, 음이 같아 동일한 부족, 즉 예국濊國를 의미한다. 두 개의 예인濊印이 2000년의 세월을 건너뛰어 비슷한 시기에 발견된 것은 흔치 않은 우연이다. 이렇게 수천 년 동안 땅속에 매장된 보물을 건져냄으로써 사라지고 잊힌 우리 역사의 비밀을 캐내는 것은 유물, 유적이라는 타임캡슐이 후대에 건네는 보답일 것이다. 서울과 평양에서 각각 보관되고 있는 두 인장을 타임머신으로 삼아 고대 한반도 동해안을 지배했던 예국으로 가보자.

리움박물관의 예인은 1966년 경북 포항시 북구 신광면 흥곡리에서 발견되었으며, 지금은 이건희 삼성그룹 회장의 개인 소장품으로 보관되고 있다. 그러면 중국 황제가 수여한 옥새가 어떤 연유로 포항에서 발견돼 이건희 회장에게로 넘어갔을까.

이 예인은 한 농부가 외양간 정지작업을 하던 중 파란색 유리옥 10여 점과 함께 발견한 것으로 알려져 있다. 밭을 갈다가 나왔다는 얘기도 있다. 포항 흥곡리 일대에는 수십 기의 고분이 분포해 있는데, 대부분 도굴의 흔적만 남아 있다고 한다. 이 보물이 어떤 경로를 거쳐 서울로 올라왔는지 모르지만, 한 엿장수가 중구 을지로 근처의 고대 유물 수장가 김동현 씨에게 들고 왔는데, 마침 김 씨가 출타 중이어서 그의 부인이 50만 원을 주고 샀다는 증언이 전해지고 있다. 이 동인銅印은 곧바로 비상한 관심을 끌었으며, 고고학계의 인정을 받고 일본까지 소개됨으로써 국제적으로 사료 가치를 인정받게 됐다. 현재는 다른 국보급 문화재와 함께 1982년 이병철 삼성그룹 회장에게 양도돼 지금 이건희 회장 소유로 리움박물관에 소장돼 있다.

또 다른 궁금증은 예국의 중심이 강릉으로 알려져 있는데, 왜 예인이 포항에서 발견됐는지 하는 점이다. 두 가지 가정을 세워 볼 수 있다.

첫째, 예국의 범위가 함경도 북청군에서 강원도 동해안을 따라 내려와 경상도 포항 해안까지 이르렀고, 포항의 한 예족 부족장에게 진晉 황제가 옥새를 주었을 가능성이다.

둘째, 『삼국사기』 파사왕조에 실린 실직국과 음집벌국 간 영토 분쟁의 기사에서 보듯, 예족의 일원인 실직국이 포항 일대의 해상 운영권을 행사했고, 실직국이 멸망한 후에도 포항 영일만 일대가 예족의 실질적 지배가 계속됐을 가능성이다.

하지만 위의 두 가설이 사실일 가능성은 희박하다. 사마염이 위나라를 멸하고 촉, 오를 제압해 세운 진왕조는 서기 265~316년 사이를 유지한다. 이 인장의 제작 시기를 3세기 중엽부터 4세기 초까지로 잡는 것은 진왕조 시기에 만들어졌음을 의미하는 '진솔선晉率善'이라는 글자를 근거로 한다.

그런데, 파사왕이 실직국을 멸한 시기는 2세기 초(104년)다. 신라가 삼척의 실직국을 멸하고 현지인을 남쪽으로 옮긴 후에 경북 포항에 예족의 근거를 남겨 두었을 리 없다. 150~200년의 시간적 공백이 발생한다. 실직국 멸망 후 신라가 강릉 지역으로 후퇴한 예족을 공격해 부족장을 잡아왔고, 그 부족장이 포항 일대에 억류돼 있다가 사망한 것일까. 더 이상 상상력을 발휘하지 말고, 그냥 미스터리로 남겨 두기로 한다. 분명한 사실은 실직국이 멸망한 후에도 실직국의 북쪽에 예국이 생명력을 유지했고, 어떤 이유에서든 그 인장이 후대에 포항에서 발견된 것이다.

한편 예인이 많이 발견되고, 예왕인에 대한 기록이 많이 남아 있다는 것은 중국의 통치 방식을 설명한다. 한漢과 이어 중원을 장악한 위魏, 진晉이 평양을 중심으로 한 낙랑군을 통해 주변 종족을 간접 지배하는 방식으로, 인수印綬(끈이 달린 도장)와 동경銅鏡(구리거울) 등 권위를 세워주는 보물, 즉 위신재威信財를 수여함으로써 토착 지배자들의 마음을 샀다. 그러다가 반란이 일어나면, 낙랑이 병력을 내 공격을 단행함으로써 지배를 굳혔다. 낙랑군이 중원의 정권 교체에도 불구하고 한반도 북부에서 400년 이상 유지했던 비밀이 바로 예인에 있었다. 낙랑은 한반도에 산재한 동이족들에게 자치권을 주되 복속을 의미하는 예인을 수여함으로써 유화정책을 썼고, 이를 통해 오랫동안 통치할 수 있었다.

낙랑군이 토착 부족장의 관직을 솔선率善·읍군邑君·귀의후歸義侯·중랑장中郎將·도위都尉·백장伯長의 순서로 차등을 두었는데, 이를 바탕으로 리움미술관의 인장은 상당히 고위 관직을 수여받은 부족장의 것이었음을 알 수 있다.

(3) 예국(濊國)

예인에 관한 기록은 중국인 진수陳壽가 쓴『삼국지』「위서 동의전」과 고려인 김부식과 승려 일연이 쓴『삼국사기』,『삼국유사』에서도 발견할 수 있다.

> ① "(부여夫餘에서는) 그 도장에 '예왕지인濊王之印'이라 했다."
>
> 『삼국지』「위서 동이전」부여 편
>
> ② "남해 차차웅 16년(서기 19년) 봄 2월, 북명北溟 사람이 밭을 갈다가 예왕의 도장濊王印을 주워서 바쳤다."
>
> 『삼국사기』「신라본기」
>
> ③ "명주溟州는 옛날의 예국濊國인데 농부가 밭을 갈다가 예왕의 도장濊王印을 발견해 바쳤다."
>
> 『삼국유사』마한 편

중국과 한국의 옛 문인이 각기 다른 시공간에 쓴 사서에서 예왕인濊王印을 동시에 언급하고 있다는 것은 매우 놀라운 일이다. 그리고 우린 『삼국지』「위서 동의전」 부여 편의 '예왕지인'에 대한 언급에 주목할 필요가 있다. 과연 부여가 예국의 일원이었던 것일까. 『삼국사기』와 『삼국유사』의 북명北溟과 명주溟州는 지금의 강릉을 의미한다. 그렇다면 예국은 만주에서 동해안에 이르는 지역인 것일까. 『삼국지』「위서 동의전」 부여 편에서 아래 기사를 더 찾을 수 있다.

> "나라(부여)에 옛 성이 있어 예성濊城이라 한다. 원래는 예맥濊貊의 땅이라, 부여가 그 안에서 왕 노릇을 하면서 스스로 망인亡人이라 하니 있을 수도 있는 일이다."

부여가 예의 땅을 빼앗아 형성한 나라임을 입증하는 구절이다. 예의 땅을 부여가 차지했기 때문에 옛 성을 아직도 '예성'이라고 부르며, 중국으로부터 예왕의 관인濊王印을 받았다. 부여는 예의 땅에서 왕국을 건설했지만, 토착민인 예족을 무마하기 위해 스스로 망인이라고 했던 것이다. 부여는 남으로는 고구려와, 동으로는 읍루, 서쪽에는 선비와 국경을 접해 있는 나라였다. 위치상으로는 만주에서도 북쪽 지역에 자리 잡고 있다. 만주 지역의 예족이 부여에 의해 흡수되고, 잔여 세력이 개마고원을 넘어 동해안 일대에 옮겨와 만든 나라가 한반도의 예다. 즉 동예였던 것이다.

『삼국지』가 편찬된 3세기 말에는 만주의 예가 부여 또는 고구려에 흡수 및 합병되고, 한반도의 동예가 예의 명맥을 잇고 있었다. 『삼국사기』, 『삼국유사』에 등장하는 예도 동예를 의미한다. 반도예, 즉 동예의 위치에 관해서는 『삼국지』, 『삼국사기』, 『삼국유사』에 거의 비슷하게 나온다.

① 예濊는 남쪽으로 진한, 북쪽으로 고구려와 옥저와 접해 있고 동쪽으로 큰 바다에 막혀 있으니, 조선의 동쪽이 모두 그 땅에 속한다. 호수는 2만이다.

『삼국지』「위서 동이전」

② 명주溟州는 원래 고구려의 하서량河西良(하슬라)으로서 뒷날 신라에 속했다. 가탐賈耽의 『고금군국지古今郡國志』에 "지금 신라의 북부 경계에 있는 명주는 대부분이 예濊의 옛 나라이다"라고 써 있다. 이전의 역사서에는 부여扶餘를 예의 땅이라고 하였는데 잘못인 듯하다.

『삼국사기』「잡지」

③ 명주溟州는 옛날의 예국濊國이다.

『삼국유사』 마한 편

한국학중앙연구소 박성수 명예교수는 『단군문화기행』(2009)에서, 예전에 강릉의 남대천을 예강濊江이라 불렀다고 주장했다. 강릉을 중심으로 북으로는 함경남도, 남으로는 영덕 또는 포항까지의 동해안 일대가 예국의 강역이었다. 이 중 실직국이 예국에서 독립해 동해의 해상무역을 장악하다 신라에 병탄된 후 강릉과 안변을 중심으로 예국은 명맥을 이어갔다.

동해안의 예국은 적어도 진수가 『삼국지』를 편찬한 3세기 말에도 존속했다. 진수는 예국의 지배체제, 생활상에 대해 비교적 상세하게 기록했다. 하지만 아이러니하게도 12~13세기에 쓰인 『삼국사기』와 『삼국유사』에는 실직국이 망한 후 적어도 200년 이상 강원도 동해안에 실재한 예국에 대한 기사가 전무하다. 실직국이 망한(104년) 이후 수세기 동안 신라는 실직 때론 하슬라를 북쪽 경계(북변)으로 삼는데, 여러 차례 말갈의 공격을 받는다는 기사가 나온다. 실직국이 패망한 이후인 2세기 초에 말갈의 공세가 집중된다.

① 지마 14년(125년) 정월, 말갈이 북쪽 변경을 침입해, 관리와 백성들을 죽이고 노략질했다.

② 지마 14년(125년) 7월, 그들은 다시 대령大嶺 목책을 습격하고 이하泥河를 넘어 왔다.

③ 일성 4년(137년) 2월, 말갈이 쳐들어와, 장령長嶺 다섯 군데 목책을 불태웠다.

④ 일성 6년(139년) 8월, 말갈이 장령을 습격해 백성들을 노략질했다.

⑤ 일성 6년(139년) 10월, 말갈이 다시 습격해왔으나, 눈이 심하게 내리자 물러갔다.

⑥ 자비 11년(468년) 봄에 고구려가 말갈과 함께 북쪽 변경의 실직성悉直城을 습격했다.

⑦ 소지 2년(480년) 11월, 말갈이 북쪽 변경을 침입하였다.

⑧ 소지 3년(481년) 3월, 고구려가 말갈과 함께 북쪽 변경에 쳐들어와 호명狐鳴 등 일곱 성을 빼앗고, 또 미질부彌秩夫에 진군했다.

『삼국사기』「신라본기」

　　진수는 『삼국지』「위서 동이전」에 강원도 영동지방의 예국에 대해 자세한 기록을 남겼다. 『삼국사기』에서는 3세기 말 이전에 신라의 북변을 대대적으로 공격한 종족은 말갈靺鞨이라고 기록했다. 신라는 실직을 예속화한 후 하슬라를 장악했고, 때론 예국의 또 다른 본거지인 비열홀比列忽(함경남도 안변)까지 공세를 취한다. 예국이 동족인 실직이 패망한 후 신라에 대해 대규모 공격을 가했던 것이 분명하다. 김부식은 『삼국사기』에서 예국을 말갈과 혼돈해서 표현한 것으로 보인다. 아니면 예족과 말갈족이 동해안 지역에 혼재했을지도 모른다.

　김부식이 예족을 말갈로 표현했다면, 예국은 5세기 말까지 동해안 일대에 강력한 뿌리를 내리고 있었다. 소지왕 3년(481년) 말갈(예국)은 고구려와 연합군을 형성해 미질부(포항 흥해)까지 진격했다. 물론 고구려군의 소속해 공격에 나섰지만, 신라의 중심부까지 공격했으니, 그 기세가 대단했던 것으로 보인다.

(4) 예국의 생활상

한국의 고대사 학자들은 『삼국사기』를 정사로 받들어 모시고, 『삼국유사』를 보조 사료로 삼는 경향이 있다. 하지만 우리 조상들이 쓴 사서에는 정작 예국에 관한 기사가 드물다. 예국의 정치, 사회, 문화에 관한 내용은 『삼국지』 「위서 동이전」에 오히려 자세하게 나온다. 1,000년 후에 고려인이 쓴 사서보다 중국인이 당대에 쓴 사서가 보다 자세하고 정확할 수밖에 없다. 그럼 『삼국지』 「위서 동이전」에서 밝힌 예국의 생활상을 들여다보자.

　　① 규모: 예의 호수는 2만으로, 인구 10만쯤 되는 것 같다. 부여의 호수가 8만이니, 부여보다 작고, 고구려의 3만과 엇비슷하며, 옥저 5,000에 비하면 큰 나라다.

　　② 읍락국가체제: 대군장이 없고, 한사군이 설치된 이후 관직에 侯후·읍군·삼로가 있어 백성(하호)을 다스렸다. 스스로 고구려와 같은 종족으로 생각했다. 사람들의 성질은 삼갈 줄 알고, 성실하다. 즐기고, 탐욕함이 적고, 겸손하며, 부끄러워할 줄 알아, 고구려에 구걸하지 않았다. 언어와 법속은 대체로 고구려와 같은데 의복만은 조금 달랐다.

③ 책화責禍제도: 산천을 중시하여 산천으로 각각 부部를 나누었고, 서로 들어와 허튼 짓을 못하게 했다. 읍락끼리 서로 침범을 하면, 서로 꾸짖어 소나 말로 갚는데, 이를 책화라 한다. 사람을 죽이면 죽음으로 갚아 도둑이 적다.

④ 족외혼: 같은 성씨끼리는 혼인하지 않고 꺼리는 것들이 많았다.

⑤ 질병으로 사람이 죽으면 서둘러 버리니 옛 집을 버리고 새로 집을 짓는다. 마포가 있으며 양잠을 하고 면을 짠다. 별자리를 보아서 그해의 풍년이 들지를 알고, 구슬과 옥을 보배로 여기지 않았다.

⑥ 무천舞天: 항상 시월에 하늘에 제사를 지내는데, 밤낮 없이 술 마시고 노래하고 춤을 추니, 이름하여 무천이라 했다.

⑦ 호랑이 신앙: 범을 신으로 모시고 제사 지낸다.

⑧ 전술: 창은 길이가 3장이나 되니 여러 사람이 함께 긴 창을 들기도 한다. 보병전에 능하다.

⑨ 특산물: 낙랑단궁이 나오고 바다에서는 반어피가 나며 얼룩표범이 있고 또한 과하마果下馬가 나온다. 과하마는 높이가 석 자인데 타면 과일나무 밑을 지나갈 수 있고 해서 '과하果下'라고 했다.

『삼국지』「위서 동이전」이 전하는 바에 따르면 예국은 공동체적 유대가 강하게 유지되고 있었음을 알 수 있다. 하지만 국가라는 개념보다는 부족의 개념이 강했다. 산천을 경계로 한 일정 지역 내의 경작지는 읍락 공동 소유의 개념으로 운영한 것으로 보인다.

구슬과 옥을 보배로 여기지 않을 정도로 탐욕이 없고, 호랑이를 신으로 섬기며, 무천과 같은 공동의 축제의식(매년 5월 5일 열리는 강릉 단오제도 예의 무천에서 비롯됐다고 한다)이 있는 것으로 보아 사회 분화가 덜 이뤄진 초기 공동체 사회로 파악된다.

(5) 고구려에 복속

예국은 처음에 고조선에 복속돼 있다가 기원전 108년 한나라가 원산, 안변 일대를 중심으로 임둔군臨屯郡을 설치하자 예국을 그 지배하에 넣었다. 기원전 82년 임둔군을 폐하고, 기원전 75년에는 현도군玄免郡을 요동으로 옮기면서 한은 한반도 동부지역에 예국과 옥저 지역 7개 현을 새롭게 설치된 낙랑군 동부도위東部都尉의 지배 아래 두었다. 동부도위의 치소治所는 예국의 불내성不耐城으로, 지금 함경남도 안변에 해당한다.

한은 서기 30년 동부도위마저 폐한 후 예국과 옥저를 낙랑군 관할로 남겼다. 낙랑군은 거수渠帥라 불리는 예국 부족장들을 현懸의 후侯, 즉 현후縣侯에 봉했다. 이때부터 예국의 현후들은 낙랑군의 간접 지배를 받으면서 읍락 내의 일을 자치적으로 처리했다.

예국은 2세기 말 한의 세력이 약화될 무렵에 고구려에 복속한다. 한이 멸망하고, 중국 중원에 위가 들어서자, 고구려와 위가 만주와 한반도를 놓고 패권전쟁을 벌였고, 예국도 그 싸움에 휘말렸다.

서기 245년(고구려 동천왕 19년), 위의 관구검毌丘儉이 고구려를 침공해 동천왕이 옥저로 피신할 때, 위의 예하에 있는 낙랑과 대방군이 예국을 침공했다.

> "정시正始 6년(245년) 낙랑태수 유무, 대방태수帶方太守 궁준弓遵이 고개 동쪽의 예가 고구려에 속하게 되자, 군사를 일으켜 이를 쳤다. 불내후不耐侯 등은 읍을 들어 항복했다. 8년에 대궐에 이르러 조공을 바치니, 불내不耐를 예왕으로 봉했다."
>
> 『삼국지』「위서 동이전」

고구려가 낙랑군을 멸망시킨(313년) 후 예국은 다시 고구려에 복속하게 됐다.

예국이 언제 멸망했는지는 알 수 없다. 다만 이사부가 실직 군주(505년)에 이어 하슬라 군주(512년)에 임명되면서 동해안 일대에 대한 신라의 지배력을 확고히 한 시점을 전후로 예족은 북한 지역으로 밀려나 동해안에서 소멸된 것으로 관측된다. 그 후 신라를 공격하는 말갈의 기사는 예족이 아닌, 진짜 말갈족을 의미하는 것으로 보인다.

진흥왕 시기에 예족에 관한 기사가 나온다. 이때 이사부는 국방장관 격인 병부령兵部令을 맡고 있었다.

> "진흥왕 9년(548년) 2월, 고구려가 예인穢人과 함께 백제의 독산성獨山城을 공격하자 백제가 구원을 청했다. 임금은 장군 주령朱玲을 보냈다. 주령은 굳센 병사 3,000명을 거느리고 그들을 공격하여, 죽이거나 사로잡은 사람이 매우 많았다."
>
> 『삼국사기』「신라본기」

김부식은 『삼국사기』에서 예의 자리에 말갈을 대신 끼워 넣었지만, 6세기 중엽에 예인의 존재를 표현했다. 예족이 고구려 땅으로 건너가 복속하고, 전투 시 고구려군의 일원으로 참가하고 있었던 것이다. 예국은 처음엔 한사군의 지배를 받다가 고구려에 복속하고, 나중엔 신라에 의해 영토의 대부분을 빼앗겼지만, 한반도 동해안에 적어도 500년 안팎의 긴 세월을 보내며 실재했던 나라다.

창해역사滄海力士의 전설

오랜 역사를 가진 예국이지만, 1500년이 지난 오늘날 예국의 흔적을 찾기란 쉽지 않다. 강릉시 홈페이지에는 '예국토성지'에 관한 설명이 나온다. 예국은 철국鐵國으로도 불렸다. 이에 따르면 1915년에 '예국토성지濊國土城址'라고도 불리는 강릉 토성지가 발굴·조사됐는데, 총연장 2,800m, 누壘는 0.5~12m이다. 이곳에서 빗살무늬토기 편과 민무늬토기 편이 출토됐다. 예국토성지는 조선시대에 폐기됐는데, 예국의 소군장小君長인 후侯가 거처하는 성읍城邑으로 추정되고 있다. 강릉시 옥천동과 금학동에 걸쳐 있는 예국의 성이라는 기록도 있다.

강릉에는 또 고대 예국의 신화적 인물인 창해역사滄海力士에 대한 전설이 전해진다. 창해역사를 가장 자세히 기록한 자료는 조선시대 문신 홍만종洪萬宗이 쓴 『순오지旬五志』다.

강릉 창해역사 유허비

예국의 노파가 시냇가에서 호박만 한 알이 떠내려 오는 것을 주워 두었더니, 얼마 안 되어 알이 두 쪽 나며 남자아이가 나왔다. 그 아이 얼굴이 보통 사람이 아니었으며, 6세가 되자 키가 8척이나 되고 얼굴빛이 검어서 성인과 같았으므로 검을 '여黎' 자를 성으로 삼고 이름은 용사勇士라 불렀다. 여용사가 예국의 호랑이를 퇴치하기도 하고, 만근이나 되는 종을 옮기는 등 괴력을 발휘하자 왕은 상객으로 대우했다고 한다. 그러나 그가 죽은 곳은 알지 못한다고 했다.

사마천의 『사기史記』 「장량열전」에는 장량이 동쪽을 보고 창해군의 역사를 얻었다 했으며, 그가 사용하던 쇠방망이가 무려 120근이 되었다고 한다. 또한, 창해역사가 장량과 함께 진시황을 저격하려다가 실패했다고 전한다.

〈강릉관노가면극江陵官奴假面劇〉에서는 장자마리가 장량(장자방)을 상징하고, 창해역사는 시시딱딱이로 형상화됐다고 한다. 강릉 지역에 전하는 구전설화에는 창해역사의 이름이 강중剛中이라 밝히고 있으며, 사후에 강릉의 성황신 가운데 육고기를 대접받는 장군신인 육성황신이 됐다고 한다. 강릉시는 1991년 옥천동에 '창해역사기적비'를 세우고 그의 신화적 행적을 기리고 있다.

II

남
—
금관국 정벌

1. 팽창하는 신라

(1) 다양한 부족 흡수

경북 동쪽 경주 분지에서 부족국가로 출발한 신라는 북으로 함경남도 함흥 일대, 동으로 울릉도, 서로 한강 유역, 남으로 경남 일대의 가야 연맹체를 복속시키며 삼국통일의 주역으로 떠오른다. 이 과정에서 신라는 한반도로 건너온 예족, 맥족, 말갈족, 왜족, 부여족(고구려, 백제)과 치열한 전투를 벌였고, 이들을 격퇴하거나 흡수함으로써 한반도의 중심국가로 부상했다.

신라는 다민족 또는 다종족의 국가다. 신라 김씨 왕조를 구성한 종족은 중국 북방 알타이 산맥Altai Mts.과 몽골고원Mongolian Plat.을 누비던 흉노족이고, 또 다른 흉노 계열인 금관국을 병합했으므로 신라 문화에는 흉노의 여운이 많이 남아 있다. 강원도 일대의 말갈족과 예족, 맥족, 남해안에는 왜족의 문화가 마을 유적이나, 고분 발굴 과정에서 나타난다. 중국 한족이 건설한 낙랑군의 문화 유적도 타임머신에 실려 시대를 거스른 듯 흙 속에 그대로 잠자고 있는 경우가 많다.

한반도의 역사가 신라의 연장선상에 있음은 누구도 부인하지 못한다. 일제강점기에 민족사학자들이 고구려를 중심으로 민족사를 바라보았고, 그 영향이 아직 남아 있는 것은 사실이다. 하지만 이젠 현실을 제대로 보아야 할 때가 됐다. 광복 70년이 지나도록 민족사학에 매어 있을 필요가 없다.

신라의 영토 확장은 다양한 민족과 부족, 종족을 흡수 통합하는 과정이었다. 그 과정에서 지증왕, 법흥왕, 진흥왕 3대에 걸쳐 이사부가 혁혁한 공을 세웠고, 그의 지도력으로 신라는 한반도의 주인이 됐다.

신라의 영토 확장은 3단계로 이뤄진다. 1단계는 신라가 건국 초기에 경주 중심으로 동해안 일대를 확보하는 과정이고, 2단계는 2세기 후반부터 3세기에 걸쳐 경북 내륙을 복속시켰다. 3단계는 6세기 지증왕, 법흥왕, 진흥왕의 3대 임금에 걸쳐 영토를 한강 유역까지 확장시킴으로써, 고구려와 백제의 국경과 맞대고 한판 승부를 겨뤘다.

1단계 동해안 진출

개국 초기엔 부산에서 삼척에 이르기까지 동해안 영토 확장에 주력한다. 경북 동부의 경주에 위치한 신라로선 수시로 침공해 오는 왜병을 저지하기 위해서 동해안을 안정시킬 필요가 있었을 것이다.

① 탈해(57~80년): 거도居道가 우시산국于尸山國과 거칠산국居柒山國을 멸망시킴.

② 파사 23년(102년): 음집벌국音汁伐國과 실직悉直, 압독押督의 임금이 항복.

③ 파사 29년(108년): 비지국比只國, 다벌국多伐國, 초팔국草八國 병합.

신라가 가장 먼저 진출한 지역은 동해안을 따라 남쪽으로 내려가는 길이었다. 우시산국은 지금의 울산, 거칠산국은 부산 동래 지역이다. 우시산국과 거칠산국은 해상 세력인 석탈해昔脫解의 근거지로, 가야의 영향력이 미치면서 이탈한 것을 탈해가 되찾은 것으로 파악된다. 파사왕 때 음집벌국을 병합하고, 압독이 항복해 오는데, 그 지역도 경북 동부지방이다. 실직국은 강원도 삼척을 치소治所로 두고 있어 파사왕 때 신라는 부산에서 삼척까지 동해안을 따라 길쭉하게 영토를 확보한다. 비지, 다벌, 초팔국도 경주 인근에 있던 소국으로 비정된다.

2단계 경북 지역의 내지화

신라가 영남 내륙지방으로 진출하는 기간이다. 아달라왕 시기엔 계립령(156년)과 죽령(158년)을 열어 그 지역에 감물甘勿과 마산馬山 두 현을 설치했다. 신라는 소백산맥을 넘는 길을 연 후에 백제와의 본격적인 전쟁에 돌입했다. 이에 앞서 경주와 소백산맥 고개를 연결하는 전투로 주변에 있는 소국을 병탄한다.

① 벌휴 2년(185년): 소문국召文國 정벌.
② 조분 2년(231년): 감문국甘文國 토벌.
③ 조분 7년(236년): 골벌국骨伐國의 왕 아음부阿音夫가 항복.
④ 조분 13년(242년): 고타군古陁郡에서 상서로운 벼이삭을 바침.
⑤ 첨해 16년(245년): 사량벌국沙梁伐國 토벌.
⑥ 유례 14년(297년): 이서고국伊西古國이 금성金城을 공격해 왔는데, 귀에 대나무 잎을 꽂은 군대가 도와 적을 패퇴시킴(이때 멸망 가능성).

소문국은 의성, 감문국은 김천, 골벌국은 영천, 고타군은 안동, 사량벌국은 상주, 이서(고)국은 청도로 모두 경상북도에 위치한다. 백제와의 본격적인 전쟁을 앞두고 소백산맥 이남의 부족국가를 차례차례 정벌하거나 배신 가능성에 싹을 자르는 과정이다.

사량벌국의 경우 오래전부터 신라의 속국이었으나, 나중에 신라를 배신하고 백제의 편에 붙어 버렸기 때문에 석우로昔于老 장군을 파견해 정벌했다는 기록이 있다. 하지만 사량벌국 이외의 나라를 정벌한 뚜렷한 이유가 『삼국사기』나 『삼국유사』에 적혀 있지 않다. 백제 전쟁을 앞두고 소백산맥 이남의 경북 지역을 내지화하려는 의도였을 것으로 추측된다. 이때 반발한 이서고국이 수도 금성까지 쳐들어오는데, 미추왕을 지탱했던 김씨 세력들이 군을 이끌고 가서 석씨 왕조를 도와 평정했다는 얘기가 전설처럼 사서에 기록돼 있다. 이서국도 신라의 제압으로 멸망했다.

물론 사서에는 나오지 않지만, 소문, 감문, 골벌, 사량벌국 이외에도 경북 지역에서 독자적인 왕국을 형성했던 나라들이 거의 모두 신라에 합병되고, 4세기 이전에 신라 영토가 소백산맥을 경계선으로 확대됐다.

3단계 사방으로의 영토 확장

본격적인 영토 확장기다. 이 기간의 신라 영토 확장은 이사부에 의해 이뤄진다.

> ① 지증 13년(512년): 우산국于山國 항복, 하슬라 설치.
> ② 법흥 19년(532년): 금관국金官國의 왕 김구해金仇亥 항복.
> ③ 진흥 11년(550년): 도살성, 금현성 탈취.

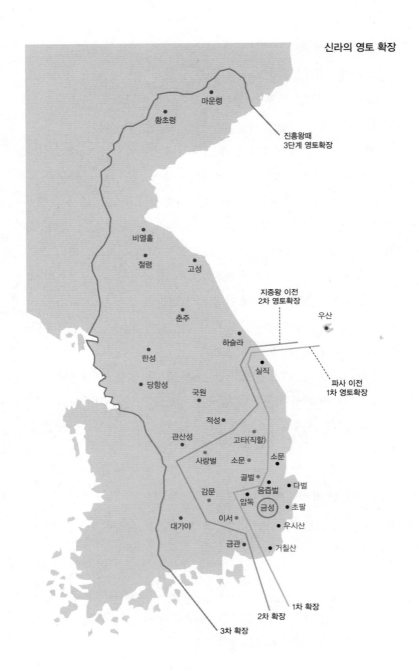

신라의 영토 확장

마운령

황초령

진흥왕때
3단계 영토확장

비열홀

철령

고성

지중왕 이전
2차 영토확장

우산

춘주

하슬라

한성

실직

파사 이전
1차 영토확장

당항성

국원

적성

관산성

고타(직할)

사랑벌   소문   소문

골벌

감문   음즙벌   다벌

압독   금성   초팔

이서   우시산

대가야

금관   거칠산

1차 확장

2차 확장

3차 확장

④ 진흥 12년(551년): 죽령 이북 고현 이남 10군 탈취.
⑤ 진흥 14년(553년): 한강 유역 점령, 신주新州 설치.
⑥ 진흥 17년(556년): 비열홀주 설치.
⑦ 진흥 23년(562년): 대가야 토벌.

지증왕 6년(505년) 신라는 주군현 제도를 실시하였다. 하나의 행
정체제로 흡수하기 이전엔 토착왕국의 지배체제의 자율권을 다소
인정하되, 배반할 경우 가차 없이 토벌하는 것이 신라의 지배 방식
이었다. 그 첫 번째 케이스가 실직국이었다. 실직국왕이 파사 23년
(102년)에 항복하고 2년 뒤 배반하자, 신라는 병사를 보내 토벌하
고 평정해 남은 주민을 실직에서 가장 먼 남쪽 지방으로 옮기도록
했다. 토착민의 뿌리를 없애는 이른바 사민徙民정책이었다. 압독국도
102년에 항복했지만, 일성 13년(146년)에 반란을 일으키자, 신라는
실직국에서 행했던 것과 똑같이 병사를 보내 평정하고 백성을 옮기
는 사민 조치를 단행했다. 속국이었던 사량벌국 역시 백제와 한편을
맺자, 신라는 가차 없이 멸망시켰다. 이서국의 경우도 마찬가지였을
것이다.
한편 신라는 복속시킨 국가나 군현으로 편제한 지역에 대해 조
공을 바치도록 했다. 『삼국사기』에서는 신라가 조공을 받은 기록
을 쉽게 찾을 수 있다.

① 혁거세 53년(기원전 5년): 동옥저東沃沮의 사신이 와서 좋은 말
20필을 바침.
② 유리 19년(42년): 맥국의 거수가 새와 짐승을 잡아 바침.
③ 파사 5년(84년): 고타古陁 군주가 파란색 소를 바침.
④ 조분 13년(242년): 고타군古陁郡에서 상서로운 벼이삭을 바침.

⑤ 유례 11년(294년): 다사군多沙郡에서 상서로운 벼이삭을 바침.

⑥ 내물 21년(376년): 부사군夫沙郡에서 뿔이 하나 달린 사슴을 바침.

⑦ 눌지 25년(441년): 사물현史勿縣에서 꼬리가 긴 흰 꿩을 바침.

⑧ 눌지 36년(452년): 대산군大山郡에서 상서로운 벼이삭을 바침.

⑨ 소지 18년(496년): 가야국加耶國에서 꼬리 길이가 다섯 자 되는 흰 꿩을 보냄.

조공품은 보통 상서로운 새와 짐승 등이었다. 즉 파란색 소, 뿔 하나인 사슴, 꼬리 길이 다섯 자인 흰 꿩 같은 동물들이었다. 농사를 짓는 지역에선 상서로운 벼이삭을 바쳤다는 기록도 찾을 수 있다. 조공 제도는 옥저와 고구려 사이에서도 발견된다. 조공 제도는 그 지역의 기존 세력이 자치권을 인정받고, 상국上國이 그들을 이용해 간접적으로 통치하는 방식이다. 종주국의 힘이 먼 지역까지 미치지 못하기 때문에 채택하는 방식이다.

적어도 5세기까지는 신라가 속국에 대해 완전한 통치를 하지 못했던 것으로 보인다. 경상도 일원에서 발견되는 금동관이 이를 말해주고 있다. 신라에 병합된 의성, 경산, 대구, 선산 등지에서 금동관이 발견되었다. 또한 동래, 창녕, 양산, 고령, 성주 등 가야 연맹의 세력권에 있었던 지역에서도 5~6세기 초의 것으로 추정되는 금동관이 출토되고 있다. 소국들이 5세기 말까지 독자적인 세력을 형성하고, 일정 지역에 대한 지배권을 유지했다는 얘기다.

하지만 6세기 들어 신라의 힘이 강해지고, 소백산 일대에서 백제와 본격적인 전투를 벌이기 위해 군대를 파견하면서 간접지배에서 직접지배로 신라의 통치 방식이 전환되었다. 지증왕 때 주군현 제도를 실시한 이후 부족국가 또는 지방에서 올라오는 조공의 기록이 사라진 것이다. 복속한 소국들이 주군현으로 편제돼 자치권을 잃고, 신라에 세금을 내면서, 군역을 제공하는 영토의 일부로 전환됐기 때문이다.

(2) 각기 다른 언어

신라가 영토를 확장하는 과정에서 통합한 여러 종족은 언어가 달랐다. 우리는 단군의 자손이라고 교육을 받아 고대 이래 이 땅에 산 사람들이 하나의 언어로 사용했을 것으로 믿어 왔다. 그러나 사료를 살펴보면 다양한 종족이 각기 다른 언어를 사용했고, 신라의 영토 확장 및 통일 과정은 신라어를 중심으로 하는 언어의 통합 과정으로 볼 수 있다. 한반도와 만주 일대에 실재했던 종족들의 언어가 달랐음은 『삼국지』「위서 동이전」에 잘 기술돼 있다.

① 고구려: 동이의 구어로, 부여의 별종이라 하여 언어가 여러 가지이나, 부여와 같은 것이 많다. (東夷舊語以爲夫餘別種, 言語諸事, 多與夫餘同)
② 예국: 언어와 법속은 대체로 고구려와 같은데 의복만은 조금 달랐다.
③ 옥저: 고구려어와 대체로 같지만, 때로 차이가 나는 것도 약간 있다.
④ 말갈과 동족인 읍루: 언어가 부여와 고구려와 달랐다.
⑤ 진한: 언어는 마한과 같지 않았다. (其言語不與馬韓同)
⑥ 변진: 언어와 법과 풍속은 진한과 서로 유사함이 있다.
⑦ 왜: 역관이 통하는 곳이 30국이다.

고구려와 부여의 언어는 대체로 비슷하지만, 차이점도 있었다. 동해안의 예국과 옥저는 고구려와 언어가 같았고, 고구려, 예국, 옥저는 비슷한 언어권이었다.

숙신계인 읍루와 말갈은 동이족 가운데서도 별도의 언어를 썼다. 『북사北史』「물길전勿吉傳」에서도 "고구려의 북쪽에 있고, 언어는 독특하고 달랐다(在高句麗北 言語獨異)"고 했다.

마한과 진한은 이웃해 있음에도 언어가 달랐다. 진한과 변한의 언어는 비슷했다. 왜의 언어는 여러 갈래였고, 그중 중국魏의 통역을 통해 소통이 가능한 나라가 30국이었으니, 통역을 써도 이해가 불가능한 언어가 많았다는 얘기다.

한반도와 만주에서 터전을 마련한 동이족들이 통역이 없으면 언어를 소통할 수 없었다. 삼한 지역에서도 마한과 진한, 변한이 말이 서로 달랐다. 『삼국지』「위서 동이전」에서는 진한과 변한은 말이 비슷하다고 했지만, 5세기에 쓰인 『후한서後漢書』「동이전東夷傳」에는 "언어와 풍속이 달랐다"고 적고 있다.

백제어는 고구려어와 비슷했다. 629년에 편찬된 『양서梁書』「백제전百濟傳」에 "언어와 옷이 대략 고구려와 비슷하다(今言語服章 略高句麗同)"는 기록이 있다. 하지만 부여에서 갈라져 나온 지배 계층과 토착 마한인과의 계층적 언어 차이가 발견되고 있다. 『주서周書』 백제조에는 "왕의 성은 부여씨이며, 왕을 '어라하'라고 불렀지만, 백성들은 '건길지'라고 했다(王姓夫餘氏 號於羅瑕 民號爲鞬吉支)"고 기록되어 있다. 『일본서기日本書紀』에선 백제왕을 '키시kisi'라고 칭했다. '건'은 어두로서 '크다'에서 나온 것으로, '건길지'는 '큰 임금'의 뜻이다.

이처럼 백제의 지배민족과 피지배민족의 언어가 달랐다는 것은 부여 계통과 삼한 계통의 언어에 장애가 컸음을 반영한다. 같은 언어권이라도 방언의 차이가 심각했다는 기록도 있다.

> 가야국 가실왕嘉實王이 "모든 나라의 방언은 각각 그 성음聲音이 다른 것인데 어찌 당나라의 노래만 부를 수 있겠는가"라고 말하고 악사 우륵于勒에게 명령해 12곡을 작곡하게 했다.
>
> 『삼국사기』「잡지」

가야 연맹국 사이에 방언이 심해 음악으로 통합하겠다는 뜻이다. 가야와 신라의 언어에도 차이점이 발견된다. 『삼국사기』「열전」사다함조에 "전단량旃檀梁은 성문 이름으로, 가야의 말로 문을 양梁이라 한다"고 풀이했다. '량梁'을 직역하면 '다리'인데, 가야어에서는 '문'을 뜻하는 말이라고 김부식은 친절하게 설명했다.

언어는 지배 민족 또는 종족의 언어가 확산되면서 형성된다. 신라의 영토 확장은 진한어 가운데서도 서라벌徐羅伐 방언을 중심으로 언어의 확산이 이뤄지는 과정이었다. 고려 건국으로 왕조가 교체되

동아시아 언어 변천사

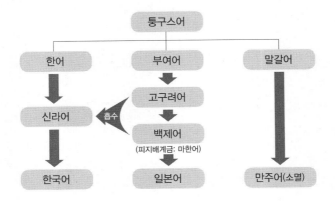

고, 경주 중심에서 개성 중심으로 권력의 중심지가 바뀌는 변혁의
과정이었지만, 언어에서는 통일신라어가 그대로 전승되었다. 약간의
변화가 있다면, 과거 고구려 땅이었던 개성 지방 방언이 추가되고
가미되는 정도였을 뿐이다. 조선은 역성혁명易姓革命으로 이뤄진 국가
로, 언어적 측면에선 고려를 계승했다.

따라서 신라어, 즉 서라벌어가 오늘날 한국어의 모태가 된 것이
다. 신라 이외의 각 민족 또는 종족이 쓰던 언어는 사장되거나 통일
신라의 언어로 녹아 우리 언어 중 어딘가에 섞여 있다.

2. 김씨 족단의 승리

(1) 박씨 왕조

신라는 초기에 박朴, 석昔, 김金의 3개 족단族團이 서로 왕을 내며 지배체제를 유지했다. 처음에는 박씨가, 그 다음엔 석씨가 왕을 냈고, 그리고 내물왕 이후 김씨 왕조가 이어졌다. 초기 박·석·김 3성은 서로 협력 및 경쟁 관계를 유지하며 왕권 다툼을 벌였던 것으로 이해된다.

가장 먼저 왕권을 잡은 것은 혁거세로 박씨였다. 박씨 왕조는 남해를 거쳐 유리까지 3대를 이어가다가 4대에 석씨인 탈해에게 왕권(이사금)을 넘겨줬지만, 5대 파사에 이어, 지마(6대), 일성(7대), 아달라(8대)까지 지배권을 이어갔다.

석씨는 4대 탈해가 왕권을 차지한 뒤 5대에 다시 박씨에게 넘겨주었다. 그러다 9대 벌휴가 다시 왕권을 되찾아 내해, 조분, 점해를 거쳐 13대 미추에서 김씨에게 넘겨주지만, 다시 14대 유례에서 석씨가 집권에 성공해 16대 흘해까지 간다.

신라인의 얼굴(국립경주박물관 소장)

김씨 왕조는 4대 탈해 때 시조 김알지의 설화가 나온 후 한참의 시간이 흐른 후 13대 미추왕을 한 번 내고, 17대 내물왕을 등극시키며 본격적으로 신라의 지배체제를 구축했다.

가장 먼저 경주를 장악한 족단은 박씨 집단이었다. 서라벌 여섯 고을 사람들이 알에서 나온 박씨를 거서간으로 모시고 신라의 시조로 삼는 설화는 유명하다.

> 고허촌의 촌장 소벌공蘇伐公이 양산楊山(남산) 기슭을 바라보니 나정蘿井 옆 숲 사이에 말이 무릎을 꿇고 앉아서 울고 있었다. 곧장 가서 보니 말은 보이지 않고 커다란 알이 있었다. 그것을 쪼개자 속에서 어린 아이가 나왔기에 거두어 길렀다.
>
> 『삼국사기』「신라본기」

박씨 집단이 여섯 고을을 지휘하며 건국 초기 신라를 이끌던 중, 혁거세 집권기에 석씨 집단의 수장인 탈해가 바닷가로 들어온다. 『삼국유사』「가락국기」에는 탈해가 가락국의 김수로왕과 싸우다가 져서 신라로 도망을 치는 장면이 나오고, 『삼국사기』에서도 탈해가 금관국을 거쳐 신라 해변에 도착했다는 설화를 실었다.

> ① 왕(수로왕)이 탈해가 머물면서 난리를 꾀할까 걱정이 되어 급히 수군 500척을 보내어 뒤쫓도록 했다. 하지만 탈해는 계림의 땅 안으로 달아났기 때문에 수군들은 모두 그대로 돌아왔다.
>
> 『삼국유사』「가락국기」
>
> ② (탈해와 보물을 실은 궤짝이) 처음에 금관국金官國 해변에 닿았으나, 금관 사람은 이를 괴이하게 여겨 거두지 않았다. 다시 진한 아진포阿珍浦 어구에 닿았다.
>
> 『삼국사기』「신라본기」

두 사서를 연결해 해석하자면, 해상 세력인 석씨 집단이 금관가야와 싸우다가 밀려 신라 해안인 아진포로 들어와 박씨가 이끄는 신라에 도움을 요청했다. 박씨 집단과 석씨 집단의 연대가 이뤄진 것이다. 금관국은 두 세력의 결합이 두려워 더 이상 탈해에 대한 추격을 멈추었다는 내용이다. 혁거세를 이은 남해는 탈해에게 딸을 시집보내고 최고 관직인 대보 자리도 준다. 남해가 죽고 박씨와 석씨 사이에 권력투쟁이 벌어지는데, 그때까지만 해도 박씨가 우세했던 것으로 보인다.

> 남해南解가 돌아갔을 때, 유리가 당연히 왕위에 올라야 하지만, 대보大輔 탈해脫解가 본래 덕망이 있다고 생각했으므로 그에게 왕위를 사양했다. 이에 탈해는 "임금 자리는 보통 사람이 감당할 수 있는 것이 아닙니다. 훌륭하고 지혜로운 사람은 나이가 많다고 들었습니다"라며 떡을 깨물어 나이를 재보자고 했다. 유리의 잇자국이 많았으므로 신하들이 그를 받들어 왕위에 오르게 하고, 왕호를 이사금尼師今이라 했다.
>
> 『삼국사기』「신라본기」

어처구니없는 이야기다. 떡을 깨물어 잇자국이 많은 사람이 왕권을 차지한다고? 두 세력이 치열하게 권력투쟁을 벌이다가 힘이 센(잇자국이 많은) 박씨 집단의 족장 유리가 권력을 차지했다고 보는 게 현실적이다. 유리가 죽기에 앞서 더 이상 석씨 세력을 누를 수 없다고 보고 탈해에게 임금 자리를 넘겨주었을 것이다.

탈해 때 김씨 집단이 경주에 들어오니, 이 이야기가 바로 김알지 신화다. 석씨 족단은 탈해 한 대를 넘기고 박씨에게 왕권을 내주는데, 5대 파사다. 파사는 탈해 때 들어온 김알지의 세력, 즉 김씨 세력과 연대해 왕권을 되찾는다.

> 탈해가 돌아가셨을 때, 신하들은 유리의 태자 일성逸聖을 왕위에
> 오르게 하려 했다. 그러나 누군가가 말하기를 "일성이 비록 맏아
> 들이기는 하지만 위엄과 현명함이 파사에 미치지 못하다"고 해서,
> 마침내 파사를 왕위에 오르도록 했다. 파사는 절약하고 검소하며
> 물자를 아꼈고, 백성을 사랑했으므로, 나라 사람들이 그를 칭찬
> 했다.
>
> 『삼국사기』「신라본기」

위엄 있고, 현명하며, 절약하고 검소하기 때문에 맏아들을 제치
고 둘째 아들이 왕위에 올랐을까. 비밀은 일성과 파사의 부인에게
있다.

> ① 파사의 왕비는 김씨 사성부인史省夫人으로, 갈문왕 허루許婁의 딸
> 이다.
> ② 일성의 왕비 박씨는 지소례왕支所禮王의 딸이다.
>
> 『삼국사기』「신라본기」

파사의 왕비는 김씨이고, 일성의 부인은 박씨다. 『삼국사기』 파
사왕조에 박씨들이 유리의 맏아들인 일성을 임금으로 내세우려 하
자, 김씨 세력의 '누군가或者'가 반대하고 둘째인 파사를 밀었고, 파사
는 김씨 세력의 지원을 받아 형을 제치고 임금이 됐던 것이다.

박씨가 다시 왕권을 되찾은 것은 김씨의 세력과 연합해 석씨를
밀어냈기에 가능했던 것이다. 파사의 큰아들인 지마도 어머니 사성
부인과 왕비 애례부인愛禮夫人이 모두 김씨였기에 김씨 세력의 지원으

로 무탈하게 왕위를 이었다. 결과적으로 박씨·김씨 연대 세력이 두 대에 걸쳐 박씨 임금을 낸 것이다.

하지만 파사에게 밀렸던 일성은 조카인 지마가 죽은 후 임금이 된다. 일성의 부인이 박씨였기 때문에, 일성은 박씨 정통파를 이끌고 절치부심 끝에 임금이 된 것이다. 이때 박씨 집단 내에 내분이 발생한 흔적이 보인다. 동생과 조카에게 왕권을 내줬던 일성은 김씨 세력과 연대한 파사-지마의 박씨 세력을 물리치고 왕권을 차지할 정도로 힘이 커졌다고 볼 수 있다. 그 기세는 일성의 맏아들인 아달라까지 내려간다. 아달라의 왕비도 박씨다. 김씨 세력은 일성-아달라 시기에 권력에서 밀려났다.

신라왕국의 궁전으로 쓰인 임해전

(2) 석씨 왕조

세 세력이 권력 다툼을 벌일 때 한쪽이 두 세력을 완전히 제압하지 못하면, 캐스팅보트를 쥔 쪽이 어디로 붙는지에 따라 세력 판도가 달라진다. 신라 삼두체제의 캐스팅보트는 김씨가 쥐고 있었다. 박씨를 지지했던 김씨 족단은 이번에 석씨를 지지해 박씨를 견제하는 태도로 돌변했다.

박씨 왕조는 아달라를 끝으로 석씨에게 왕위를 넘겨준다. 아달라의 뒤를 이은 왕은 벌휴왕인데, 탈해의 손자이고, 어머니의 성은 김씨로 지진내례부인只珍內禮夫人이다. 석씨 세력과 김씨 세력이 연대를 형성해 박씨를 밀어낸 것이다. 김씨 세력은 독자적인 임금을 낼 힘이 없었고, 박씨와 석씨 세력 중 어느 한쪽에 붙어 힘을 키워 나갔다.

석씨 벌휴왕 때 김씨 세력의 우두머리는 구도仇道였다. 그는 김씨 첫 임금인 13대 미추의 아버지다. 벌휴왕 때 구도가 군권을 장악한 듯싶다.

① 2년(185년) 2월, 파진찬 구도仇道와 일길찬 구수혜仇須兮를 좌우군주左右軍主로 삼아 소문국召文國을 정벌했다.

② 5년(188년) 봄 2월, 백제가 모산성母山城을 공격해 왔다. 파진찬 구도에게 병사를 줘 막게 했다.

③ 6년(189년) 가을 7월, 구도가 백제와 구양狗壤에서 싸워 승리해 오백여 명을 죽이거나 사로잡았다.

④ 7년(190년) 가을 8월, 백제가 서쪽 국경에 있는 원산향圓山鄕을 습격하고, 진군해 부곡성缶谷城을 포위했다. 구도가 기병 500명을 거느리고 그들을 공격하니 백제의 병사가 거짓으로 달아났다. 구도가 뒤쫓아 갔다가 와산蛙山에 이르러 백제에게 패했다. 임금은 패

장 구도를 부곡성주缶谷城主로 좌천시키고 설지薛支를 좌군주左軍主로 삼았다.

구도는 신라 방위군의 한축을 담당하는 군주의 자리에 올라 소문국(경북 의성)을 정벌하고 백제와의 전투에 공을 세운다. 그러다가 백제에 패하는데, 벌휴왕은 백제에 패한 구도에게 책임을 물으면서 관직을 삭탈해 실각시킬 정도의 권력을 휘두르지 못했다. 구도를 부곡성주로 좌천시키면서 일정한 권력을 남겨 놓은 것은 벌휴 임금이 김씨 세력의 힘을 제압하지 못했음을 보여준다. 김씨 세력의 힘이 그만큼 커졌다는 의미이기도 하다. 석씨 왕조는 김씨 세력의 연합을 통해 '내해-조분-점해'를 이어가다 13대에 드디어 구도의 아들 미추에게 왕권을 내준다. 미추는 석씨와 박씨 세력의 힘을 고루 얻어 임금이 된다. 삼두체제 권력 균형을 절묘하게 이용한 것이다.

미추이사금味鄒尼師今이 왕위에 올랐다. 성은 김씨이다. 어머니는 박씨로 갈문왕 이칠伊柒의 딸이고, 왕비는 석씨 광명부인光明夫人으로 조분왕助賁王의 딸이다. 그의 선조 알지關智는 계림에서 태어났는데 탈해왕脫解王이 데려다가 궁중에서 길러 후에 대보大輔로 삼았다. 알지는 세한勢漢을 낳고 세한은 아도阿道를 낳았으며, 아도는 수류普留를 낳고 수류는 욱보郁甫를 낳았다. 그리고 욱보는 구도仇道를 낳았는데 구도가 곧 미추왕의 아버지이다. 첨해는 아들이 없었으므로 나라 사람들이 미추를 임금으로 세웠다. 이것이 김씨가 나라를 다스리는 시초가 된다.

『삼국사기』「신라본기」 미추왕조

석씨의 시조 탈해는 최고 관직인 대보를 하고 나서 임금이 되었는 데 비해 김씨의 시조 알지는 대보에 그치고 임금이 되지 못해 대조를 이룬다. '알지-세한-아도-수류-욱보-구도'의 세대를 거쳐 미추에서 왕이 나오도록 김씨 세력은 힘이 미약했고, 석씨와 박씨의 틈바구니에서 이합집산을 거쳐 드디어 임금을 냈다.

그것도 한 대에 그치고 다시 석씨에게 임금을 내준다. 김씨 세력에게 임금을 내준 석씨 세력은 이번엔 박씨와 손을 잡는다. 미추의 다음 임금인 유례는 조분왕助賁王의 맏아들로, 어머니는 박씨로 갈문왕 내음柰音의 딸이다. 석씨와 김씨 세력의 연대로 권력에서 밀려났던 박씨 세력이 이번엔 석씨와 손을 잡고 김씨 세력과 대항한 것이다. 박씨 세력이 왜소해졌지만, 석씨 세력과 손잡고 왕을 만들 지분을 보유하고 있었다. 김씨의 세력이 커지기는 했지만 석씨와 박씨의 연대를 누를 정도는 아니었다. 하지만 김씨의 세력은 여전히 막강한 힘을 유지하고 있었다. 유례 때 미추왕 전설이다.

> 유례 14년(297년) 정월, 이서고국伊西古國이 금성金城을 공격해 왔기에 군사를 일으켜 막았으나 물리칠 수가 없었다. 그런데 홀연히 이상한 병사들이 왔는데, 그 수는 이루 헤아릴 수 없이 많았으며 그들은 모두 귀에 대나무 잎을 꽂고 있었다. 우리 군대와 함께 적을 공격해 깨뜨렸으나 그 후 어디로 갔는지 알 수 없었다. 어떤 사람이 대나무 잎 수만 장이 죽장릉竹長陵에 쌓여 있는 것을 보았다고 하니, 이로 말미암아 나라 사람들이 말하기를 "먼저 임금(미추왕)이 음병陰兵(신령한 군대)을 보내 전쟁을 도왔다"고 했다.
>
> 『삼국사기』「신라본기」

석씨 세력이 박씨 세력의 지원을 얻어 왕권을 되찾았지만, 경북 청도군 이서면에 있던 이서고국이 쳐들어왔을 때 김씨 세력이 병력을 동원해 이서국을 물리쳤다는 내용이다(죽장릉은 미추왕릉으로 경주 황남동에 있다).

'귀에 대나무 잎을 꽂은 군대竹葉軍'이야기는 김씨들이 수도 금성이 외적의 침입으로 위기에 쳐하자 구원병을 보낼 정도로 지방에 거대한 군벌 세력을 형성하고 있음을 보여 준다.

(3) 김씨 연합 세력의 구축

> 김씨 족단은 소백산맥 남쪽의 경북 영주를 발상지로 하고, 소백산맥 이북의 충주, 괴산, 보은, 소백산맥 이남의 상주, 문경을 세력권으로 했다. 진흥왕 때 충주를 '국원國原'이라 부르며, 소경小京으로 삼아 서라벌의 귀족 자제와 육부의 백성을 이주시켰다. 국원은 '나라의 들판'이라는 뜻으로, 김씨 세력의 유서가 깊은 곳을 의미한다.
>
> 강종훈, 『신라상고사연구』, 서울대학교출판부, 2000

유례에 이어 이사금에 오른 기림이 김씨 세력의 영산靈山이었던 태백산에서 망제望祭를 지냈다(300년). 석씨 임금이 김씨 세력과의 유대를 형성하려는 의지의 반영으로 보인다. 김씨 세력의 힘이 커지면서 석씨 집단도 박씨 집단도 김씨 세력의 부상을 저지하기 어려운 상황이 됐다. 마침내 내물왕의 등극으로 김씨 왕조가 이어졌다.

석씨는 16대 흘해왕을 끝으로 신라 왕조사에서 막을 내린다. 박씨는 앞서 8대 아달라왕으로 석씨에게 왕권을 내주고 오랫동안 왕

신라와 가야 김씨 혼맥도

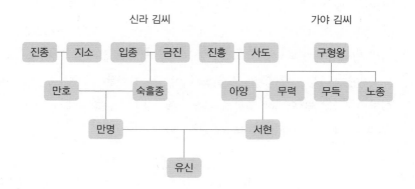

조사에서 사라졌다가 728년 후 신덕, 경명, 경애왕 3대 15년간 신라
의 명맥을 잇는다. 마지막 56대 경순왕은 김씨로, 고려 왕건에 나라
를 들어 바쳤다.

내물왕 이후 장기집권 체제를 구축한 김씨 족단은 가야 김씨와
연대를 형성한다. 두 김씨는 연대를 형성해 박씨, 석씨를 제압하게
되는 것이다. 신라 김씨 왕가도 가야 김씨가 같은 뿌리에서 나온 동
족임을 알고 있었다.

> 신라인들은 자신들이 소호少昊 김천씨金天氏의 후예라고 여겼기 때
> 문에 성을 김金이라 한다고 했고, 유신의 비문에도 "헌원軒轅의 후
> 예이며, 소호의 자손"이라고 했다. 그렇다면 남가야 시조 수로首露
> 도 신라와 성이 같았던 것이다.
>
> 『삼국사기』 「열전」 김유신조

금관국 구해왕의 증손인 김유신과 신라 왕족의 김씨가 한 뿌리
임을 밝힌 대목이다. 신라 김씨 세력은 금관국을 합병하면서 가야

김씨를 대거 영입해 김씨 세력을 확장하는 데 활용했다. 신라 김씨와 가야 김씨 사이 결혼도 성사됐다. 신라 김씨들은 처음에 가야 김씨와의 결혼을 꺼렸지만, 결국은 허락하는 쪽으로 가닥을 잡았다. 김유신의 아버지 서현舒玄의 결혼 이야기에서 그런 흐름을 읽을 수 있다.

> 처음에 서현舒玄이 길에서 입종立宗 갈문왕의 아들인 숙흘종肅訖宗의 딸 만명萬明을 보고, 마음속으로 기뻐하며 눈짓으로 꾀어 중매를 기다리지도 않고 결합했다. 서현이 만노군萬弩郡 태수가 되자 만명과 함께 길을 떠나려고 했다. 숙흘종이 그제야 자신의 딸이 서현과 야합한 것을 알고 딸을 미워하여 별채에 가두고 사람을 시켜 지키도록 했다. 그러던 갑자기 별채의 문에 벼락이 떨어지자 지키던 사람이 놀라 어찌할 줄을 모르는 틈에, 만명은 구멍으로 빠져 나와 마침내 서현과 함께 만노군으로 갔다.
>
> 『삼국사기』「열전」김유신조

서현이 만명과 결혼함으로써 가야 왕족과 신라 왕족이 친족 관계로 결합하게 됐다. 김유신도 여동생 문명文明을 후에 무열왕이 되는 김춘추에게 보내 2대에 걸친 두 김씨 왕족의 혼인 동맹을 성시시킨다. 김유신은 나중에 김춘추의 셋째딸을 아내로 맞는데, 이것은 흉노족의 유습이었다.

김유신은 흥덕왕 때 흥무대왕興武大王에 봉해져 왕의 반열에 올랐다. 구해왕의 아들 중 무력은 소백산맥을 넘어 한강 전투에 참여해 대승을 거두고, 그 일대에 새로 만든 주(신주)의 행정통관을 맡는다. 무력은 신주도新州道 행군총관이었는데, 관산성 전투에서 백제 성왕과 그 장수 4명을 사로잡고 1만여 명의 목을 베는 데 큰 역할을

했다. 그의 손자 김유신은 잘 알다시피 삼국통일의 선봉장 역할을
했다.

신라의 김씨 왕조는 박씨, 석씨와의 치열한 권력 투쟁 과정에서
미추왕을 거쳐 내물왕 이후 지속적으로 왕권을 장악했다. 신라 김
씨 족단은 박씨와 석씨가 연합할 경우 권력을 빼앗길지 모른다는
우려 속에서 새로운 연합 세력을 찾는데, 그것이 가야 김씨였다. 신
라 김씨와 가야 김씨의 결합은 종족의 동질감을 넘어 왕권을 오래
유지하기 위한 수단이었다.

3. 흉노의 후예

(1) 김일제의 후손

이사부에 의해 금관가야는 역사에서 사라지지만, 마지막 임금 구해왕(구형왕)의 자손들은 왕족의 대우를 받으며, 신라의 고위 관리직을 맡아 신라의 영토 확장과 삼국통일에 크게 기여했다.

정복국가 신라가 금관국의 패망 왕조에 대해 특별대우를 했다. 532년 금관국의 구해왕이 왕비와 맏아들 노종奴宗, 둘째아들 무덕武德, 막내아들 무력武力과 함께 항복했다. 법흥왕은 구해왕에게 최고 관직인 상대등 자리를 주고, 금관국을 식읍食邑으로 삼게 했다.

주변 국가를 무참하게 정복하며 국세를 키워 온 신라가 패전국의 왕과 그 일족을 살려주고, 후하게 대접한 것은 이해하기 어렵다. 구해왕의 아들 김무력과 무력의 손자 김유신은 신라의 1등 공신이 되고, 진골 대접을 받는다. 경주 김씨와 김해 김씨의 선조들은

신라시대 기마인물상(국립경주박물관 소장)

서로 다른 나라를 만들어 죽고 죽이는 전쟁을 벌였지만, 일단 가야 김씨 쪽에서 항복을 선언하자, 신라 김씨 쪽에서 화해를 선택한 것이다. 한 뿌리에서 나왔다는 핏줄 의식이 남아 있었던 것이다.

신라와 가야의 김씨들은 모두 몽골고원에서 기원해 한반도 남쪽 끝으로 이동한 흉노족의 후예로 볼 수 있다. 두 김씨의 기원에 대한 몇 가지 가설을 정리해 보자.

> ① 신라와 가야 김씨는 김일제의 후손이다. 신라 김씨 왕족과 금관국 김씨 왕족은 모두 한漢나라 무제武帝 때 벼슬을 한 흉노족 휴도왕休屠王의 태자 김일제金日磾의 후손이다. 한무제는 흉노족의 위협에서 벗어나고자, 곽거병 장군 지휘 아래 대군을 북방에 보내 흉노를 공격하고, 흉노 왕족인 김일제 일파를 잡는다. 한나라에 끌려온 김일제는 한무제의 말을 관리하며 신임을 얻다가 한무제의 암살사건을 막은 공으로 산둥성 지역의 제후인 투후秺侯로 책봉됐다. 아울러 한무제는 흉노가 금인金人을 만들어 천신에게 제사 지내는 풍습을 보고, 김일제에게 '김金'이라는 성씨를 내렸다. 산둥성 제후가 된 김일제는 흉노 3만 명을 산둥성으로 이주시켰고, 그의 후예들이 나중에 한나라 조정의 실권을 잡는다. 김일제의 증손인 김당은 서기 8년 이모부인 왕망王莽을 도와 한나라(전한)를 멸망시키고, 신新나라를 세우는 데 큰 공을 세웠다. 하지만 한漢 왕조의 유劉씨 세력들이 전국에서 힘을 결집해 신나라를 멸망시키고, 다시 유씨 왕조(후한)를 세우자, 김일제 후손들이 대거 한반도로 내려와 신라와 가야의 왕족이 됐다. 따라서 신라의 김알지, 미추왕, 내물왕, 금관국의 김수로왕이 모두 흉노 휴저왕의 태자 김일제의 후손이라는 것이다.

이 가설의 증거로 두 비문이 제시되고 있다. 삼국통일을 이룩한 신라 '문무왕의 비문'에는 '口侯 祭天之胤傳七葉(口후 제천지윤 전

칠엽)'이라는 글귀가 있는데, 여기서 글자가 해독하기 어려운 'ㅁ'를 '秺'로 읽어 "투후 김일제의 7대손이 신라 김씨 왕조의 시조가 됐다"는 해석이다. 또 최근 시안西安에서 발견된 '대당고김씨부인묘명大唐故金氏夫人墓銘'에서 "먼 조상 이름은 일제日磾시니 흉노 조정에 몸담고 계시다가 한에 투항해 무제武帝 아래에서 벼슬을 하셨다. 명예와 절개를 중히 여기니 무제가 그를 발탁해 투정후秺亭侯(투후)에 봉하니 이후 7대에 걸쳐 벼슬함이 눈부신 활약이 있었다"고 적고 있다. 김씨 부인은 당나라 조정에서 벼슬을 한 신라 김충의金忠義의 손녀이자, 김공량金公亮의 딸이다. 이 비문은 문무왕비의 내용을 확실하게 뒷받침했다.

② 신라 김씨는 선비족 모용씨이다. 1세기 말엽에 중국 내몽골에 있던 선비족鮮卑族이 북흉노를 쳐 패퇴시키고, 흉노인 10만 가구를 선비족으로 귀속시켰다. 선비족 가운데 모용慕容씨가 이끌던 모용선비가 국가의 모습을 갖추면서 5호 16국 시대인 4세기 초 중국 동북지역을 점령해 국호를 연燕이라 칭했고, 고구려 고국원왕 12년(342년)엔 연왕 모용황慕容皝이 5만 5,000명의 군대를 이끌고 고구려를 공격했다. 모용황 군대는 남과 북 두 갈래로 고구려를 공격했으며, 남로로 온 4만의 부대는 크게 승리해 고구려 수도 환도성에 불을 지르고 왕비와 왕대비를 볼모로 잡아갔다. 그리고 왕의 부친인 미천왕의 무덤을 파헤쳐 시신까지 꺼내갔다. 하지만 『삼국사기』「고구려본기」에 따르면 북로로 온 모용선비의 1만 5,000명 군대는 고구려군에 모두 전사했다. 『삼국사기』의 기록은 중국 사서를 참고한 것으로, 1만 5,000명 군대가 "모두 죽었다"는 표현은 "한 사람도 본진으로 돌아오지 않았다"는 뜻으로 해석된다는 것. 북로의 선비군은 상당한 병력을 잃었지만, 패잔병들은 패전의 책임을 지고 극형에 처해지는 것을 피해 신라 땅으로 남하했다. 이들은 석씨 왕조를 무너뜨리고, 김씨 왕조를 열었으니, 그가 내물왕이다.

『삼국사기』에 내물왕의 후손인 법흥왕의 성씨가 '모募'씨라는 놀라운 기록은 이 가설의 근거가 된다. 『삼국사기』「신라본기」 법흥왕조엔, "법흥왕의 이름은 원종原宗이다. 『책부원귀册府元龜』라는 서책에는 성은 모募이고 이름은 진秦이라 했다"고 나와 있다. 당연히 김씨여야 하는데, 야사도 아닌 정사에서 모씨라 했으니, 이상한 일이다. 중국 사서에도 법흥왕이 모씨이며, 이름이 진秦 또는 태泰라고 했다. 발음은 다르지만, 글자 획이 비슷해 생긴 현상일 것이다.

또 1988년에 발견된 '울진봉평신라비'에도 법흥왕을 '모즉지牟卽智'라고 적었다. 당대의 비석에서도 왕의 이름이 모씨임을 밝힌 것이다. 다시 말해 내물왕 이후 김씨들은 선비족 중에서 흉노 계열인 모용씨의 후예라는 것이다.

③ 이외에도 가락국 시조 김수로의 이름은 김시金諟라는 주장도 있다. 김수로의 조상은 흉노족 왕자인 김일제에 뿌리를 두고 있다는 주장이다.

경주 감포 문무왕 수중릉

첫 번째 가설에는 상당한 신빙성이 있다. 문무왕비와 김씨 부인의 비에서 신라 김씨가 흉노인 김일제의 후손임을 입증하고 있다. 게다가 중국에는 김일제의 후손이 김씨 성을 유지하며 살고 있다는 답사기행문도 있다. 하지만 중국 동북부에 있던 흉노 김씨가 어떻게 한반도로 들어왔는지, 그 경로에 대한 설명이 부족하다.

두 번째 가설은 아주 흥미롭다. 하지만 『삼국사기』의 글귀와 '울진봉평비'의 석문石文만으로 신라 김씨 왕조가 선비족 모용씨라는 논리를 지탱하기엔 부족해 보인다.

논리 전개에 일부 결함이 있음에도 불구하고, 김일제 후손설이 상당한 지지를 얻고 있다. 다른 가설들도 신라와 가야를 지배한 김씨 왕조가 모두 흉노족에 뿌리를 두고 있다는 점에서 공통점을 갖고 있다. 어느 가설이든 신라와 가야 김씨의 근원은 흉노족임을 전제로 하고 있는 셈이다.

(2) 흉노의 유습

필자는 외국인들에게서 "한국 사람들은 김씨만 있는가"라는 질문을 종종 받는다. 우리나라에서 김씨는 가장 많은 성씨이기 때문이다. 김씨는 2000년 인구주택총조사에서 전체 인구의 21.6%를 차지했고, 인구 1,000만을 넘어 서울 인구를 상회한다. 거의 대부분 김씨의 본관은 경주 김씨와 김해 김씨에서 갈라졌다. 그렇기 때문에 그간 김씨의 뿌리를 찾는 연구는 많은 사람들의 관심을 자아냈고, 김씨가 단군의 자손이 아니라 흉노족의 후예라는 주장은 우리 사회에 충격을 줄 만하다.

신라와 가야의 김씨 왕족이 흉노족 후예라는 점은 유적과 유물에서도 나타난다. 경주와 김해 등지에서 적석목곽분이 다수 발견되는데, 흉노의 무덤과 같은 방식이다. 돌을 깐 바닥 위에 목관을 안치하고, 주위에 통나무로 상자 모양의 목곽을 만든다. 그 위에 돌을 쌓아 올리고, 흙을 부어 거대한 봉분을 조성하는 방식이다.

경주 황남동 대릉원에 가면 거대한 봉분을 볼 수 있는데, 미추왕릉을 비롯, 천마총, 황남대총 등 동산만한 고분 20여 개는 모두 3세기 중반 이후 김씨 왕릉이다. 특히 경주와 김해의 고분에서 발굴되는 유물도 흉노의 것과 비슷하다. 금관과 장신구, 금 허리띠, 띠고리, 뿔잔, 보검 등은 스키타이족 또는 흉노족이 쓰던 것과 유사하다. 당시 말을 순장하고, 현대에 안장과 등자 등 마구류가 다수 발굴되는 것도 비슷하다. 또한 풍습 면에서도 비슷한 점이 발견된다. 유학자 김부식이 『삼국사기』를 쓰면서 김씨 왕조의 풍습에서 흉노의 유습이 남아 있음을 시사했다.

> 신라의 경우에는 같은 성씨를 아내로 맞이하는 것을 그치지 않았을 뿐만 아니라, 형제의 자식과 고종·이종 자매까지도 모두 맞이해 아내로 삼았다. 비록 외국은 각기 그 풍속이 다르다고 하나 중국의 예법으로 따진다면 이것은 커다란 잘못이라고 하겠다. 흉노匈奴에서 그 어머니와 아들이 서로 간음하는 짓은 이보다 더욱 심하다.
>
> 『삼국사기』「신라본기」

내물왕의 성은 김씨로, 어머니는 김씨 휴례부인休禮夫人이다. 내물왕의 왕비 역시 김씨로 미추왕味鄒王의 딸이다. 경주 김씨 출신에다 유학자인 김부식은 내물왕의 가족관계를 설명하며, 흉노보다 심하지 않지만, 자신의 조상인 김씨 왕족들이 같은 성씨를 아내로 맞이하고, 친족 내 결혼이 성행함을 못마땅해 하며 한 마디 한 것이다.

임금이 죽을 때 노비를 함께 매장하는 순장의 풍습도 흉노의 유습이다. 신라는 지증왕 때 순장을 폐지했지만, 가야는 마지막 왕 때까지 순장을 치렀다.

김해 대성동 29호 무덤에선 유목민들이 사용하던 동복銅鍑이 나왔는데, 북방 초원지대에서 사용된 금속제 그릇과 유사하다. 동복의 기원은 스키타이계 유목민 문화에서 찾아지는데, 고대 중국에서도 유목민이 거주하는 북부에서는 출토됐다. 말 뒤편에 솥을 메고 다니는 인형의 모습에서 몽골 사막의 유목민 인자를 발견할 수 있다.

(3) 성한왕(成漢王)

『삼국사기』와 『삼국유사』는 신라 김씨 왕조의 시조가 김알지라고 서술하며 설화를 소개하고 있다.

① 탈해 9년(65년) 3월, 임금이 밤에 금성 서쪽 시림始林의 숲에서 닭 우는 소리가 나는 것을 들었다. 날이 샐 무렵에 호공을 보내 살펴보도록 하니, 나뭇가지에 금빛이 나는 작은 궤짝이 걸려 있었고, 흰 닭이 그 아래에서 울고 있었다. 호공이 돌아와 이를 아뢰자, 임금은 사람을 보내 그 궤짝을 가져오게 했다. 열어보자 그 속에는 어린 사내아이가 들어 있었는데, 자태와 용모가 기이하고 뛰어났다.

『삼국사기』

② 탈해왕脫解王 때 일이다. 영평永平 3년 경신(60년) 8월 4일 밤에, 호공이 월성月城 서쪽 마을로 가다가, 시림始林 속에서 매우 커다란 빛을 보았다. 자주색 구름이 하늘에서 땅으로 뻗쳤는데, 구름 속에

는 황금 상자가 나뭇가지에 걸려 있었고 그 빛은 바로 그 상자 속에서 나오고 있었다. 그리고 흰 닭이 나무 아래에서 울고 있었다. 호공이 이를 왕에게 아뢰자 왕이 그 숲으로 가서 상자를 열어보았는데, 상자 안에는 남자 아이가 누워 있다가 곧바로 일어났다. 그 아이를 알지라고 이름 붙였다.

『삼국유사』

하지만 금석문金石文에서는 김알지에 대한 언급이 없고, 김씨 왕조의 시조로 성한왕이라는 이름이 등장한다. 성한왕을 언급하는 금석문은 '신라문무대왕릉비新羅文武大王陵碑'를 비롯해 다섯 곳이다.

① 15대 조상인 성한왕成漢王은 그 바탕이 하늘에서 내리고, 그 영靈이 선악仙岳에서 나와 □□를 개창하여…

'신라문무대왕릉비新羅文武大王陵碑'(662년 건립)

② 태조 한왕韓王은 천년의 □를 열고…

'김인문비金仁問碑'(695년 건립)

③ 태조 성한星漢…

'흥덕대왕비興德大王陵碑'(872년 직후 건립)

④ 대사의 법명은 이엄이고, 속성은 김씨이니, 그 선조는 계림인이다. 그 나라의 역사를 살펴보니 실로 성한成漢의 먼 자손實星漢之苗이다.

'해주 광조사진철대사보월승공탑비廣照寺眞澈大師寶月乘空塔碑'(937년 건립)

⑤ □운은 속성이 김씨이니 계림인이다. 그 선조는 성한聖韓으로부터 내려와 나물那勿에서 크게 일어났다.

'풍기 비로사毘盧寺 진공대사보법탑비眞空大師普法塔碑'(939년 건립)

다섯 개 금석문 중 앞의 세 개는 신라시대에 만들어졌고, 뒤의 두 개는 경순왕이 나라를 들어 고려 왕건에게 바친(935년) 직후에 건립됐다. 모두 신라 때 만들어진 것이나 다름없다. 신라 때 만들어진 비문에는 김씨 왕조의 시조를 성한왕이라고 하는 데 비해 고려 때 쓰인 두 사서엔 김알지라고 하며 신화화했다. 그러면 신라 때 성한왕이 고려 때 김알지로 둔갑한 것일까.

알지에서 13대 미추왕까지 계보에 대해 『삼국사기』에선 '알지-세한勢漢-아도阿道-수류首留-욱보郁甫-구도仇道-미추味鄒'라고 했고, 『삼국유사』에선 '알지-열한熱漢-아도阿都-수류首留-욱부郁部-구도俱道(혹은 仇刀)-미추未鄒'라고 했다. 두 사서의 계보도 거의 일치한다. 그렇다면 김알지는 실존하지 않았으며, 신화에 의해 탄생한 인물일까. 비슷한 음이 있는 '세한' 또는 '열한'이 성한왕일 가능성도 있다. '문무왕릉비'에는 15대조가 성한이라고 했는데, 이는 김씨 왕조 계보와 동일하다.

현재 학계에선 김알지를 성한왕이라고 보는 설과 알지를 신화적 인물로 보고 실존했던 세한을 성한왕으로 보는 설로 나뉘어 있다. 그러나 당대에 쓰인 금석문과 후대에 쓰인 사서에 차이점이 발견될 때엔, 당대의 자료를 우선시하는 것이 옳다. 그렇다면 성한왕이 김씨 왕조의 시조이며, 알지는 신라시대 김씨 집단에 떠돌던 설화가 고려시대에 부활하면서 사서에 기록됐을 가능성이 크다. 우리 민족 모두가 단군의 아들이라던 일제강점기 때 민족주의자들의 주장을 감안했을 때, 알지 신화 역시 천 년 후 가공의 인물로 구성했을 가능성이 높다.

그럼 지금까지 검토한 결과를 토대로 흉노족의 후손을 정리해 보면 이렇다.

흉노 왕자 김일제의 후손이 한반도로 내려오면서 성한왕이 소백산맥을 중심으로 북쪽 충청도 일대와 남쪽 경상북도 일대에 본거지를 형성했다. 성한왕의 후손들이 백제에 밀려 경주로 내려갔지만, 당장에 왕권을 장악하지 못하고, 박씨와 석씨 사이에 캐스팅보트 역할을 했다. 힘을 길러 미추왕 때, 임금을 한 번 세운 후 내물왕 이후 김씨 왕조를 열었다는 결론에 도달한다.

4. 이사부의 가계

(1) 지증왕의 조카

이사부에 대한 기록은 『삼국사기』, 『삼국유사』, 『일본서기』 등 공식적으로 인정되는 사서와 진위 논란이 있는 『화랑세기花郎世記』 필사본(이하 『화랑세기』)에 간간히 남아 있다. 금석문으로는 '단양적성신라비'에 이사부의 이름이 나온다. 이 자료들은 이사부의 역사적 활동을 판단하는 중요한 근거가 된다.

이사부의 이름은 『삼국사기』에 이사부異斯夫와 태종苔宗으로, 『삼국유사』에선 박이종朴伊宗, 『일본서기』에선 이질부례지伊叱夫禮智로 나오고, '단양적성신라비'엔 이사부지伊史夫智로 포기되어 있다. 한 사람의 이름이 이처럼 다양하게 표기된 것은 한자가 정착되기 이전 시기에 이두문과 한자식 표현이 혼재하면서 생긴 결과다.

부夫는 고위관직을 칭하는 이두문이고, 마루 종宗은 부의 한자식 표현이다. 거칠부는 '거칠 황荒'을 써서 황종荒宗이라고 한 것도 같은 이치다. 이종伊宗은 이두문과 한자의 뜻을 두루 섞은 표현. 태종苔宗은 '이끼 태苔'의 한자음을 빌어 표현한 것으로, '잇다, 계승하다'라는 뜻을 지녔다. '이끼와 같은 존재'라는 뜻이 아니고, '뛰어난 후계자'라는 뜻이다. 이사부의 성은 『삼국사기』와 『삼국유사』에서 김金과 박朴으로 달리 쓰이고 있다.

① 이사부異斯夫(혹은 태종苔宗이라고도 한다)의 성은 김씨이고, 내물왕㮈勿王의 4세손이다.

『삼국사기』「열전」

② 왕은 이찬 박이종朴伊宗에게 명해 군사를 거느리고 가서 토벌하도록 했다. 박이종은 나무로 사자를 만들어 큰 배에 싣고 가서 그들을 위협하여 말했다.

『삼국유사』

이사부가 활동하던 6세기엔 성씨제가 정립되지 않았다. 『삼국사기』에서 성이 김씨라고 못 박은 것에 비해 『삼국유사』에선 후대에 역사를 정리하는 과정에서 성씨를 선대까지 소급적용함으로써 부계와 모계의 혼동선이 빚어진 듯 보인다. 사료들을 면밀히 검토하면 이사부의 성씨는 김씨임이 분명하고, 일연이 『삼국유사』에 인용할 때 오인한 것으로 보인다.

『삼국사기』의 박제상朴堤上이라는 인물이 『삼국유사』에선 김제상金堤上으로 등장한 것과 같다. 박제상의 경우 아버지 계통을 따르면 박씨가 되고, 어머니 계통을 따르면 김씨가 된다.

『일본서기』에서 이사부 이름 뒤에 '례지禮智', '단양신라적성비'에는 '지智'라는 어미가 붙는데, 두 어미 모두 존칭어미인 '씨', '님'에 해당하는 것으로 해석할 수 있다.

이사부의 가계에 대해 의문이 많다. 『삼국사기』에서는 이사부를 내물왕의 4대손이라고 칭하고 있다. 『화랑세기』에서는 이사부의 아버지를 아진종阿珍宗, 어머니를 보옥공주寶玉公主라고 밝히고 있다. 『화랑세기』는 또 아진종의 아버지를 습보공習寶公이라 칭하고 있다. 『삼국유사』 흥법조에도 아진종은 습보習寶 갈문왕의 아들이라 기록되어 있다. 『삼국사기』에 따르면 지증왕은 습보 갈문왕의 아들이다. 그러면 지증왕과 이사부의 아버지 아진종은 형제지간이란 말이 된다. 아진종이 습보의 아들이라는 것은 『화랑세기』와 『삼국유사』의 기록 모두 일치하고 있다.

그렇다면 이사부의 할아버지, 습보는 누구인가. 『화랑세기』는 습보 갈문왕이 내물왕의 손자라고 밝혔다. 그렇게 되면 내물왕은 이사부의 할아버지의 할아버지가 된다. 습보 갈문왕의 아버지는 파호巴胡 갈문왕으로 파악되고, 파호 갈문왕은 눌지왕의 형제로 고구

내물왕계 가계도

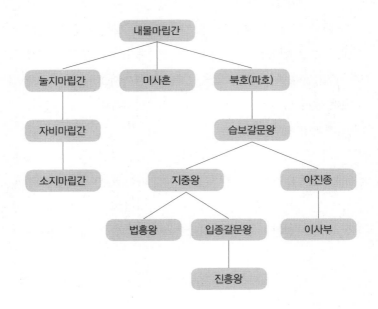

려에 볼모로 갔다가 돌아온 복호ㅏ^{ᄣ}라는 견해가 유력하다. 『화랑세기』와 『삼국유사』 등을 종합하면, 이사부의 계보는 '내물왕-복호(파호)-습보-아진종-이사부'로 이어진다.

역사학계에서는 이사부의 계보를 '내물왕-파호-ㅁㅁ-이사부'로 한 세대를 단축시켜 파악하기도 한다. 단국대 전덕재 교수는 「이사부 가계와 정치적 위상」이라는 논문에서 "이사부의 할아버지는 파호 갈문왕일 가능성이 높다"고 주장했다. 전덕재는 하지만 이사부의 아버지가 누구인지에 대해서 규명하지 못했다. 이사부가 내물왕의 4대손이라고 했는데, 『삼국사기』에서 대의 수를 계산할 때 자신의 대를 1대 포함하는 관례가 있다는 것이다.

(2) 출생 시기

이사부가 언제 태어났는지, 언제 죽었는지에 대해서도 명확치 않다. 그에 대한 기록 중 명확한 연도가 제시된 것은 지증왕 6년(505년) 실직 군주로 임명될 때이고, 마지막은 대가야를 함락한 진흥왕 23년(562년)이다. 이사부는 505년에서 562년까지 57년간 지증왕(신라 제22대)에서 법흥왕(23대), 진흥왕(24대)의 3대에 걸쳐 활동한 것은 역사 기록상 확인된다.

실직 군주로 임명된 때의 나이를 20세로 보면, 대가야 복속 때의 나이는 77세가 된다. 실직 군주 임명 시 나이를 20세로 잡는 것은 성년이 되는 해를 기준한 것이다. 화랑 사다함의 나이가 너무 어려 임금이 대가야 전투에 출전을 허락하지 않았다는 기사가 남아 있다.

진흥왕眞興王이 이찬 이사부異斯夫에게 명해 가라加羅(가야加耶)국을 습격하게 했는데, 이때 사다함은 십오륙 세의 나이로 종군하기를 청했다. 임금은 나이가 너무 어리다 해서 허락하지 않았다.

『삼국사기』「열전」

아무리 왕족(진골)이라 하더라도, 전략 지역인 북방 영토의 통치자軍主로 부임할 때는 성년이 되었어야 할 것이다. 그러면 이사부가 실직 군주에 부임할 때 20~30세는 됐을 것이다. 실직 군주 부임 시의 나이를 30세로 추측하면 대가야 공격 시 87세가 되어 지나치게 고령의 나이에 전장에 나간 것이 되므로, 합리적이지 않다. 그렇기 때문에 실직 군주 부임 시 나이를 20대 초반으로 보는 것이 타당하다. 그러면 이사부가 태어난 해는 서기 484~486년쯤이고, 이때 신라 임금은 신라 21대 소지왕(또는 비처왕)이었을 가능성이 높다.

정리하자면, 이사부는 소지왕 시기에 태어나서 20세에 실직 군주가 되고, 77세에 대가야를 정벌하게 된다. 그가 10대 후반에 가야를 공격한다는 기사가 있는데, 한평생을 전쟁터에 살며 신라의 영토 확장에 기여한 셈이다.

(3) 소년 장수

지증왕은 국호를 '신라新羅'로 개칭했다. '신新'은 내치를 의미하는 '덕업일신德業日新'이요, '라羅'는 외치를 뜻하는 '망라사방網羅四坊'을 함축했다. 사방을 망라한다는 지증왕의 정책은 이사부에 의해 동쪽에서 먼저 실현됐다. 동해안 사령부 수장격인 실직 군주에서 하슬라 군주로 임지를 북으로 옮기면서 영토를 확장했고, 동해상의 우산국을 정복했다. 이제 신라의 과제는 남과 서로 영토를 넓히는 것이고, 이사부는 그 임무를 떠안았다.

실직, 하슬라, 우산국에 이어 이사부의 다음 흔적은 가야에서 찾을 수 있다. 이사부의 가야 공략은 세 차례에 걸쳐 전개되었다.

① 지증왕 초기, 가야 공격(500~505년)
② 법흥왕 16년, 금관가야 공격과 병합(529년)
③ 진흥왕 23년, 대가야 합병(562년)

이사부는 한반도 남부 해안지역을 지배했던 소국 연합 가야의 그림자를 지우는 데 결정적인 역할을 한다. 이사부는 동해에서 예국과 우산국을 복속시킨 후 또 다른 김씨의 나라 가야를 합병함으로써 마침내 한반도에 거대한 북방민족(흉노족)의 제국을 형성시킨다. 『삼국사기』에는 이사부가 실직 군주로 가기에 앞서 가야 공격에 성공하는 장면이 나온다.

지도로왕智度路王(지증왕) 때 변경 관리가 되어 거도居道의 계략을 모방하여 말놀이로써 가야加耶(혹은 가라加羅)국을 속여서 빼앗았다.
『삼국사기』 「열전」 이사부조

『삼국사기』 「열전」에는 이사부가 실직 군주로 가기에 앞서 지증왕 초기에 변경의 관리가 되어 세운 기록이 있다. 그 변경은 가야와 맞닿아 있는 어디쯤일 것이다. 시기는 지증왕 원년에서 실직 군주가 된 6년의 사이, 즉 500~505년이었다. 실직 군주로 부임할 때 나이를 20대 초반으로 치면, 가야 접경지대 군 사령관으로 갔을 때 나이는

10대 후반이었다. 이사부는 어린 나이에 군인의 길을 걸었다. 이사부는 위계僞計의 전술로 가야를 공격해 땅을 빼앗았다. 전술은 거도居道의 계략이었다. 거도는 탈해왕 때 사람이다.

거도居道는 탈해왕 때 벼슬을 얻어 간干이 됐는데, 이때 우시산국于尸山國과 거칠산국居柒山國이 이웃 경계에 끼어 있어서 자못 나라의 근심거리가 됐다. 거도가 변경 관리로서 그 나라들을 병합하려는 뜻을 은근히 품고 매년 한 차례씩 장토張吐들에 말떼를 모아 놓고 병사들을 시켜 말을 타고 달리면서 즐기게 하니, 당시 사람들이 그를 '마숙馬叔'이라고 불렀다. 두 나라 사람들은 익히 본 일이라서 신라의 일상적인 행사라고 여기고 괴이하게 생각하지 않았다. 이에 거도가 병마를 출동시켜 불의에 그들을 공격하여 두 나라를 멸망시켰다.

『삼국사기』 「열전」

우시산국은 지금의 울산으로 비정된다. 거칠산국은 부산시 동래로 비정되며, 가야의 소국으로 파악된다. 신라는 서쪽 내륙보다는 남쪽 해안으로 세력을 넓혀갔다. 우시산국과 거칠산국은 신라의 최초 영토합병 사례로 기록된다.

이사부는 거도의 전술을 연구해 그 방법을 채택했다. 우선 들판에 군사들을 모아 놓고 말놀이를 즐겼다. 이사부 군대는 말을 훈련시키고, 재주 부리는 놀이에 열중했으며, 가야를 공격하려는 의지가 없음을 보여줬다. 가야는 우시산국과 거칠산국처럼 이사부의 마희馬戲 작전에 속았다. 마희는 말 위에서 펼치는 여러 가지 곡예를 말한다. 달리는 말 위에서 활쏘기를 하거나 온갖 동물들 흉내를 내고, 공중에 물건을 던져 받거나 말들에 엎드리는 재주를 부린다. 가야 병사들이 그 놀이에 빠져 구경하고 있을 때 갑자기 무장한 기병들이 본거지를 급습했다. 가야 병사들은 넋 놓고 구경을 하다가 혼비백산하고 도망쳤을 것이다. 그렇게 가야는 신라에게 굴복하고 땅을 내주게 된 것이다. 전형적인 속임수 전략이다.

이사부가 10대에 전과를 올린 가야 지역이 어느 곳인지 명확하지 않지만, 경남 합천의 다라국이었다는 연구 결과가 있다. 단국대 전덕재 교수는 논문 「이사부 가계와 정치적 위상」에서 경남 합천군 쌍책면 성산리에 위치한 옥전 고분의 부장 유물의 변화상을 관찰한 결과 그곳이 이사부가 거도의 계략으로 침공한 지역으로 추정했다. 이 일대는 가야의 소국인 녹국喙國(또는 다라국)이 지배하던 곳으로 비정된다. 5세기 대가야는 녹국에 대한 영향력을 강화했지만, 6세기 초에 신라의 반격으로 녹국은 신라의 통제 아래 들어간다.

전덕재는 5세기 말 조성된 옥전 고분에서 대가야의 토기와 유물들이 집중적으로 출토되지만, 6세기 초에 만들어진 고분에서는 신라 양식의 무덤(횡구식 석실)이 출토된다는 점에서 이사부의 첫 가야 공략 대상일 가능성에 무게를 두었다.

『일본서기』에 다라국多羅國에 대한 간단한 기사가 나오는데, 학계에선 경남 합천 일대에 다라국이 있었을 것으로 추정해 왔다. 고고학 조사 발굴 결과에 따르면 합천 옥전 고분군에서 지배집단의 묘역이 드러났고, 고분군에서 1㎞ 떨어진 곳에 '다라리'라는 지명이 존재해, '옥전 고분군=다라국'이란 추측에 힘이 실렸다.

5. 철의 나라

(1) 단야족

한반도 남쪽의 부족국가 가야는 철의 문화가 꽃핀 곳이다. 뿐만 아니라 가야는 철의 강국이었다. 철은 대륙으로부터 한반도로 들어왔다는 것이 역사학계의 정설이다. 북한에서는 시베리아 계통의 철기가 유입됐다고 주장하면서 함경도 지방의 유물들을 그 증거로 제시하고 있다. 그러나 이 주장은 한국에서 아직 인정받지 못하고 있다. 중국 기원설은 기원전 2~3세기 무렵 중국 전국시대에 철이 한반도에 유입됐다는 주장으로, 당시 유물은 평안북도 영변을 중심으로 청천강 이북에서 주로 출토되고 있다. 이들 유적은 호미, 낫, 반달칼, 자귀 등 농기구와 창, 화살촉 등 무기가 대다수였다.

기원전 1세기 무렵은 한반도에 철기가 대량 유입되고 철기 문화가 도래한 단계로, 한반도 전역에 철기가 보급되기 시작했다. 이 시기에 고조선이 멸망하면서 대동강 유역에서는 철기 유물이 다량 출토된다. 대부분 장검, 창, 도끼 같은 무기류다. 또한 남한의 가야 지방에서도 철기가 다량으로 출토되는데 역사서에서도 그 기록이 남아 있다. 이는 고대 한반도에 철을 대량으로 생산하던 지역임을 입증하고 있다. 철광석은 동광석보다 손쉽게 구할 수 있지만, 녹이는데 1,200도 이상의 고온이 필요한 금속이다. 이렇게 생산하기 어려운 금속이 가야 지방에서 대량으로 생산된 것이다.

가야의 역사는 베일에 싸여 있다. 나라를 세운 수로왕의 부인이 인도 출신이었다느니, 일본이 그 지방을 통치했다느니 하는 주장에는 뒷받침할 수 있는 사료가 불충분하다. 하지만 적어도 출토된 유물들을 통해 가야의 역사를 살펴볼 수는 있다. 가야 유적지에서는 철이 특히 많이 발견된다. 경남 성산의 패총 네 곳에서 철이 녹아내린 흔적이 발견됐다. 야철 송풍관과 노지 철재도 발굴됐으며, 쇳물이 흘러내릴 수 있도록 경사를 다진 홈통도 확인됐다. 이런 유물들은 이 지역에서 야철이 행해졌음을 입증한다.

문헌에서도 가야에서 철이 대량으로 산출됐다는 기록이 나온다. 이에 대해 『삼국지』 「위서 동이전」은 이렇게 서술한다.

> 나라에서 철을 생산하는데, 한, 예, 왜가 모두 와서 얻어갔다. 시장에서 상거래를 할 때는 철을 사용하는데, 마치 중국에서 돈을 사용하는 것과 같다. 이곳에서 생산된 철이 두 군(낙랑과 대방)에 공급된다.
>
> (國出鐵, 韓濊倭皆從取之. 諸市買皆用鐵, 如中國用錢. 又以供給二郡)

여기서 나라는 가야를 말한다. 삼한은 진한·변한·마한이고, 예는 강릉, 삼척 일대의 부족국가를 말한다. 즉 가야에서 생산된 철이 평양 인근의 낙랑군, 황해도 일대의 대방군, 한반도 남쪽의 삼한 부족, 동해안 부족은 물론 멀리 일본까지 수출됐다는 뜻이다. 이를 보더라도 가야는 철의 왕국이자, 무역대국이었다.

유물발굴팀에 따르면 경남 다호리 유적에서는 주조한 철기뿐 아니라, 단조 기술로 만든 다양한 철기가 발굴되었는데 이는 더욱 발전된 방식이었다. 또한 칼, 창, 화살촉 등 무기류와 도끼, 괭이, 낫 등 농기구들이 다량으로 발견되어 이 지역이 기원전 1세기 무렵에 철기 생활을 했음을 보여 준다.

고대 사회에서 철은 획기적인 발명품이었다. 철로 만든 무기는 구리보다 뛰어났고, 쉽게 무뎌지는 청동기보다 강하여 대량 생산을 가능케 했다. 녹이 잘 슬어 장신구로서의 매력은 적었지만, 지배자 집단에게 철은 충분히 매력적이었다. 철을 확보한 부족은 주변 부족과의 전쟁에서 승리하고, 농업 생산력을 비약적으로 발전시켜 잉여 생산물까지 확보할 수 있었다. 삼국시대가 형성되기 이전에 가야가 한반도 남부에 강한 세력을 형성할 수 있었던 것도 철의 대량 생산 때문이었다.

가야의 건국자 수로왕 전설에서도 '철의 왕국'에 관한 의미가 숨어 있다. 수로왕의 성은 김金으로, '쇠'를

가야 고분에서 출토된 철제 갑옷

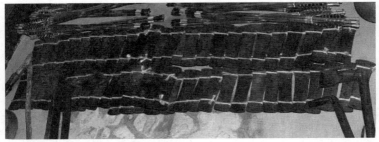

가야 대성동 고분에서 출토된 철제

의미한다. 김수로왕의 부족은 철을 만들었고, 이를 통해 가야를 지배했을 것이라는 추론이 가능하다. 이른바 신라의 왕족 김씨와 함께 가야 왕족도 쇠를 다루는 '단야족鍛冶族'이었다는 해석이다. 단야족의 수장인 김수로왕은 철의 생산과 활용을 통해 주변 부족을 압도적인 힘으로 지배했고, 나중에 신라왕이 된 탈해와의 싸움에서 승리했다는 이야기가 사서에 남겨져 있다.

수로왕의 본거지였던 금관가야는 지금의 경남 김해 지역을 중심으로 번성했다. 금관가야 지역에서 출토되는 유물에는 철기 제품이 많다. 따라서 금관가야는 철을 통해 한반도 남부 지역을 통치했고, 여기서 생산되는 철은 한반도 전역은 물론 일본과 중국 식민지였던 낙랑과 대방에까지 수출됐던 것이다.

철은 가야를 융성하게 한 원동력이기도 했지만, 다른 한편으로는 가야를 외부의 침략 대상으로 만들기도 했다. 결국 가야는 철로 인해 흥하고, 철로 인해 망한 것이다. 가야의 철을 확보하거나 생산과 교역 조직을 차지하기 위한 경쟁은 때로는 '반란과 전쟁'으로 확대됐다. 부족 또는 국가의 이해관계가 철의 확보에 달려 있기 때문이었다. 수로왕이 철의 생산과 교역을 장악하자 주변의 반발이 생길 것은 당연지사였으리라.

『삼국사기』에 따르면 신라 내해왕 시절에 가야국이 포상팔국蒲上八國의 침입을 받았다고 한다. 포상팔국은 낙동강 하류와 남해안 일대에 위치한 여덟 부족국가를 말한다. 이들 부족은 김해에 본거지를 둔 철의 왕국이 철 교역을 장악하자 이에 반발해 반란을 일으켰다. 『삼국사기』는 가야국이 이웃 신라의 도움으로 포상팔국의 난을 진압했다고 적고 있다. 그만큼 철의 생산과 교역을 두고 가야와 주변국과의 전쟁이 치열했고, 가야는 혼자의 힘으로 반란을 진압하지 못해 이웃 강국의 도움을 청했던 것이다. 결국 가야는 이 반란을 계기로 신라에 의지하게 된다.

5세기 초 가야는 고구려의 공격을 받았다. 광개토대왕이 가야를 침공했다는 기록이 '광개토대왕비'에 나오는데, 그러면 고구려가 신라와 백제의 영토를 거쳐 조그마한 가야를 공격한 이유는 무엇일까. 바로 철 때문이 아니었을까. 광대한 대륙을 경영하던 고구려가 영토 유지와 지배력 강화를 위해서는 철이 필요했고, 당시 우수한 철을 풍부하게 생산하던 가야를 손에 넣을 할 필요가 있지 않았을까. 단정하기는 어렵지만 마치 독일 제국이 프랑스의 철광석 및 석탄 산지인 알자스Alsace와 로렌Lorraine을 점령한 것과 마찬가지였을 것이다.

어쨌든 철의 왕국 가야는 이웃 부족과 고구려, 왜의 잦은 공격 대상이 됐고, 마침내 신라와 백제의 협공으로 멸망한다. 그리하여 가야의 철 산지는 신라로 넘어가고, 마침내 신라는 삼국을 통일할 수 있는 산업적, 군사적 원동력을 얻는다.

가야는 철의 생산과 유통을 통해 한반도 남동 해안에 찬란한 문화를 일궈냈다. 2000년이 지난 지금, 가야 주변 동해안과 남해안에 국내 최고의 철강 산업단지가 형성된 것은 어쩌면 우연이 아니다. 또한 가야 왕국이 한때 한반도는 물론 중국과 일본에 철을 공급했던 기지였다는 사실만으로도 오늘날 우리나라 철강산업의 역할을 새삼 깨닫게 해준다.

(2) 가야의 조선 기술, 일본에 전수

2015년 여름, 3박 4일 일정으로 일본 제2의 도시 오사카大阪를 관광한 적이 있다. 오사카에 이어 나라奈良와 교토京都를 둘러보는 일정이었다.

거처를 두었던 오사카 중심지에 난바難波라는 곳의 지명은 백제와 가야 사람들이 대한해협과 세토내해瀬戸内海의 '험한 파도難波'를 헤치고 도착해 안도의 한숨을 내쉬었다고 해서 만들어졌다고 한다. 난바에서 멀지 않은 곳에 임진왜란의 주범 도요토미 히데요시豊臣秀吉가 건축했다는 오사카 성大阪城이 있고, 그 옆에 오사카 박물관이 있다. 오사카 박물관에는 다카마와리高廻り 1호와 2호 고분에서 발견된 선형 하니와埴輪(토기)의 모형이 전시돼 있었다. 그중 2호분의 모형은 선수와 선미가 상하 2단으로 분리된 구조선의 모양을 하고 있다. 선수 부분은 물고기가 입을 딱 벌리고 있는 모양으로 파여 있다.

오사카 박물관의 고대선 모형을 보고 많은 궁금증을 가질 수밖에 없었다. 왜 배를 이중 구조로 축조했으며, 선수(이물)에 입을 벌린 모양의 공간을 만들었을까. 오사카 박물관 측 설명에 따르면 해당 선박은 4세기 말엽의 것이라고 한다. 당시엔 '일본日本'이라는 국호를 채택하지 않고 '왜倭'라는 이름을 쓰고 있을 때다. 정확히 표현하면 왜선倭船인 셈이다.

서울로 돌아온 지 얼마 되지 않아 서울의 호림박물관에 보관된 고대 토기 가운데 일본 다카마와리 고분의 그것과 비슷한 것이 있다는 얘기를 들었다. 해양탐험가 이효웅 씨가 전해준 정보였다. 호림미술관에 소장된 주형토기舟形土器는 통나무 속을 파내 만든 배 모양의 토기로, 항해용 배를 사실적으로 표현한 것이다. 토기의 높이는 11.5cm, 길이는 18cm, 최대 폭은 10.1cm였다. 배 바닥은 깊고, 단면은 삼각형에 가까운 형태를 띠고 있었다.

놀라운 사실은 배의 아랫부분에 물고기가 입을 벌린 형상으로 파여 있다는 점이다. 오사카 박물관에 전시된 다카마와리 2호 고분의 선박 모형도와 흡사한 것이다. 전문가들은 호림박물관의 주형토기는 후기 가야, 즉 5세기대에 만들어진 것으로 추정했다. 그렇다면 만들어진 시기도 비슷하다. 굳이 차이점이 있다면 오사카의 것은 이물과 고물이 평평하고, 호림박물관의 것은 뾰족하다. 좌우에 노를 거는 장치가 톱니 모양으로 마련돼 있는데, 호림박물관의 토기엔 여섯 개였고 오사카박물관의 것엔 네 개였다.

주형토기는 주로 신라와 가야의 고분에서 흔히 발견되는데, 전문가들은 호림박물관의 토기를 가야의 것으로 추정했다. 이 궁금증을 해결하기 위해 김해시청에 근무하는 송원영 학예연구사(박물관 운영담당)와 통화를 했다.

> 필자: 오사카 박물관에 전시된 선박과 국내 호림박물관의 선박이 같은 것인가?
>
> 송원영 학예연구사: 완전히 같지는 않다. 하지만 전체적으로는 같은 것이라고 볼 수 있다. 한국의 것은 이물과 고물이 예각인 데 비해 일본의 것은 예각이 아니다.
>
> 필자: 선체를 이중으로 한 이유는?
>
> 송원영 학예연구사: 파도를 헤쳐 나갈 때 수월하도록 그렇게 만든 것으로 추측한다. 배 측면에서 파도가 칠 때 공간이 있어 물이 빠져나가고, 힘을 덜 받게 된다. 상하가 분리된 부분에서 말뚝을 박아 정박하기 쉽게 하려는 목적도 있을 것이다.

가야의 배와 왜선이 모양에서 비슷하다는 점에서 하나의 추론이 가능하다. 고대에도 가야의 본거지인 경남 김해와 오사카의 긴 뱃길이 열려 있었고, 가야가 이 뱃길의 해상무역을 장악했다는 얘기다.

가야 배(좌)와 왜선(우)

가야는 철을 수출하는 무역대국이었다. 이러한 이야기가 담긴 『삼국지』는 진나라의 학자 진수가 3세기경 편찬한 것이므로, 가야의 철수출은 한국과 일본에서 발견된 배 모양의 토기가 만들어지기 이전부터 시작됐다. 그렇다면 호림박물관의 주형토기는 가야가 철을 수출하는 무역선이고, 오사카의 선박 모형은 왜가 가야에서 선박 건조 기술을 배워 배를 지은 다음, 가야의 철을 수입하던 선박이라고 추정할 수 있다.

재미있는 사실은 2012년 6월에 경남 김해에서 고대 선박의 흔적이 발견됐는데, 목재에 쓰인 나무가 일본산이었다. 김해시청의 자료에는, 김해시 봉황동 119-1번지 연립주택 신축부지 발굴조사 현장에서 선박부재가 출토됐는데, 보존처리 결과 가야의 배로 밝혀졌으며, 발굴현장에서는 선박부재와 노, 닻으로 추정되는 돌 한 점도 발견됐다는 기록이 있다. 가야가 고대 해상왕국이었음이 실물로 입증된 것이다.

보존처리 결과, 선박부재는 길이 390㎝, 폭 32~60㎝, 두께 2~3㎝의 대형 목재 유물로서 앞면에는 일부 문양과 쐐기 및 쐐기홈이 존재하고 한쪽 끝 부분은 다른 부재와 결합할 수 있도록 가공되어 있었다. 재질을 분석해 보니, 선박에 사용된 나무는 녹나무와 삼나무로 밝혀졌다. 녹나무는 난대성 수종으로 중국과 일본에 많이 자라고, 우리나라는 남해안 일부 지역과 제주도에서 생장하고 있다. 또한 삼나무는 일본 고유 수종으로 일본의 선박 건조에 흔히 이용되는 수종이다. 따라서 봉황동 출토 선박은 일본에서 건조됐을 가능성이 높아 보인다. 즉 왜에는 백제인이 진출하기에 앞서 가야인이 먼저 진출했고, 선박 건조 기술이 뛰어난 가야인들이 왜에서 재질이 우수한 삼나무 또는 녹나무를 활용해 배를 짓고 운항했다는 가설이 성립된다.

김해시 봉황동 출토 선박에 앞서 경남 창녕 비봉리 유적에서 우리나라 최고最古의 배 두 척이 발굴됐다. 소나무의 속을 U자형으로 들어내 만든 이 배는 길이 4m, 폭 62cm의 카누형 배였다. 7000~8000년 전 신석기시대의 선박으로 추정된다. 따라서 봉황동 선박부재는 국내에서 출토된 유물 가운데 두 번째로 오래된 배인 셈이다. 방사선 탄소연대 측정을 해보니 3~4세기로 파악됐다. 파편이 극히 일부분이어서 배의 실체를 파악하는 데 어려움이 있지만, 비슷한 시기에 김해에서 왜계 유물이 출토된다는 점에서 봉황동 선박부재는 김해 일대가 가야의 무역항구 유적지임을 밝히는 데 중요한 연구자료가 되고 있다.

한국과 일본에서 출토된 배 모양의 두 토기는 모두 고분에서 나왔다. 고대인들은 사람이 죽어서 저승으로 가는 길에 강을 건넌다고 믿었다. 이때 죽은 사람의 영혼을 싣고 편안히 강을 건너라는 의미로 배 모양의 토기를 무덤에 넣어 주었다. 한국과 일본에서 발견된 토기는 모두 당대 최고 실력자의 무덤에서 출토된 것으로 추정되므로, 그 당시 최고 성능의 배 모형이 매장됐을 것이다. 주인들은 배를 타고 저승을 편하게 갔는지는 모르겠지만, 토기는 무덤에서 나와 고대사의 비밀을 풀어주고 있는 셈이다.

이쯤해서 결론을 내보자. 경남 김해에 본거지를 둔 가야, 구체적으로 금관국이 한반도 해상과 일본 해상을 장악한 무역 중심항이었다. 무역품은 당대에 최고의 상품인 철. 가야인들은 험한 파도를 헤치고 오사카를 개척해 식민했고, 그곳에서 왜의 자재를 활용해서 선박을 만들었다.

이 대목에서 아쉬운 점을 한 가지 꼽자면, 일본은 오래전부터 다카마와리 2호분의 선형 토기를 실제 모양으로 만들어 기념하고 있다는 것이다. 그러나 당대의 기술을 왜에 전수하고 지금은 세계 조선 1위국이라고 자랑하는 우리나라에선 고대 선박에 대한 연구조차 많이 부족한 것이 사실이다.

1989년 오사카시는 고대 한·일 간의 뱃길을 재현해 보기 위해 고대 목선을 복원한 통나무배 나미하야호를 건조했다. 그리고 탐험대와 함께 배를 부산항으로 출항시켰다. 오사카시가 시제市制 실시 100주년을 맞아 1500년 전부터 한반도와 일본 간에 문화 교류가 있었다는 사실을 실증하기 위해 마련한 행사였다. 항해 실험에 쓰인 나미하야호는 오사카 동남쪽에 있는 다카마와리 2호분에서 출토된 배 모양 토기를 본떠 만들었다. 길이 12m, 폭 1.93m, 높이 3m, 무게 약 4톤으로 8명이 노를 저어 나아갈 수 있게 제작되었다. 나미하야호의 탐험대는 부산항에 도착한 후 김해시청에서 고대선 실험 항해를 기념하고 가야와 일본의 문화 교류를 규명하기 위한 국제학술강연회에 참가했다. 당대에 한일 항로의 중심지였던 김해시는 가야의 식민도시가 주선한 행사에 들러리를 선 셈이었다.

이 이야기를 들춰볼 때면, 역사는 우리가 한참 깊은데 그에 대한 연구와 홍보는 일본에 뒤처져도 한참 뒤처져 있다는 생각에 속상한 마음이 썩 가시지 않는 것이 사실이다.

6. 금관가야의 병합

(1) 금관가야 초략(抄掠)

이사부는 동해 제해권을 장악한 후 금관가야 정벌 시, 지증왕이 죽고 법흥왕이 통치하던 시기에 다시 등장한다. 법흥왕 때, 신라와 금관가야 사이에 본격적인 전쟁이 벌어진다. 신라는 동해안과 울릉도를 복속시켜 동쪽과 북쪽으로부터 고구려와 예(말갈), 왜의 공격로를 차단한 다음, 남부지역 초략抄掠에 나선 것이다.

> ① 법흥왕 9년(522년) 봄 3월, 가야국 왕이 사신을 보내 혼인을 청했기에, 임금이 이찬 비조부比助夫의 여동생을 보냈다.
>
> ② 법흥왕 11년(524년) 가을 9월, 임금이 남쪽 변방을 두루 돌아보며 영토를 개척했다南境拓地. 가야국 왕이 찾아와 만나보았다.
>
> 『삼국사기』

법흥왕 시기에 가야는 힘에 밀려 한 발 한 발 신라에 속국화되고 있었다. 가야 임금이 신라 대신의 딸을 받아들여 혼인동맹을 맺는가 하면, 법흥왕이 직접 가야 땅을 공격해 영토화하자, 금관국 임금이 직접 찾아와 더 이상 전쟁하지 말고, 사직만은 보전해 달라고 애걸하는 모습을 김부식은 짤막하게 서술했다.

법흥왕이 가야 지역의 영토를 개척할 때南境拓地 수행했을 가능성이 크다. 실직 군주에 앞서 10대라는 젊은 나이에 가야의 땅을 뺏은 적이 있는데다 동북지역의 군사 총책임자로 일한 경험 등을 미루어 볼 때 법흥왕이 남경척지南境拓地를 하면서 이사부를 대동했을 게 분명하다.

법흥왕 때 이사부의 흔적은 우리의 사서인 『삼국사기』, 『삼국유사』에 일절 언급되지 않고, 일본의 사서에 실려 있다. 『일본서기』계체천황조에 이질부례지伊叱夫禮智라는 신라 장군의 이름이 나오는데, 그가 바로 일본식으로 표기한 이사부다. 법흥왕 16년이었다.

경남 김해시에 위치한 금관가야 시조 수로왕릉

계체繼体천황 23년(529년) 4월에, 임나任那에 있는 근강 모야신近江毛野臣에게 명하기를, "임나任羅가 상주上奏한 바를 잘 물어서, 서로 의심하는 것을 화해시키라"고 했다. 이에 모야신毛野臣은 웅천熊川(창원시 웅천)에 머물면서(다른 사서에는 임나 구사모라久斯牟羅(마산)에 머물렀다고 한다), 신라와 백제 두 나라의 왕을 불렀다. (중략) 신라는 1등 대신인 구지포례지久遲布禮(거칠부)를, 백제에서는 은솔 미등리彌騰利를 보냈다. 왕이 오지 않자, 모야신은 두 사신을 꾸짖어 보냈다. 신라는 다시 상신上臣 이질부례지伊叱夫禮智干岐(신라에서는 대신大臣을 상신上臣이라고 한다. 다른 곳에서는 이질부례지내말伊叱夫禮智奈末이고 했다)를 보내 무리 삼천을 이끌고 와서 명을 듣기를 청했다. 모야신은 멀리서 병장兵仗에 둘러싸여 있는 무리 수천 명을 보고 웅천熊川에서 임나 기질기리성己叱己利城에 들어갔다. 이질부례지간기伊叱夫禮智干岐干岐가 다다라원多多羅原(다대포)에 머물면서 삼가 귀복歸服하지 않고 석 달을 기다리며 자주 조칙을 듣고자 청했으나, 끝내 전하지 않았다. 이질부례지가 거느린 사졸들이 부락에서 밥을 구걸하다가 모야신의 부하 하내마사수어수河內馬飼首御狩와 서로 마주치게 되었다. 어수御狩는 다른 문으로 들어가 숨어 있다가 그 구걸하던 자가 지나가기를 기다려 주먹으로 쳤다. 구걸하던 자가 보고, "삼가 석 달 동안 칙서의 내용을 들으려고 기다렸으나 아직 전해주지 않고, 칙명을 듣고자 하는 사신을 놀리고 있다. 이제 (그들이) 상신上臣을 기만해 죽이려 하는 것임을 알겠다"고 하였다. 이에 자기가 본 것을 상신에게 자세하게 보고했더니, 상신이 네 개의 촌(금관金官, 배벌背伐, 안다安多, 위타委陀가 네 개 촌이다. 다른 곳에서는 다다라多多羅, 수나라須那羅, 화다和多, 비지費智를 네 개 촌이라 했다)을 초략抄掠하고 그곳의 백성들을 모두 데리고 그의 본국으로 돌아갔다. 어떤 사람이 말하기를 "다다라 등 4촌이 초략당한 것은 모야신의 잘못이다"라고 했다.

『일본서기』

계체천황 23년(529년)은 신라 법흥왕 16년이다. 『삼국사기』에 기록된 금관국 멸망시기(532년)로부터 3년 전 일이다. 『일본서기』의 내용을 요약하자면, 금관국(임나) 왕이 "신라가 국경을 자주 넘어 내침하니, 가야를 구해 달라"고 왜국에 주청하자, 왜왕이 대신 근강 모야신을 보내 신라와 백제의 왕을 부른다(한국 역사학자들은 『일본서기』를 과장이 많다고 비판한다. 여기선 원문 그대로 해석한다).

신라와 백제가 1등급 중신을 보냈지만, 모야신은 왕이 직접 오지 않았다고 트집을 잡는다. 이에 신라는 대장군 이사부에게 삼천의 병사를 줘 금관가야 토벌에 나선다. 이사부는 3개월간 부산 다대포벌에 진을 치고 공격을 준비한다. 모야신은 이사부의 군세에 놀라 마산으로 도망을 간다. 이사부는 네 곳의 부락을 초략하고, 가야인 포로를 끌고 경주로 돌아간다.

금관국 왕은 모야신이 잘못해 다시 영토를 빼앗겼다고 왜왕에게 보고했다(모야신은 나중에 왜왕의 미움을 사 왜로 소환되어 대마도에서 병사했다). 『일본서기』의 기사 가운데, 이사부의 직위를 상신上臣이라고 지칭한 대목이 있는데, 이는 지증왕 때의 이찬보다 더 높은 대우를 받고 있었음을 보여주고 있다. 법흥왕은 18년(531년)에 상대등이란 최고 관직을 신설하고, 철부哲夫를 초대 상대등으로 임명했다. 철부가 2년 후에 세상을 뜨니, 사실상 이사부가 '일인지하 만인지상一人之下 萬人之上'의 재상의 역할을 하게 된 것으로 보인다.

(2) 구형왕

이사부가 금관국에서 빼앗은 촌村 가운데, 금관金官은 김해, 배벌背伐과 비지比智는 창원시 웅천 부근, 안다安多와 다다라多多羅는 부산 다대포, 수나라須那羅는 금관가야, 화다和多와 위타委陀의 지명은 고증이 되지 않는다. 즉 금관가야의 주변은 물론 본거지를 거의 빼앗고, 금관국 임금만 남겨둔 것이다.

이사부가 금관국을 초략하고 3년 뒤, 금관국 구해왕은 신라에 나라를 들어 바친다. 더 이상 버틸 여력이 없었기에 평화적 항복을 선택한 것이다.

> 법흥왕 19년(532년), 금관국金官國의 왕 김구해金仇亥가 왕비와 맏아들 노종奴宗, 둘째 아들 무덕武德, 막내아들 무력武力 등 세 아들과 더불어 자기 나라의 보물을 가지고 항복했다. 임금이 예를 갖추어 대접하고 상등上等의 직위를 주었으며, 금관국을 식읍食邑으로 삼게 했다. 아들 무력은 벼슬이 각간角干에 이르렀다.
>
> 『삼국사기』 「신라본기」

금관국은 수로왕이 건국한 후 10대 구해왕(『삼국유사』엔 구형왕)대에서 그 명을 다한다. 『삼국유사』 「가락국기」에는 금관국의 멸망 연도가 진흥왕 23년(562년)으로 기록돼 있다. 이는 일연이 대가야와 금관가야를 혼동한 것으로 보인다. 그러면서도 중국의 사서를 참고해 532년에 신라에 항복했다는 두 가지 기록을 동시에 남겼다.

> 구형왕仇衡王: 김씨다. 정광 2년(521년)에 왕위에 올라, 42년 동안 나라를 다스렸다. 보정保定 2년 임오(562년) 9월에 신라 제24대 진흥

왕이 군사를 일으켜 쳐들어오자 왕이 친히 군사를 지휘했다. 그러나 적의 수는 많고 아군의 수는 적었기 때문에 맞서 싸울 수가 없었다. 그래서 왕은 형제인 탈지이질금脫知爾叱今을 보내 본국에 머물러 있게 하고, 왕자와 장손 졸지공卒支公 등과 함께 항복해 신라로 들어갔다. 왕비는 분질수이질分叱水爾叱의 딸 계화桂花로 세 아들을 낳았는데, 첫째는 세종世宗 각간, 둘째는 무도茂刀 각간, 셋째는 무득茂得 각간이다. 『개황록開皇錄』에서는, "양梁나라 대통大通 4년 임자(532년)에 신라에 항복했다"라고 했다.

『삼국유사』「가락국기」

법흥왕은 금관국을 들어 바친 구해왕에 대해 유화조치를 내린다. 구해왕을 최고 관직인 상대등 자리를 주고, 통치하던 금관국을 식읍으로 삼아 세금을 걷어 쓰게 하고, 세 아들에게 신라 최고의 관직까지 오르게 배려했다. 신라(경주) 김씨와 가야(김해) 김씨의 세력이 연대를 형성한 것이다(경상남도 산청군 금서면 화계리에는 금관국 마지막 임금인 구형왕의 돌무덤이 남아 있다).

금관국은 철의 나라였다. 금관가야는 일찍이 해상무역을 장악하고, 철제품을 낙랑과 왜, 신라를 비롯한 여러 나라들과 거래했다. 초기 가야연맹의 맹주 역할을 한 금관가야는 이사부에 의해 종언을 고한다.

금관국을 병탄한 이후 신라는 녹국喙國(합천군 쌍책면 성상리), 탁순국卓淳國(창원 인근), 안라국安羅國(함안)으로 진출했다. 금관국에 이어 신라가 병탄해 가는 과정에도 이사부가 군대를 직접 끌고 갔을 것이다. 이제 신라는 남부지역에서 백제와 국경을 접하게 되었다.

가야연맹에서는 고령의 대가야만 홀로 남게 됐다. 후기 가야의

맹주 대가야도 이사부와 그의 부하 사다함에 의해 성문이 열리고
멸망의 길을 걷게 된다.

(3) 가야 재건 대책회의

금관가야가 망한 후 백제 성왕은 가야 재건 대책회의를 개최한다.
우리 사서에는 나오지 않고, 『일본서기』은 그 사실을 전한다.

> 흠명欽明 2년(541년) 4월, 안라安羅(가야의 일국으로 함안, 일본부가
> 있었다)의 차한기次旱岐, 이탄해夷呑奚, 대불손大不孫, 구취유리久取柔利
> 와 가라加羅(대가야)의 상수위上首位 고전해古殿奚, 졸마卒麻(가야의 일
> 국) 한기旱岐, 산반해散半奚(가야의 일국) 한기의 아들, 다라多羅(가야
> 의 일국, 합천)의 하한기下旱岐 이타夷他, 사이기斯二岐(가야의 일국) 한

경남 산청군 금서면 화계리에 있는 가락국 제10대 구형왕릉

기의 아들, 자타子他(가야 일국) 한기 등이 임나일본부任那日本府의 기비노오미吉備臣와 함께 백제에 갔다. 백제 성명왕聖明王(성왕)이 임나의 한기들에게 "천황이 지시한 바, 오로지 임나를 재건하라는 것이다. 지금 어떤 계책으로 임나를 재건할 것인가. 각기 충성을 다해야 할 것이다"라고 말했다. 임나의 한기들이 "먼저 재삼 신라와 의논했으나, 대답이 없습니다. 의도한 바를 다시 신라에 이른다 해도 보고할 것이 없을 것입니다. 대왕(성왕)의 마음에 달렸습니다. 임나의 경계가 신라와 접해 있어 탁순卓淳(가야의 일국, 대구) 등이 화를 입을까 두렵습니다"라고 말했다. 성왕이 말하기를, "옛적에 우리 선조 속고왕速古王(근초고왕), 귀수왕貴首王(근구수왕) 치세에 안라安羅, 가라加羅, 탁순卓淳의 한기 등이 처음 사신을 보내고 서로 친교를 맺었다. 그런데 지금 신라에 속임을 받고 임나의 원한을 산 것은 과인의 잘못이다. 나는 깊이 뉘우쳐 하부下部 중좌평中佐平 마로麻鹵, 성방城方 갑배매노甲背昧奴 등을 보내 가라에 가서 임나일본부에 모여 맹세를 하게 했다. 이후 다른 일에 얽매었으나, 임나를 재건하는 것을 조석으로 잊은 적이 없었다. (중략) 신라가 그 틈을 엿보아 임나를 침공해 오면 나는 마땅히 가서 구원할 것이다. 신라가 어찌 혼자서 임나를 멸망시키겠는가. 지금 과인은 그대들과 힘을 합하고 마음을 같이 하여 천황의 힘을 빌면, 임나는 반드시 일어날 것이다"라고 말했다.

『일본서기』

백제 성왕이 가야 재건 대책회의를 연 시기는 이사부가 병부령을 맡아 신라의 군권을 쥔 직후인 진흥왕 2년(541년)이었다. 이사부가 신라의 실세로 부상하면서 백제가 신라에 원한을 품은 가야국을 이끌고, 맹주가 되려 한 것이다.

남가야(금관국)가 멸망하면서 그 주변에 위치한 안라, 탁순 등 소국의 존망이 기로에 서게 됐고, 이 틈을 타서 백제가 일본과 연합해 잔여 가야 지역에 대한 지배력을 높이려 했다. 『일본서기』에서는 그동안 임나일본부의 관리가 소국의 지도자들을 불러 모았다고 표현했는데, 금관국이 멸망한 후에는 백제 성왕이 임나일본부, 즉 왜왕을 대리해서 가야 소국들을 지원할 것임을 약속했다.

회의도 사비성에서 열렸다. 회의 주도자가 임나일본부가 아니라, 백제 성왕이었고, 이는 금관국이 멸망한 후 백제가 일본 분국을 직접 지배하게 됐음을 설명하고 있다. 아울러 성왕은 신라에 인접한 가야 소국들이 신라와 내통하는 것도 경계했다.

3년 후인 흠명欽命 5년(544년)에도 성왕은 가야 소국들에게 사신을 보내 가야 재건 운동을 격려했다. 백제와 대가야은 동맹 형성 후 신라는 백제·왜·가야의 연합군과의 한판 승부를 남겨두게 된다.

(4) 금 가는 나제羅濟동맹

진흥왕 초기까지만 해도 신라와 백제는 고구려에 대항해 나제羅濟동맹을 이어간다.

> ① 진흥왕 2년(541년), 백제가 신라에 사신을 보내와 화친을 청하기에 허락했다.
>
> 『삼국사기』「신라본기」
>
> ② 성왕 26년(진흥왕 9년, 548년) 정월, 고구려왕 평성平成(양원왕)이 예濊와 공모해 한수 이북의 독산성獨山城(경기도 오산)을 공격해 오자, 임금이 신라에 사신을 보내 구원을 요청했다. 신라왕이 장군 주진朱珍을 시켜 갑옷을 입은 병사 삼천 명을 거느리고 출발하게

했다. 주진은 밤낮으로 행군하여 독산성 아래에 이르러 고구려 병
사들과 일전을 벌여 크게 이겼다.

『삼국사기』「백제본기」

　　백제 성왕은 대가야와 남은 가야 소국의 맹주로서 지위를 획득
하고, 그들에게는 신라에 뺏긴 금관국을 재건하겠다고 공언하면서
도, 다른 한편으로는 신라 진흥왕에게 화친을 청하고, 고구려가 침
공할 때 지원을 요청했다. 표리가 부동한 이중전략이다. 북쪽에 고
구려라는 막강한 나라를 백제 홀로 막아낼 힘이 없었기 때문에 아
직까지는 신라의 도움이 필요했다. 그러나 신라가 금관국을 병탄하
자, 백제는 가야의 남은 소국을 부추기며 가야 재건을 꿈꾸면서 신
라와의 동맹에 금이 가기 시작한다.

(5) 소멸하는 왜

한반도 왜는 고구려와 신라의 힘이 강해지면서 서서히 한반도에서
빠져나가 일본으로 물러났다. 한반도 왜의 첫 번째 타격은 고구려
광개토대왕이었다. 광개토대왕은 영락 10년(400년) 보병과 기병으로
무려 5만 병력을 보내 신라를 구원케 했다. 고구려군이 서라벌에 이
르러, 그곳에 가득한 왜군을 쳐 퇴각시키고, 왜의 동맹 세력인 임나任
那가야의 종발성從拔城까지 진군해 성주의 항복을 받아냈다. 고구려의
공격으로 한반도 왜는 심대한 타격을 받은 것 같다.
　　두 번째 타격은 신라 이사부였다. 이사부는 지증왕 13년(512년)
우산국을 정벌하고, 동해 제해권을 쥐면서 동해안 일대에 대한 왜의
노략질을 차단했다. 아울러 이사부가 왜의 동맹세력인 금관국을 정

벌해 구해왕이 신라에 항복하자, 남해안 일대에 대한 해상 지배력도 확보하게 된다. 신라가 남해안의 제해권을 확보하게 되자, 열도와 한반도 왜 사이에 수송로가 끊기고, 이에 따라 한반도 왜는 퇴로 차단에 앞서 열도로 넘어갔을 것으로 추측된다.

『삼국사기』에서 왜와 관련한 기사는 신라 소지왕 19년(497년), 백제 비유왕 2년(428년) 이후 사라진다. 5세기 말쯤 한반도 왜가 거의 대부분 일본으로 건너가고, 잔류한 왜인들은 백제, 나중엔 신라에 동화돼 간 것으로 보인다.

160년간 우리 사서에서 사라졌던 왜가 662년 다시 나타난다. 백제가 멸망하고, 일본 열도의 왜는 백제 부흥 세력을 지원하기 위해 5만 수군을 동원해 상륙하려다 백마강(금강) 어귀에서 전멸했다.

> 문무왕 2년(662년), 손인사와 유인원과 신라왕 김법민金法敏은 육군을 거느리고 나아가고, 유인궤와 별수別帥 두상杜爽과 부여융扶餘隆은 수군과 군량을 실은 배를 거느리고, 웅진강으로부터 백강으로 가서 육군과 합세하여 주류성으로 갔다. 백강 어귀에서 왜국 병사를 만나 네 번 싸워서 모두 이기고 그들의 배 사백 척을 불사르니, 연기와 불꽃이 하늘을 덮고 바닷물도 붉게 물들었다.
>
> 『삼국사기』「백제본기」

『삼국사기』는 백강 전투 장면을 "연기와 불꽃이 하늘을 덮고 백마강이 붉게 물들었다"며 전투의 치열함을 짧게 표현했지만, 『일본서기』는 울분을 삼키며 '백촌강 전투白村江の戦い' 상황을 자세하게 소개하고 있다. 백제 부흥운동마저 수포로 돌아가자, 왜는 한반도에서 손을 떼고 나라 이름을 일본日本으로 바꾸며 영토를 열도로 국한시켰다.

  삼국을 통일한 신라 문무왕은 왜의 침입에 대비해 죽을 때 자기 무덤을 동해 바다에 묻으라는 유언을 남겼다. 용이 되어 동해로 침입하는 왜구를 막겠다는 것이었다(경주시 양북면 봉길리에 대왕암 또는 대왕바위로 불리는 제30대 문무왕의 수중릉水中陵이 있다).

Ⅲ

북
—
병부령

1. 출장입상出將入相

(1) 재상

이사부는 지증왕, 법흥왕, 진흥왕 3대에 걸쳐 신라의 영토를 동서남북 네 방향으로 확대하는 망라사방網羅四方 정책의 주인공으로 나선다.

> ① 동 – 실직 및 하슬라 군주 수행(지증왕)
>   우산국 복속(지증왕)
> ② 서 – 도살성, 금현성 점투(진흥왕)
> ③ 남 – 금관 가야 공격(법흥왕)
>   대가야 복속(진흥왕)
> ④ 북 – 철령 이남 10개 군 점령
>   옥저 복속(진흥왕)

이사부의 활약으로 진흥왕 시대 신라는 북으로 함경남도, 서로는 서해안 당항성(경기도 화성), 동으로 울릉도, 남으로 경상남도 가야 관할 영역을 모두 차지한다. 신라와 백제, 고구려 사이에 존재하며 소국을 경영하던 예국, 맥국, 말갈, 우산국, 가야연맹 소국은 거의 모두가 신라에 흡수되어 한반도에서 사라졌으며, 본격적인 삼국 혈투의 시대가 개막된다. 아울러 한반도 고대사에 등장하는 말갈과 왜 등의 이질적 종족이 한반도에서 영향력을 잃고 소멸하거나 퇴장한다. 그 역사의 주인공이 바로 이사부였다.

이사부는 실직 군주에 임명되기에 앞서 이찬이라는 높은 관직을 부여받았다. 신라는 2대 유리왕 때 17등급을 두었는데, 최고 관직은 이벌찬伊伐飡이며, 두 번째 관직은 이찬伊飡. 셋째는 잡찬迊飡, 넷째는 파진찬波珍飡, 다섯째는 대아찬大阿飡이다. 이벌찬에서 대아찬까지는 왕족 가운데 진골만이 될 수 있었다.

법흥왕法興王 18년(531년)에 처음으로 최고 관직으로 상대등을 두었다. 이사부는 진골이었기 때문에 최고 관직 5등급에 들어갈 자격이 있었고, 20대에 두 번째 서열인 이찬에 올랐다. 『삼국사기』 「열전」 사다함조에는 이사부가 마지막으로 대가야 전투에 참전하기에 앞서 "진흥왕은 이찬 이사부에게 명했다"는 기록이 있는데, 실직 군주에서 대가야 전투 시까지 57년 동안 이사부의 공식 직함은 이찬이었다.

진흥왕 때 세워진 '단양신라적성비'에도 이사부의 직책을 이찬 이사부로 표기했다. 이사부는 경주 6부 가운데 임금이 속해 있는 훼부喙部 소속인 것으로 되어 있다. 이는 이사부는 지증왕에서 법흥왕, 진흥왕을 잇는 김씨 왕가의 선봉장이었음을 보여준다.

이사부의 직위에 대해 『일본서기』에는 상신上臣이라는 표현이 나온다. 『일본서기』에 따르면 계

신라시대 투구(국립경주박물관 소장)

체천황 23년(529년) "상신ᴸᴾ 이질부례지伊叱夫禮智(이사부)가 군사 삼천을 거느리고 금관가야의 4촌村을 약탈했다"고 기록돼 있다. 여기서 상신은 『삼국사기』에 기록된 이찬伊飡보다 높은 지위임을 의미한다. 『삼국사기』 「잡지」에 따르면 상대등上大等을 상신이라 한다고 했다. 이사부가 법흥왕 때 신라의 최고 관직인 상대등의 반열에 올랐다는 얘기다. 『삼국사기』와 『일본서기』의 기록에는 다소 차이가 있지만, 왜의 입장에서 볼 때 이사부가 법흥왕조에 임금 다음의 최고 위치에 있다고 파악한 것으로 보인다.

『화랑세기』에서 이사부는 '상상ᴸᴾ' 또는 '각찬角粲'이라고 표현했다. 여기서 이사부에 대한 언급은 진흥왕 때를 일컫는다. 법흥왕 이후 진흥왕에 이르러 이사부는 상신 또는 상상으로 재상宰相 역할을 한 셈이다.

『삼국사기』 기록에서 이사부의 관직은 2등급 관직인 이찬이었지만, 그가 활동하던 기간에 별도의 인물이 상대등 또는 이벌찬을 맡았다는 기록이 없으므로, 이사부가 사실상 재상으로서의 역할을 했던 것으로 보인다.

(2) 병부령

이사부가 서라벌 정가의 정점에 선 것은 진흥왕 초기 때다. 진흥왕은 7세에 왕위에 올랐다. (『삼국유사』는 진흥왕이 15세에 왕위에 올랐다고 기록했다) 임금이 어렸으므로, 누군가의 섭정이 필요했는데, 『삼국사기』는 왕태후인 법흥왕비 보도부인保刀夫人이 섭정을 했다고 적었고, 『삼국유사』는 어머니인 지소부인只召夫人이 섭정을 했다고 적고 있다.

두 사서에 차이는 있지만, 혈연관계를 따졌을 때 전왕 부인이 섭정했다기보다는 모친이 섭정했을 가능성이 높다. 게다가 보도부인은 세력이 약한 박씨였고, 지소부인은 김씨였기 때문에 친정의 힘이 섭정 체제를 강화하는 데 기여했을 것으로 보인다.

지소부인은 법흥왕의 딸이며, 법흥왕의 동생인 입종갈문왕立宗葛 文王, 즉 삼촌과 결혼해 진흥왕을 낳았다. 진흥왕의 아버지 입종갈문왕은 진흥왕이 즉위하기 전인 서기 537년에 죽었다. 울주 천전리 각석 추명에는 '사부지(입종) 갈문왕이 정사년(537년)에 죽었다(過去)'고 기록되어 있다. 아버지가 일찍 세상을 떠났기 때문에 진흥왕은 즉위한 7세부터 18세가 될 때까지 11년간 어머니의 섭정을 받았다.

이사부는 진흥왕 2년(541년) 3월에 병부령을 맡았다. 신라는 지증왕 때 선포한 망라사방網羅四方 정책을 중시하고 영토 확장에 주력하고 있었으므로, 중앙과 지방의 병마에 관한 일을 담당하는 병부령은 당시 최고의 실력자였다. 임금이 8세 되던 해 이사부가 그 역할을 수행했다.

『화랑세기』는 진흥왕의 섭정인 지소태후가 남편 입종갈문왕이 죽은 후 영실과 재혼했다가 다시 이사부와 결혼을 했다고 전한다. 공주가 작은아버지와 결혼하고, 임금의 어머니가 권력자와 결혼하는 대목은 유교적 관점에서 이해하기 힘들다. 하지만 흉노족의 피가 흐르는 신라 왕실은 친족 간 결혼이 빈번했고, 어머니 입장에서 권력자와 결혼함으로써 어린 아들의 왕권을 보호하려는 의도는 충분히 납득 가능하다.

『화랑세기』의 이야기를 끌어들이자면 이사부는 섭정인 지소태후와 결혼해 진흥왕의 보호자 역할을 떠맡았고, 당대 최고 실력자로 부상한다. 진흥왕 입장에서 이사부는 계부繼父가 된 것이다.

태후가 섭정을 맡았으니, 수렴청정垂簾聽政이다. 수렴청정은 나이 어린 왕이 즉위했을 때 성인이 되기까지 일정 기간 왕대비나 대왕대비가 국정을 대리로 처리하던 통치행위를 말한다. 한국사에서 역대 왕조의 수렴청정은 고구려에서 1회, 신라에서 2회, 고려시대는 4회, 조선시대는 8회 행해졌다는 기록을 찾을 수 있다. 조선시대 후기에 잦은 수렴청정으로 외척인 안동 김씨의 세도정치를 초래했고, 조세제도의 문란, 부정부패, 매관매직의 성행 등을 부작용을 낳았다. 하지만 섭정의 지원 세력이 강건할 때 임금이 성년이 되어 안정된 통치를 할 여건을 마련하기도 했다. 이사부 역시 지소부인을 적극 후원해 진흥왕이 성년이 될 때까지 나라를 안정시키는 임무를 성공적으로 수행한 것으로 평가된다.

역사학자들은 지소부인의 섭정이 진흥왕 12년(551년)에 종료된 것으로 해석한다. 임금이 18세 되던 해다. 진흥왕은 그해 연호를 '개국開國'으로 바꾸었다. '나라를 연다'는 뜻의 연호를 사용함으로써 친정 체제를 수립했음을 대내외에 천명한 것이다. 대개 임금이 20세가 되면 섭정 체제를 끝내고 친정 체제를 수립하는데, 진흥왕은 조금 더 어린 나이에 진정 체제를 수립한 것이다(『삼국유사』의 즉위 시 나이를 기준으로 하면 진흥왕은 26세에 친정 체제를 구축한다).

지소태후의 섭정 기간에 이사부는 병부령에 임명돼 어린 임금을 대신해 군권을 장악했다. 이사부는 내외 병마의 일을 관장함은 물론 내치에 주력한다. 이 기간 이사부는 병부령이자, 이찬으로서 백관회의(화백회의)를 주재하며 국사를 총괄한 것으로 보인다. 진흥왕 섭정 기간 신라에서 일어났던 일을 연대별로 열거해 보면, 이사부가 화백회의 수장首長으로서 한 일들을 엿볼 수 있다. 『삼국사기』 진흥왕조의 기록을 보자.

① 541년, 이사부를 병부령兵部令으로 삼고 중앙과 지방의 병마에 관한 일을 맡게 했다. 백제에서 사신을 보내와 화친을 청하기에 허락했다.

② 544년, 흥륜사興輪寺가 완성됐다. 사람들이 출가해 승려가 되어 부처를 받드는 것을 허락했다.

③ 545년, 이찬 이사부가 아뢰었다. "나라의 역사는 임금과 신하의 선악을 기록하여 좋은 것, 나쁜 것을 먼 후손에게까지 보이는 것입니다. 역사를 편찬하지 않으면 후손들이 무엇을 보겠습니까?" 임금이 대아찬 거칠부居柒夫 등에게 명해 역사를 편찬하게 했다.

④ 548년, 고구려가 예인穢人과 함께 백제의 독산성獨山城을 공격하자 백제가 구원을 청했다. 장군 주령朱玲은 굳센 병사 삼천 명을 거느리고 그들을 공격해, 죽이거나 사로잡은 사람이 매우 많았다.

⑤ 549년, 양梁나라에서 사신과 유학을 갔던 승려 각덕覺德을 보내 부처의 사리舍利를 보내왔다.

⑥ 550년, 백제가 고구려의 도살성道薩城을 빼앗았다. 고구려가 백제의 금현성金峴城을 함락시켰다. 임금은 두 나라의 병사가 피로해진 틈을 타 이찬 이사부에게 명해 공격하게 했다. 두 성을 빼앗아 증축하고, 병사 일천 명을 두어 지키게 했다.

『삼국사기』「신라본기」 진흥왕 섭정 기간에 이사부의 이름이 세 번이나 나온다. 안으로는 흥륜사를 지어 불교를 융성케 하고, 국사 편찬을 아뢰어 거칠부에게 역사를 편찬케 했다. 밖으로는 고구려와 백제와의 전투에 병부령으로 병사를 출전시키거나, 직접 전장에 나서기도 했다. 이 시기 이사부는 밖에 나가서는 장수요, 안에 들어오면 재상, 즉 출장입상出將入相의 면모를 보인 셈이다.

(3) 국사 편찬

이사부가 국사를 편찬하도록 임금에게 주상_{奏上}한 점은 재상으로서의 모습을 보여준다. 사실 국사편찬은 병부령의 소관 업무가 아니다. 신라는 삼국 가운데서 사서 편찬이 가장 늦었다. 고구려는 국초에 『유기_{留記}』100권을 지은 데 이어 영양왕 1년(600년)에 태학박사 이문진_{李文眞}이 『신집_{新集}』 5권으로 개수_{改修}했다. 유기의 편찬연대는 372년 소수림왕이 태학을 세워 자제들을 교육할 무렵으로 추측할 수 있다. 백제는 375년 근초고왕 때 박사 고흥_{高興}가 『서기_{書記}』를 편찬한다.

삼국 모두 율령을 반포해 국가의 제도를 정비하고, 대외적으로 영토를 팽창시킬 무렵에 사서를 편찬했다는 공통점을 갖고 있다. 밖으로는 장수가 되어 영토를 확장하고, 안으로는 안정적 내치에 주력한 이사부로서는 사서 편찬의 필요성을 절감했을 것이다. 그러나 고구려와 백제의 사서는 물론 신라의 국사도 모두 전해지지 않는다. 다만 삼국의 사서는 김부식의 『삼국사기』, 일연의 『삼국유사』에 어떤 형식으로든 녹아 있다.

이사부가 임금의 허락을 얻고 거칠부가 편찬한 국사의 내용은 무엇이었을까. 『삼국사기』에 따르면 임금과 신하의 선악을 기록하여 좋은 것, 나쁜 것을 두루 기록했을 것이다. 그 내용을 먼 후손에게까지 보여줘 선악을 구분시키겠다는 포폄_{褒貶}의 목적을 갖고 있었을 것이다. 특히 내물왕 4대손인 이사부가 상주하고, 5대손인 거칠부가 편찬했다는 점에서 내물왕 후손들은 김씨 왕조에 정통성을 부여하는 내용 위주로 기록했을 가능성이 높다. 군신의 선악을 기록할 때 김씨 왕조의 위엄을 많이 그려, 후대에 교훈이 되도록 했을 것이다.

사학계에는 내물왕 후세들이 나라의 역사(국사)를 편찬하면서 먼저 경주에 들어와 정착한 박씨와 석씨 왕조의 기록을 왜소화하고, 흉노 계열의 김씨 왕조를 포장해 미화하는 역할을 했는데, 그 내용의 일부가 『삼국사기』에 녹아 있다는 의견도 있다. 또한 박씨와 석씨 세력이 여전히 남아 있기 때문에 완전히 선왕조의 기록을 말살시키지 못하고, 자연스럽게 김씨 왕조가 계승하는 모습을 취했다는 의견을 덧붙인다.

이사부와 거칠부가 신라의 국사를 편찬했다 함은 국가와 김씨 왕실의 위엄을 안팎으로 과시하고 중앙집권적 귀족국가로서의 면모를 보이는 기념비적 업적이었던 것이다.

2. 돌에 새겨진 이사부

(1) 진흙에서 발견된 보물

55번 중앙고속도로 상행선을 따라가다 단양휴게소를 들르면 휴게소 뒤편에 홀로 서 있는 비각을 만날 수 있다. 신라시대에 세워진 '적성비赤城碑'다. 비석 앞에서 눈을 들면 야트막한 산(성재산)이 하나 보이고, 정상부터 비탈을 내려오면서 산성이 눈에 들어온다. '적성赤城산성'이다. 당시 지명이었던 '적성'은 비문에 반복해 등장함으로써 그대로 비명과 산성의 이름이 되었다. '적성비'를 뒤로 하고 적성산성에 오르면 그 아래 남한강은 시원하게 흐르고, 넓게 펼쳐진 훌륭한 경관이 감탄을 자아낸다. 이사부가 당시 고구려 영토였던 이 산을 빼앗고, 강(남한강)을 해자로 삼아 북쪽의 고구려군을 저지하기 위해 적성산성을 쌓았을 것이다.

'적성비'가 위치한 곳은 경북 풍기에서 죽령을 넘어 충북 단양으로 가는 길목이다. 남으로는 소백산맥이 병풍처럼 펼쳐지고, 남한강이 그 앞을 가로막고 있는 천혜의 요새다. 적성산성을 중심으로 남한강을 거슬러 북동쪽으로 온달산성이 있고, 남한강을 따라 내려가 북서쪽엔 '중원고구려비'가 자리 잡고 있다. 온달산성은 고구려

충북 단양군 단성면 하방리 소재 신라 적성비

온달 장군이 전사했다고 알려진 고구려성이고, '중원고구려비'는 고구려의 남쪽 경계를 알리는 비석이다.

적성 지역은 고구려 입장에서 보거나 신라 입장에서 보더라도 전략적 요충지인 것이 분명했다. 고구려로서는 소백산맥의 관문인 죽령을 넘어 신라를 공격하는 경로이며, 신라로서는 한강에 진출할 수 있는 전초기지 역할이었다. 필자는 적성산성에 올랐을 때 철원평야 한가운데의 백마고지나 다름없다고 생각했다. 실제로 6·25전쟁 때 남과 북이 엄청난 피를 흘리며 이 고지를 뺏으려 한 것은 광대한 철원평야의 전초기지였기 때문이다. 신라군은 이 적성 지역을 점령함으로써 고구려의 양쪽 군사 거점을 갈라놓고, 한강을 넘어가는 전략적 거점으로 활용했을 것이다.

이 자그마한 비석이 발견된 것은 우연이었다. 1978년 1월 6일, 정영호 교수가 이끄는 단국대 조사단이 충북 단양을 찾았다. 온달의 유적을 찾고, 죽령을 중심으로 신라와 고구려의 관계를 밝히는 학술조사를 벌이기 위해서였다. 조사단은 단양 읍내 성재산(해발 323m 적성산성)을 올랐다. 진흙밭을 지나 산성터에 이르렀다. 간밤에 내린 눈으로 산에 오르는 길은 진흙탕이었다. 옛날 기와 파편과 토기 파편이 흩어져 있었다. 대부분 신라 토기였다.

조사단 중 한 명이 신발에 묻은 흙을 털기 위해 두리번거리다 흙 묻은 돌부리가 지표면을 뚫고 노출된 것을 발견했다. 그 돌부리에 신발 흙을 털어내려고 고개를 숙이는 순간 어떤 글자가 보였다. '대大' 자였고, 흙을 닦아내니 '아阿' 자, '간干' 자도 보였다. 허겁지겁 야전삽으로 흙을 걷어내어 보니, 30㎝ 정도 비스듬히 누워 있는 신라시대 비석이 드러났다. 그리고 비석 첫 줄엔 이사부의 이름이 발견되었다. 1500년 전 사라진 이사부의 이름이 돌에 새겨진 채 다시 나타난 것이다.

한국사 연구자들이 고대사를 연구 및 해석하면서 부딪치는 문제 중 하나는 사료가 빈약하다 보니, 신빙성에 의문을 품을 수밖에 없다는 것이다. 『삼국사기』, 『삼국유사』도 한계가 있다. 구체적인 내용에 들어가면 두 사료는 적지 않은 차이점을 보인다. 그렇다고 『일본서기』에 완전한 신뢰를 주기는 어렵다.

이러한 갈증을 조금이나마 해소시켜 주는 것이 금석문이다. 삼국시대에 만들어진 각종 비문, 목간, 도자기, 칼, 무덤 내 유물 등에는 1500년의 시간을 뛰어넘은 문자들이 우리에게 다가온다. 물론 글자가 지워지거나 깨져 확인 가능한 글자는 몇 되지 않고, 가까스로 무슨 글자인지 알아보아도 해석하기에는 더욱 어렵다. 몇 세기

충북 단양군 영춘면 하리 소재 온달산성

를 거쳐 밀레니엄을 지나 고대인이 현대인에게 전달한 통신문은 거의 난수표에 가깝다. 때문에 고대의 비문이 천년의 세월이 흘러 발견되면 금석문 연구자와 역사학계는 한바탕 잔치를 벌인다. 그러나 우주인이 남긴 메시지를 해독하는 양 서로의 해석은 다르다. 1500년 후의 후손들이 오늘의 신문 기사를 완벽히 해독하기 어려운 것과 다름없지 않겠는가.

김부식과 승일연이 쓴 사서들은 삼국의 흔적이 사라진 고려시대에 출간된 데 비해 삼국시대 금석문은 당시 사람이 직접 쓴 살아있는 기사다. 유학자와 스님이 사서를 쓸 때에는 그들이 속해 있는 가치관과 종교라는 프리즘을 통해 역사의 빛깔이 다르게 표현될 수밖에 없지만, 금석문은 당대의 정보 전달 매체이므로 신라인들의 가치관과 용어가 생생하게 배어나온다.

이사부의 경우도 마찬가지다. 이사부는 경상북도 동쪽 구석에 치우친 신라라는 부족국가가 한반도를 호령하기까지 큰 공을 세웠지만, 그에 관한 자료를 찾다 보면 왠지 모를 허탈감에 빠진다. 중요한 대목에서는 항상 자료가 없기 때문이다. 언제 태어났는지, 언제 죽었는지도 모른다. 김유신에 대해서는 『삼국사기』 「열전」에서 세 편에 걸쳐 장황하게 설명하고 있지만, 그에 못지않은, 어쩌면 김유신보다 더 위대한 이사부에 대한 기록은 몇 자 되지 않는다.

이런 갈증을 조금이나마 해소시켜 주는 것이 이사부가 활동하던 6세기의 금석문 '적성비'다. 지금까지 발견된 금석문 가운데 이사부의 이름이 등장하는 것은 '단양신라적성비'가 유일하다. 그나마 글자가 지워지고 해독이 어려운 문구가 태반이다. 다행히 '적성비'의 첫 문장에는 이사부의 이름이 나오고, 그 단어 하나로 진흥왕 때 신라에 대한 많은 정보를 캐낼 수 있다.

(2) 대중등(大衆等)

1500년 전 고대인들이 타임캡슐에 묻어둔 재료를 꺼내 이사부 시대의 상황을 그려보기로 하자. '적성비'의 비문은 이렇게 시작한다.

□□년 □월 중에 임금(진흥왕)이 대중등大衆等에 교사를 내리시니 훼부의 이사부지伊史夫智 이간지伊干支와 □□□서부질지西夫叱智 대아간지大阿干支, □□□부지夫智 대아간지大阿干支, 비차부지比次夫智 아간지阿干支와 사탁부의 무력지武力智 아간지阿干支 등이 교사를 받들어 관장했다.

'적성비'에서 이사부의 한자 표기는 이사부지伊史夫智다. 『삼국사기』에 등장하는 이사부異斯夫와 한자가 다르다. 지智는 이름 뒤에 붙이는 존칭어미로 오늘날 '씨' 또는 '님'쯤으로 해석하면 된다. 한자의 차이는 있지만, 음으로는 '이사부'가 그대로 살아 나온 것이다. 내로라하는 고고학자, 금석학자들이 모여 신라인들이 쓴 암호를 해독했다. 향찰식도, 한문도 아니었고, 지금까지 발견된 비문 중 가장 난해한 문장이었다는 평이 많았다. 일부 상충되는 의견도 있었다. 그리고 우여곡절 끝에 그 윤곽이 잡혔다.

내용인즉, "진흥왕이 이사부와 비차부, 무력 등 10명의 고관에게 교시를 내려 신라의 국경개척을 돕고 충성을 바치다 숨진 야이차와 그 가족을 비롯해 적성 사람(고구려인)의 공을 표창하고, 나중에도 야이차처럼 충성을 바치면 포상을 내리겠다"는 내용이었다. 소백산맥(죽령)을 넘어 고구려 땅을 뺏은 뒤 점령지 민심을 다독이는 차원에서 신라에 협조한 현지인에게 포상을 내리는 국가정책을 돌에 새긴 일종의 헌장인 셈이다.

'적성비'가 세워진 연대는 대략 진흥왕 11년(550년)으로 파악된다. 『삼국사기』에는 550년에 이사부가 진흥왕의 명을 받아 고구려와 백제가 싸우는 틈을 타서 도살성과 금현성을 빼앗고, 이듬해(551년)에 거칠부가 고구려를 침공해 죽령竹嶺 이북 고현高峴 이내의 10개 군을 취한다는 내용이 나온다. 이사부가 점령한 도살성과 금현성이 적성 주변에 위치한데다, 거칠부가 고구려를 치며 한강 유역의 대규모 땅을 확보하기 위한 전진기지가 바로 죽령을 넘어 남한강변에 위치한 바로 이 적성이었을 것으로 추측된다.

'적성비'에는 죽령을 넘어 단양을 점령하는 데 공을 세운 고관 9명의 이름과 소속, 관직명이 나오고, 고관 10명 중 가장 먼저 이사부가 등장한다. 이사부가 이들 고관 중 우두머리라는 것을 의미한다. 비문에서 이사부를 지칭하는 글자는 다음과 같다.

大衆等喙部伊史夫智伊干(대중등훼부이사부지이간)

대중등大衆等이란 대등大等과 동의어로 파악된다. 대등은 '신료臣僚'라는 뜻으로, 고위관직을 의미한다. 신라는 다수의 대등을 두었다. 비문에 기록된 10명의 고관 중 이사부와 두미지豆彌智, 서부질지西夫叱智, ㅁㅁ부지夫智, 내례부지內禮夫智 등 5명이 대중등에 포함됐다. 대등은 귀족의 구성원으로 특정한 임무를 분장 받지 않으면서 신라왕국의 중요한 정책을 결정하는 데 참여했다. 네 개의 '진흥왕 순수비'를 분석해 보면, 임금이 속해 있는 훼부喙部('탁부'라고도 읽는다), 사훼부沙喙部('사량부沙梁部'라고도 했다), 그리고 본피부本彼部 출신만이 대등에 임명됐으며, 골품상으로는 진골眞骨을 중심으로 한 고급귀족이어야 했다.

'적성비'에 나오는 대중등 5명의 관직을 보면, 이사부가 2등급 이찬, 두미지가 4등급인 파진찬, 서부질지, ㅁㅁ부지, 내례부지 등 세 명이 5등급인 대아찬이다. 신라에서는 5등급까지는 진골 출신만으로 구성되므로, 이들 5명이 모두 진골인 셈이다. 대등의 모임은 대등회의(화백회의)이며, 회의를 주재하는 우두머리가 상대등이다. 이사부는 이 5명의 대중등 가운데 우두머리로 회의를 주재하고 통솔하는 상대등으로서의 역할을 했을 것으로 보인다.

단양 '적성비'에서 5명의 대중등은 모두 훼부, 사훼부 소속이며, 두 부는 내물왕 이후 왕조를 이어간 김씨들이 관할하는 구역이었다. 5명의 대중등 가운데 4명이 훼부 소속이고, 서부질지만이 사훼부 소속이다. 그 아래 관직으로 나오는 고두림高頭林성 군주인 비차부比次夫와 무력武力은 훼부와 사훼부, 추문촌鄒文村 당주幢主인 도설導設은 사훼부, 물사벌성勿思伐城 당주幢主인 조흑부助黑夫는 훼부 소속이다. 야이차也尔次만이 현지 적성 출신이라 소속부가 없다. 위의 9명은 모두 훼부, 사훼부 출신으로 서라벌에서 올라온 왕경인王京人이었다.

(3) 훼부 소속

'적성비' 비문으로 새롭게 밝혀진 사실은 이사부가 훼부 소속이었다는 점이다. 신라는 수도가 위치한 경주 분지에 6개의 지역을 나눠 '왕경 6부제'를 운영했다. 훼부, 사훼부, 잠훼부, 본피부, 사피부, 한기부가 그것이다. 왕경 6부에는 신라 초기 왕실을 운영한 박씨, 석씨, 김씨의 족단은 물론 신라 지배층으로 편입된 세력으로 구성됐다.

이사부가 활약하는 6세기에 훼부, 사훼부는 김씨 족단이 장악했고, 잠훼부는 박씨, 한기부는 석씨가 장악한 것으로 알려져 있다. 훼부는 임금의 직할령에 해당하며, 사훼부는 2인자 격인 김씨 족단의 갈문왕이 수장을 맡아 임금을 보좌한 것으로 파악된다.

위치는 왕실인 월성月城을 중심으로 훼부이고, 사훼부는 월성 남쪽의 오릉 지역, 잠훼부는 경주 서쪽 건천 방면이고, 본피부, 사피부, 한기부는 경주 분지의 동쪽과 북쪽에 퍼져 있는 것으로 보인다.

이사부가 훼부 소속이라는 사실은 진흥왕과 같은 부에 속해 있음을 의미한다. '적성비'에 등장하는 왕경인 9명 중 훼부 출신이 6명, 사훼부 출신이 3명이다. 김씨 왕조의 측근 세력들이 군권을 장악해 영토 확장에 나섰고, 박씨나 석씨 등은 군권에서 거의 소외돼 있다는 것을 의미한다. 특히 이사부는 병부령을 맡아 임금의 직할령을 위탁 관리하며, 어린 진흥왕을 도와 대외팽창을 진두지휘했음을 엿볼 수 있는 대목이다.

신라는 6부로 구성된 부족연맹이었고, 6부 귀족의 합의에 의해 운영돼 왔다. '적성비'에 앞서 법흥왕 때 건립된 것으로 관측되는 '울진봉평비'에서 찾을 수 있는 인명 가운데, 훼부와 사훼부 소속이 12명으로 주류를 이루지만, 본피부와 잠훼부도 한 명씩 등장한다. 그에 앞서 지증왕 때 세워진 '영일냉수리비'에 등장하는 인물 7명 가운데, 훼부와 사훼부 소속이 5명, 본피부와 사피부 소속이 각각 한 명이다. 지증왕과 법흥왕 시대에만 해도 김씨 왕족이 신라를 완전하게 장악하지 못하고, 다른 두 부의 참여와 동의를 얻어냈다는 뜻이다.

이에 비해 다음대인 진흥왕 시절의 '적성비'에서는 훼부와 사훼부만 등장한다. 김씨 왕족이 왕국의 권력을 완전 지배하기에 이르렀다는 것을 의미한다.

'적성비'에서 이사부의 관직을 이간伊干이라 했는데, 이는 17등급 관직 중 이등급인 이찬伊飡을 뜻한다. '간干'이란 몽골 등 유목민족에서 추장, 족장을 의미하는 말로 쓰인다. 몽골제국의 영웅 칭기즈칸成吉思汗이 부족장 회의인 쿠릴타이Khuriltai에서 '칸汗'으로 추대 받았는데, 몽골어 '칸'은 신라의 관직명 '간'과 동의어다. 자료에 따라 '한기', '간기' 등으로 표현되며, 이벌찬, 파진찬, 아찬등 신라 관직 명칭의 어미에 나타나는 '찬飡' 도 같은 의미다.

『삼국사기』에 진흥왕이 이사부로 하여금 대가야의 반란을 진압하라고 명할 때, 그의 관직은 이찬이었다. 적성비의 관직과 동일하다.

(4) 가야 김씨의 참전

'적성비'에 등장하는 인물은 신라 왕국의 실세였다. 그중 사서에도 뚜렷하게 등장하는 인물은 이사부, 비차부比次夫, 무력武力이다. 두미지豆彌智는 탐지탐知, 내례부지內禮夫智는 노리부弩里夫로 보는 견해가 있고, 깨진 글씨 가운데 'ㅁㅁ부지'는 거칠부居柒夫가 아니겠는가 하는 관측이 있다.

『삼국사기』「열전」거칠부조(진흥왕 12년, 551년)에 거칠부와 함께 고구려를 공격하도록 명령받은 장군은 대각찬 구진仇珍, 각찬 비태比台, 잡찬 탐지탐知와 비서非西, 파진찬 노부奴夫와 서력부西力夫, 대아찬 비차부比次夫, 아찬 미진부未珍夫 등 여덟 장군의 이름이 나온다.

비차부는 551년 거칠부와 함께 고구려를 침공해 죽령 이북 고현 이남의 10개 군을 획득하는 장수 중 하나다. 거칠부와 함께 한강 이북 공격에 나선 여덟 명의 장군 가운데 한 사람이며, 직급은 17관등 중 6등급인 아찬이다(비문에는 아간지阿干支로 표기되어 있다).

잡찬 탐지와 파진찬 노부는 '적성비'의 두미지와 내례부지로 추정된다. 1년 후에 탐지는 '적성비'에 표기된 두미지의 직위 파진찬보다 상위인 잡찬, 노부는 '적성비'에 표기된 내례부지의 관직인 대아찬의 상위 등급인 파진찬으로 승진해 있음을 알 수 있다. 따라서 '적성비'에 등장하는 장군 중 상당수가 승진해 한반도 중원공격의 선봉대로 나선 것으로 보인다.

'적성비'에는 또 금관가야 마지막 왕인 구해왕의 셋째 아들 무력이 등장한다. 신라의 삼국통일 영웅 김유신 장군의 할아버지다. 그의 이름은 『삼국사기』에서도 쉽게 목격할 수 있다.

> ① 진흥왕 14년(553년) 7월, 백제의 동북쪽 변두리를 빼앗아 신주新州를 설치하고 아찬 무력을 군주로 삼았다.
>
> 『삼국사기』「신라본기」
>
> ② 진흥왕 15년(554년) 신주 군주 김무력이 주의 병사를 이끌고 싸웠는데, 비장神將인 삼년산군三年山郡의 고간도도高干都刀가 빠르게 공격하여 백제 왕을 죽였다.
>
> 『삼국사기』「신라본기」
>
> ③ 할아버지인 무력武力은 신주도新州道 행군총관이었는데, 일찍이 병사를 거느리고 나아가 백제 왕과 그 장수 네 명을 사로잡고 일만여 명의 목을 벤 일이 있었다.
>
> 『삼국사기』「열전」 김유신조

김무력은 적성 전투의 공로를 인정받아 신라가 한강 하류, 즉 오늘날 서울과 수도권 일대를 새 영토(신주新州)로 확보하고 초대 군주를 맡게 된다. 이듬해 신라가 백제와 대가야, 왜의 연합군과 관산성에서 사활을 건 전투를 벌일 때 무력은 신주의 군대를 이끌고 백제군을 괴멸시킨 뒤 임금 성왕을 죽이는 데 결정적으로 기여한다.

그렇다면 비문 속 대아찬 내례부內禮夫는 누구인가. 학계에서는 '적성비'의 내례부가 『삼국사기』, 『삼국유사』, '진흥왕순수비'에서 노리부駑里夫, 세종世宗, 노종奴宗, 노부奴夫, 내부內夫 등 다양하게 표기된 사람과 동일인이라는 주장이 있다. 노리부는 음을 표기한 것이고, 세종은 이름의 뜻을 표기한 것이다. '세世'는 '누리'를 뜻하고, '종宗'은 높은 사람의 이름 뒤에 붙이는 어미격으로 '부夫'와 일치한다. 이사부를 태종苔宗, 거칠부를 황종荒宗이라고 하는 것과 같다. 노종, 내부, 내례부 모두가 음과 뜻을 혼용하면서 쓴 동일인물의 다른 이름이라는 해석이다.

이 인물은 금관가야 마지막 왕인 구해왕(『삼국유사』에선 구형왕)의 맏아들이다. 『삼국사기』에선 노종, 『삼국유사』에선 세종이라 표기했다. 『삼국사기』에는 그의 활동이 여러 차례 언급된다.

> ① 진흥왕의 명을 받아 고구려를 쳐서 죽령 이북 10개 군을 확보하는데, 거칠부 휘하의 장군 가운데 한 사람이 파진찬 노부奴夫다.
>
> ② 진지왕 2년(577년) 10월, 백제가 서쪽 변방의 주와 군에 침입하자, 임금이 이찬 세종世宗에게 명해 군대를 내, 일선 북쪽에서 그들을 공격해 쳐부수고 삼천 칠백 명의 목을 베었다.
>
> ③ 진평왕 원년(579년)에 이찬 노리부弩里夫를 상대등으로 삼았고, 10년(서기 588년)에 상대등 노리부가 죽었다.
>
> 『삼국사기』「신라본기」

'진흥왕순수비' 가운데 '마운령비'와 '북한산비'에 내부內夫라는 이름으로 등장하는 인물은 역시 노리부이며, '적성비'의 내례부도 노리부인 것으로 추측된다. 학계의 이런 주장을 받아들이면 노리부는 '적성비'에서 대아찬으로 시작해 파진찬을 거쳐 상대등까지 승진한다. 아버지 구해왕이 항복과 동시에 상등의 직위를 받은 데 이어 그의 맏아들 노종도 상대등을 했고, 관산성 전투의 주역인 동생 무력의 손자 김유신이 태대각간에 올라가야 왕족이 4대에 걸쳐 신라에서 재상을 맡게 되는 셈이다.

『화랑세기』에는 세종과 노리부가 다른 인물로 나온다. 세종은 이사부가 지소태후와 결혼해 낳은 아들로 전군殿君의 칭호를 얻게 되고, 노리부는 진흥왕비인 사도부인의 오라비로 등장한다.『화랑세기』의 위작 논란이 있는 만큼,『삼국사기』와『삼국유사』, 금석문을 토대로 세종과 노리부를 한 사람으로 보는 역사학계의 분석이 옳은 것으로 보인다.

그러면 거칠부는 어디에 있는가. '적성비'가 건립된 다음해, 적성 이북 지역 10개 군의 고구려 땅을 빼앗은 주역 거칠부는 비문에 보이지 않는다. 그래서 일부 고고학자들 사이에 이름이 지워진 'ㅁㅁ부지'가 거칠부라고 추론하고 있다.

하지만 'ㅁㅁ부지'의 직위는 대아찬으로, 거칠부가 진흥왕 6년 (545년)에 국사를 편찬한 공로로 파진찬으로 승진한 점을 감안하면 모순이 발생한다. 대아찬은 파진찬의 아래 등급으로, 'ㅁㅁ부지'가 거칠부일 경우 '적성비'가 545년 이전에 설립했다는 얘기가 된다. 그런데 이사부가 적성 주변의 도살성과 금현성 등 두 개 성을 뺏은 것 (550년)을 계기로 소백산맥 이북의 신라 거점이 형성되고, 그 무렵 '적성비'가 건립됐다고 보는 것이 순리적이어서 지워진 사람은 거칠부가 아니라는 주장이 설득력을 얻는다. 경북대 주보돈 교수는 확인하기 어려운 'ㅁㅁ부지'라는 인물이 거칠부로 추정할 근거는 어디에도 없으며, '적성비' 건립연대를 진흥왕 11년(550년)으로 보았다.

거칠부는 적성을 전초기지로 해서 다음해 고구려를 공격해 10개 군을 탈취한 것은 분명하다. '적성비' 건립의 시점을 기준으로 이사부와 거칠부는 야전사령관으로서의 역할을 교대하게 된다.

'적성비' 비문에서는 고두림성高頭林城, 추문촌鄒文村, 물사벌성勿思伐城이라는 지명을 찾을 수 있다. 신라가 경상도 일대의 군사관할권을 상주 ᴸ州와 하주 ᵀ州로 나눠 각 주에 군주를 파견했는데, 상주에는 두 명의 군주를 둔 것으로 보인다. 주보돈 교수는 고두림성이 상주이고, 추문촌(의성군 의성읍), 물사벌성(예천군 예천읍)은 상주 관할의 지역명이며, 그 지역의 군대 수장을 당주 幢主로 보았다.

즉 소백산 이남 지역에 배치된 신라군이 동원돼 죽령을 넘어 적성을 함락한 것이다. 구해왕의 셋째아들 무력과 한강 전투의 주역 비차부는 경상도 북부지역의 군주로서 군을 정비한 다음, 이사부의 지휘 아래 죽령을 넘어 적성 전투에 참가했다. 이후 지휘봉을 이어받은 거칠부 아래서 한강 유역과 관산성에서 백제, 고구려와 패권 싸움을 벌여 큰 전공을 세우게 된다.

3. 도살성·금현성 전투

(1) 어부지리

백제는 온조왕이 한강 유역에 나라를 세운 뒤 고구려와 오랫동안 각축전을 벌였지만, 475년 개로왕이 고구려 장수왕의 공격으로 전사하면서 크게 위축됐다. 한강 유역을 빼앗긴 백제 동성왕은 신라 이찬의 딸을 왕비로 맞아들임으로써, 고구려에 대항하는 백제-신라 동맹을 맺는다. 이른바 나제羅濟동맹이다.

이 동맹은 그 이후에도 이어져, 성왕이 독산성 전투(548년)에서 신라군을 끌어들여 승리함으로써 한강 유역을 다시 확보한다. 그러나 나제동맹은 여기서 끝이 난다. 혹자는 나제동맹을 깬 나라는 신라이고, 그 주인공이 병부령에 올라 군권을 장악한 이사부라고 말한다. 하지만 『일본서기』에 따르면 백제 성왕은 신라의 금관국 합병 이후 대가야와 잔여 소국을 사비성을 불러 모아 가야 재건을 외치며 신라와의 대항을 공공연하게 주장했다. 신라의 팽창에 백제가 두려움을 갖게 되면서 나제동맹은 금이 가기 시작했고, 도살성·금현성 전투에 이어 관산성 전투를 거치면서 동맹은 결국 깨지게 된다. 독산성 전투 2년 후(550년) 도살성·금현성 전투에서 백제와 고구려가 혼전을 펼치며 두 나라의 군사들의 기력이 쇠해 있는 틈을 타서 신라 이사부가 두 성을 빼앗았다.

이 기록은 『삼국사기』 「신라본기」, 「백제본기」, 「고구려본기」, 「열전」 이사부조 등 네 곳에서 찾을 수 있다. 신라, 백제, 고구려의 삼국의 균형이 깨지는 중요한 대목이 바로 도살성·금현성 전투이고, 이 전투의 실질적인 승자는 이사부였다.

① 진흥왕 11년 정월, 백제가 고구려의 도살성道薩城을 빼앗았다. 3월, 고구려가 백제의 금현성金峴城을 함락시켰다. 임금은 두 나라의 병사가 피로해진 틈을 타 이찬 이사부에게 명해 병사를 내어 공격하게 했다. 두 성을 빼앗아 증축하고, 병사 일천 명을 두어 지키게 했다.

『삼국사기』 「신라본기」

도살성·금현성 전투도

② 양원왕 6년 정월, 백제가 침입해 도살성道薩城을 빼앗았다. 3월, 백제의 금현성金峴城을 공격했다. 신라가 이 기회를 틈타 두 성을 빼앗았다.

『삼국사기』「고구려본기」

③ 성왕 28년 정월, 임금이 장군 달기達己를 보내 병사 일만 명을 거느리고 고구려의 도살성道薩城을 공격하게 해 빼앗았다. 3월, 고구려 병사가 금현성金峴城을 포위했다.

『삼국사기』「백제본기」

④ 진흥왕 재위 11년인 태보太寶 원년에 백제는 고구려의 도살성道薩城을 빼앗고, 고구려는 백제의 금현성金峴城을 함락시켰다. 왕은 두 나라 군사가 피로한 틈을 타서 이사부에게 군사를 출동시킬 것을 명했다. 이사부는 그들을 쳐서 두 성을 빼앗고는 성을 증축하고 군사들을 남겨 수비하게 했다. 이때 고구려가 병력을 보내 금현성을 치다가 이기지 못하고 돌아가자 이사부가 이들을 추격해 크게 승리했다.

『삼국사기』「열전」이사부조

사료를 해석하면 백제가 충청북도 한강 중류를 장악하기 위해 우선 고구려의 도살성을 공격해 함락시켰다. 이에 고구려는 백제 사비성과 도살성 중간에 있는 금현성을 공격해 도살성을 고립시키고, 한강 중류 지역을 놓고 고구려와 백제의 대혈투가 벌어진다. 이사부는 어부지리漁父之利의 전법을 썼다. 두 나라가 한 치의 양보 없이 싸우다 지칠 무렵 군대를 동원해 두 성을 차지하고, 한강 중류를 차지했다. 신라가 드디어 죽령을 넘어 한강 유역에 발을 걸쳐 놓은 것이다.

(2) 한강 중류 장악

도살성과 금현성이 어디인지에 대해, 역사학자들 사이에 의견이 분분하다. 학계에서는 도살성의 위치에 대해서 ① 충북 음성의 백마령 ② 충남 천안설 ③ 충북 증평 이성산성과 진천 두타산성 일대로 비정하는 견해로 나눠져 있다. 후대 선덕여왕 때 김유신이 도살성 아래 진을 치고 물리쳤다는 기록이 남아 있다. 금현성은 ① 충북 진천군 서쪽이라는 설 ② 충남 연기군 진동면과 전의면 경계라는 설 등이 있다.

도살성과 금현성의 위치에 대해 『삼국사기』가 쓰인 고려 중엽까지도 정확하게 비정하지 못했다. 분명한 것은 신라의 입장에서 두 성은 모두 소백산 너머에 있고, 도살성이 금현성보다 동쪽에 위치해 있으며, 남한강 수운을 지키는 길목이라는 사실이다.

이사부가 도살성·금현성 전투에서 승리하면서 신라는 소백산맥을 넘어, 충청북도의 남한강 중류를 장악하게 됐다. 남한강 수운은 육로교통이 발달하지 않은 시대에 대량의 물자를 수송하는 교통로 역할을 했다. 태백산맥 서쪽과 소백산맥 북쪽에서 생산된 농산물, 목재 등 임산물이 물길을 따라 이동했고, 이 강을 끼고 있는 평창, 단양, 충주, 여주, 양평 등지엔 오래전부터 대규모 장이 열렸다. 신라로선 한강 유역을 공략할 교두보를 확보한 셈이다.

오늘날 정치인들이 충청도의 표가 어디로 가는지에 권력의 향방을 가늠한다. 대통령 선거 때만 되면 충청도 표를 의식한 발언이 쏟아진다. 삼국시대에도 충청도를 차지하기 위한 전쟁은 치열했다. 이사부가 도살성·금현성 전투에서 승리함으로써 경상북도 동쪽에 치우쳐 있는 작은 왕국은 한반도 주역으로 떠올랐다. 신라는 백제뿐아니라 고구려의 표적이 됐다. 한강 지배를 위한 본격적인 혈투가 시작되는 것이다.

소백산 고개를 넘어 남한강 중상류를 장악한 이후 신라는 한강 하류와 경기도 일대에 대한 공세에 나선다. 이사부에 이어 진골 출신의 거칠부, 금관국 왕족 출신의 김무력이 전면에 등장하고, 진흥왕은 점령지를 방문巡狩하면서 점령지 백성을 진무賑撫한다.

4. 철령고개

(1) 철령 전투

철령 높은 봉에 쉬어 넘는 저 구름아
고신 원루를 비 삼아 띄우다가
임 계신 구중 심처에 뿌려본들 어떠하리

조선 중기 문신 이항복이 강원도와 함경남도의 경계인 철령鐵嶺을 넘다가 임금을 그리워하며 읊은 시조다. 높이 685m의 이 고개의 북쪽을 관북지방, 동쪽을 관동지방이라고 한다. 1914년 추가령구조곡楸哥嶺構造谷을 따라 경원선이 부설되기 이전에는 관북지방과 중부지방을 잇는 중요한 교통로였고 서울에서 안변, 원산, 함흥을 잇는 길목이다. 이 길목만 지키면 1만 대군도 덤비지 못한다고 하는 그야말로 군사적 요충지다.

551년, 진흥왕 재위 12년. 거칠부가 이끄는 신라군은 소백산맥의 죽령에서 600리 길을 북상해 구름이 쉬어 넘는다는 철령까지 진군했다. 파죽지세破竹之勢였다. 진흥왕의 북진北進 명령을 받은 장군은 대장군 거칠부, 대각찬 구진, 각찬 비태, 잡찬 탐지·비서, 파진찬 노부·서력부, 대아찬 비차부, 아찬 미진부 등 여덟 명이었다. 출발지는 한해 전에 이사부를 대장군으로 해서 뺏은 충북 적성이었다. 거칠부를 포함한 여덟 장군들은 남한강에서 출발해 북한강을 넘어 북으로, 북으로 공격해 갔다. 그들은 소백산맥 죽령에서 지금의 북

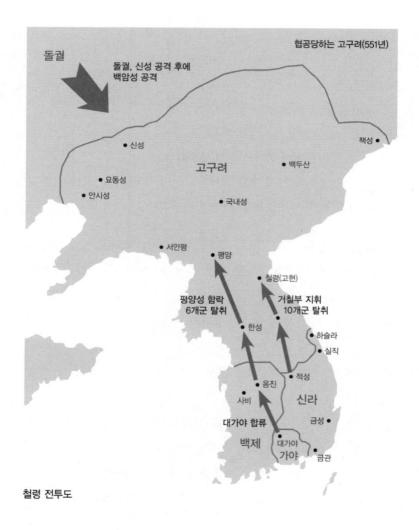

철령 전투도

한 땅 철령高嶺까지 10개 군을 빼앗았다.

같은 해 신라와 고구려의 전투는 신라의 정복 전쟁 사상 단일 전투로는 최대의 영토를 차지한 싸움이었다. 이때 신라가 확보한 새 영토의 면적은 진흥왕이 즉위할 당시의 영토에 버금간다. 이 영토는 통일신라시대 삭주, 고려시대 삭방도로 알려진 강원도 영서지방을 아우르는 지역이다. 김부식은 『삼국사기』 「신라본기」에 이 엄청난 사건을 한 줄로 표현했다.

> 임금이 거칠부 등에게 명해 고구려를 침공하게 했는데, 승세를 타고 10개 군을 취했다.
> (王命居柒夫等 侵高句麗 乘勝取十郡)

이 전투는 백제와 공조로 이뤄졌다. 『삼국사기』 「열전」 거칠부조에 "백제가 먼저 평양을 격파하고, 거칠부가 승세를 몰아 고구려를 공격했다"는 기록이 있다. 같은 해 기록인 『일본서기』에는 흠명欽明 12년에 "백제 성명왕(성왕)이 친히 자국과 2국(신라와 가야)의 병을 거느리고 한성漢城을 되찾았다. 또 진군해 평양을 쳐 모두 6개 군郡의 땅을 회복했다"고 되어 있다.

이때 고구려는 양면 협공을 당했다. 고구려 양원왕 7년이었다. 돌궐突厥이 요동의 거점인 신성을 포위하여 공격하자, 고구려는 반격을 가했다. 고구려의 만만치 않은 저항에 돌궐은 다시 백암성을 공격했다. 고구려 고흘高紇 장군이 병사 1만 명으로 돌궐과 치열한 싸움을 펼치는 사이 백제와 신라의 연합군(『일본서기』엔 가야도 참여했다고 함)이 남쪽에서 침공한 것이다. 고구려는 북쪽에서 침략해온 돌궐군과 싸워 1천 명의 머리를 베는 승리를 거두었지만, 남쪽 경계를 비우는 사이에 백제에게 6개 군, 신라에게 10개 군을 빼앗겼다. 고구려는 당시엔 두 개의 전선을 동시에 수행할 역량이 없었던 것 같다. 돌궐이 대규모 공세를 펼치자 전력을 북쪽에 쏟아 부었고, 남쪽에 공백이 생긴 틈을 타서 백제와 신라가 공격한 것이다. 이 전투에 이사부의 이름은 빠져 있다. 전투 일선에서 빠져 경주 병부령으로서 지휘하고 있었던 것으로 보인다.

한해 전인 550년에 도살성·금현성 전투에 참가한 이사부가 이듬해 철령 전투에서 빠진 이유는 무엇일까. 우선 고령을 들 수 있다. 실직 군주를 20세로 가정하면, 강원도 영서지역 점령 전쟁 때의 나이는 66세다. 전장에 나설 나이가 지났다. 병부령이라는 지위에 있었기에 경주에서 임금 곁에 머물면서 전투 상황을 지휘했을 가능성이 크다. 출장입상出將入相의 위치에 있었기 때문에 이사부는 전장에 나가면 장수요, 들어와선 재상의 신분이었다.

게다가 한해 전에 벌어진 도살성·금현성 전투에서 나제동맹을 깨고 백제가 고구려에서 뺏은 도살성을 함락시켰다. 백제가 항의했을 것이고, 진흥왕은 이사부를 일선에서 뺐을 것이다. 그리고 거칠부를 전면에 내세우며 실날같이 가늘어졌지만, 백제와의 동맹을 유지하기 위한 외교적 고려도 했을 것으로 보인다.

이때 거칠부가 뺏은 땅이 고대사에 맥국貊國으로 알려진 곳이다. 맥국은 춘천을 중심으로 화천, 양구 일대를 통치하던 고대국가였으며, 횡성, 평창 등지에서도 맥국의 전설이 남아 있는 것으로 볼 때 영서지방을 아우르는 연맹체로 파악되고 있다.

(2) 춘천은 맥국의 중심

삼국시대에 맥국은 춘천을 중심으로 강원도 영서지방에 위치해 있었다. 사서에서 맥국에 관한 기록은 손에 꼽힐 정도다. 하지만 맥국의 위치에 대해선 『삼국사기』와 『삼국유사』에서 언급하고 있으므로, 실재하고 있던 나라임은 분명하다.

> ① 춘주春州는 예전의 우수주牛首州인데 옛날의 맥국貊國이다. 지금의 삭주朔州가 맥국이라고도 하고, 혹은 평양성이 맥국이라고도 했다.
>
> 『삼국유사』 마한편

> ② 가탐賈耽의 『고금군국지古今郡國志』에 "고구려의 동남쪽, 예濊의 서쪽, 옛날 맥貊의 땅으로써, 대략 지금 신라 북쪽 삭주다"라고 쓰여 있다. 선덕여왕 6년(서기 637년)에 우수주牛首州로 만들어 군주軍主를 두었고, 경덕왕이 삭주로 개칭했다. 지금의 춘주春州다.
>
> 『삼국사기』 「잡지」

맥국은 만주에서 한반도로 이동한 종족이다. 맥족은 요하 하류에 세력을 형성하다가 고구려와 부여에 의해 밀려나 한반도로 들어온 것으로 보인다. 백제 건국기엔 맥족이 춘천을 중심으로 영서지방에 부락을 만들고 부족연맹체를 형성했다.

조선 후기 실학자 안정복

춘천 맥국터

安鼎福의 『동사강목東史綱目』에서는 맥족에 관해 "맥貊은 동이東夷의 옛 나라로 중국의 동북쪽에 있고, 연燕과 가까웠으므로 북맥北貊이라고 했다. 그 땅에서는 오곡이 나지 않고 오직 기장만 생산됐다. 부여와 고구려가 함께 일어나자 그 부락이 동으로 옮겨 가 예국의 서쪽, 지금 춘천부에 살면서 고구려에 복속했다. 산이 깊고 험해 다투지 않는 지역이 됐다"고 했다.

『삼국지』「위서 동이전」 고구려조에서는 "고구려의 남쪽에 조선·예맥이 있다. (중략) 소수맥小水貊이 있다. 고구려가 나라를 세울 때 소수맥이 큰 물을 의지하여 일어났는데, 서안평현 북쪽에 소수가 있어 남쪽으로 흘러 바다로 들어간다. 구려의 별종이 소수小水를 의지해 나라를 세웠기로 소수맥이라 한다. 좋은 활이 나오니, 소위 맥궁貊弓이라는 것이 이것이다"라고 했다.

맥족은 강을 중심으로 주거를 형성했던 것 같다. 요하, 소수 등 강에 의지해 살던 맥족이 남으로 쫓겨 오면서 북한강이 흐르는 춘천에 도읍을 정했다. 춘천에서 발굴되는 마을 유적지들이 북한강과 소양강이 만든 충적지에 만들어졌다. 맥궁이라는 활이 중국에도 알려질 정도로 유명하고, 『삼국사기』엔 맥국 우두머리가 새와 짐승을 잡아 신라에 조공했다는 기록이 있어 맥족이 수렵에 능한 종족임을 알려 준다.

『삼국사기』에서 맥국에 대한 기록은 신라 유리왕 때 2회, 백제 책계왕 때 1회 언급된다. 예국이나 옥저처럼 대군장을 두지 않고, 읍락마다 부족장을 두었던 것으로 보인다. 『삼국사기』 기사에선 맥족의 부족장을 '거수渠帥'로 표현했다.

① 신라 유리왕 17년(서기 40년) 9월, 화려華麗와 불내不耐 두 현縣 사람들이 함께 모의해 기병을 거느리고 북쪽 국경을 침범했다. 맥국貊國의 거수渠帥가 병사를 동원해 곡하曲河 서쪽에서 맞아 공격해 이들을 물리쳤다. 임금이 기뻐하여 맥국과 친교를 맺었다.

『삼국사기』「신라본기」

② 유리왕 19년(서기 42년) 8월, 맥국의 거수가 사냥을 해 새와 짐승을 잡아 바쳤다.

『삼국사기』「신라본기」

③ 백제 책계왕 13년(서기 298년) 9월, 한漢나라가 맥인貊人들과 합세해 침범했다. 임금이 나가서 막다가 적병에게 해를 입어 돌아가셨다.

『삼국사기』「백제본기」

①의 기사에서 유리왕 때 맥국이 신라를 도와 싸웠다는 곡하라는 지명에 대해 강릉이라는 설도 있지만, 강릉 이외의 강원도 어느 지역이었다는 주장도 있다. 한나라의 직할령인 낙랑군이 서기 30년 동부도위를 폐하고 일곱 개의 부족장을 현후縣侯로 봉해 자치권을 준다. 이때 동부도위의 치소가 있던 불내현(함남 안변)과 화려(함남 영흥)의 예족들이 신라의 북쪽 국경을 침공했고, 맥국의 우두머리가 부족군을 이끌고 강원도 방면으로 가서 신라를 도왔다는 기사다.

맥국의 본거지가 춘천으로 알려져 있는데, 춘천의 맥족이 강릉까지 군사를 동원하긴 어려웠을 것으로 보인다. 따라서 유리왕 때 신라를 도와 예국과 싸운 맥족은 평창 근처의 부족으로 이해하면 쉬울 것 같다. 그 이유로 평창에서 대관령을 넘으면 곧바로 강릉이고, 평창강 유역에서 적석총을 비롯해 철기시대의 유적, 유물들이 출토되고 있으며, 봉평 지역에서 맥국의 마지막 왕인 태기왕太岐王 전설이 남아 있다는 점을 들 수 있다.

③의 기사에서 책계왕 때 백제를 침공한 한나라는 위魏의 낙랑군을 지칭한 것으로 보인다. 이때 한나라는 멸망하고, 위촉오의 삼국시대였는데 낙랑군은 위에 소속했으므로, ③의 기사에서 한은 위의 오기誤記로 보인다. 어쨌든 한사군의 마지막 명맥을 유지하던 낙랑군은 맥족을 동원해 백제를 치고, 책계왕이 전사한다. 낙랑군은 313년에 이 땅에서 사라지는데, 이 무렵 낙랑군의 군사력은 고구려의 잦은 침공으로 약해질 대로 약했고, 따라서 낙랑군과 연합한 맥국 병사의 전투력이 백제 임금을 죽일 정도로 강했음을 시사한다.

(3) 강원도는 말갈의 나라?

그런데, 서기 42년과 298년 사이 250여 년 동안 『삼국사기』에서는 맥국 또는 맥족에 대한 기사를 찾을 수 없다. 이 기간에 백제의 서북부에서 백제를 괴롭혔던 종족은 말갈이다.

『삼국사기』「본기」의 말갈과 관련한 기사 수는 「백제본기」 30회, 「신라본기」 19회에 이른다. 「신라본기」의 말갈 기사는 실직국이 멸망한 후 집중되는데, 동예, 옥저에 이르는 예족과 혼선을 빚고 있다. 백제와 충돌하는 말갈은 맥족과 혼동하기 쉽다. 김부식이 예족과 맥족을 구분하지 않고 말갈이라고 오인해서 기록한 것으로 추정되지만, 만주에 있던 숙신계 종족이 한반도 중부로 내려와 예, 맥과 함께 동거했을 수도 있다. 이와 관련해 학계에는 여러 가지 설이 나오고 있지만, 어느 것도 온전하게 받아들이기 어려운 실정이다.

어쨌든 말갈은 영동지역에서 신라와 충돌하고, 영서지역에서 백제와 전투를 벌인다. 말갈이나 예, 맥 모두가 고구려에 복속한 북방 동이족이고, 이전에 한반도에 실재했던 종족이 나중에 신라, 고려, 조선을 거치면서 용광로에 녹아들어 한韓민족이 형성됐다고 본다. 우리는 단일민족이라는 점을 강조하지만, 여러 민족과 종족이 전쟁과 문화 교류를 거친 수천 년의 역사 속에서 하나의 언어, 하나의 문화로 통합된 것이다. 그리고 지역별로 남아 있는 고유의 풍속, 설화 등에서 원래 종족의 옛 모습을 어렴풋이 들여다볼 뿐이다.

온조왕이 한강 유역에서 나라를 세울 때 백제를 가장 괴롭힌 곳은 낙랑군과 말갈이었다. 낙랑과 말갈은 연합해 백제를 공격했다. 『삼국사기』「백제본기」온조왕편의 말갈 관련 기사를 보자.

① 2년(기원전 17년) 임금이 말하기를, "말갈靺鞨은 북쪽 경계와 맞닿아 있으니, 무기를 수선하고 양식을 비축하여 방어할 계획을 세워야 한다"고 지시했다.

② 3년(기원전 16년) 말갈이 북쪽 국경을 침범했다.

③ 4년(기원전 15년), 사신을 낙랑樂浪에 보내어 우의를 다짐했다.

④ 8년(기원전 11년) 2월, 말갈군 삼천 명이 침입해 위례성을 포위하니 임금은 성문을 닫고 나가지 않았다. 열흘이 지나 적병이 군량미가 떨어져 돌아가므로, 임금이 날쌘 병사를 이끌고 추격하여 대부현大斧峴에서 크게 싸워 죽이고 사로잡은 자가 오백여 명이었다. 7월, 마수성馬首城을 쌓고 병산책瓶山柵을 세웠다.

⑤ 10년(기원전 9년) 10월, 말갈이 북쪽 국경을 침범했다.

⑥ 11년(기원전 8년) 4월, 낙랑이 말갈을 시켜 병산瓶山의 목책을 습격하고, 노략질함. 7월, 독산禿山과 구천狗川에 목책 두 개를 설치하여 낙랑의 통로를 막았다.

⑦ 13년(기원전 6년) 5월, 임금이 말하기를, "나라의 동쪽에는 낙랑이 있고 북쪽에는 말갈이 있어 국경을 침범하므로, 형세가 불안해 도읍을 남쪽으로 옮겨야겠다"고 했다. 7월, 한산漢山 아래에 목책을 세우고 위례성의 민가를 옮겼다.

⑧ 14년(기원전 5년) 정월, 도읍을 옮겼다.

⑨ 17년(기원전 2년) 봄, 낙랑이 침범해서 위례성에 불을 질렀다.

⑩ 18년(기원전 1년) 10월, 말갈이 습격해 칠중하七重河에서 맞아 싸웠다. 추장 소모素牟를 사로잡아 마한으로 보내고 나머지 적들은 모두 죽였다.

⑪ 22년(서기 4년) 9월, 임금이 말갈의 적병을 만나 격파했다.

⑫ 40년(서기 22년) 9월, 말갈이 술천성述川城(여주)을 공격했다. 11월, 말갈이 부현성斧峴城을 습격해 노략질했다.

고구려에서 이주해 온 온조왕은 북쪽의 낙랑과 서쪽의 말갈의 공격을 받아 국가 존립 자체를 걱정해야 했다. 처음엔 낙랑과 우호적 관계를 맺기 위해 사신을 보내기도 했지만, 곧이어 낙랑은 말갈과 연대해서 백제를 소멸시키기 위해 집요한 공격을 감행했다. 말갈이 도성인 위례성을 포위 공격하고, 낙랑이 위례성을 불 지르는 등 낙랑과 말갈의 공동전선은 백제에겐 위협적인 존재였고, 결국 온조왕은 한강 이남으로 도읍을 옮기게 된다.

온조왕은 초기엔 마한에 조공함으로서 남쪽 변경을 안정시킨 후 낙랑과 말갈의 공세에 대응했다. 그러다가 온조왕 18년에 맥족의 추장 소모를 붙잡아 상국인 마한에 보내고 곧이어 맥족의 본거지인 우두산성(춘천)을 공격하러 갔다. 이때부터 백제가 승기를 잡았을 것으로 보인다.

온조왕 38년에 북쪽 경계선을 패하浿河, 동쪽 경계선을 주양走壤으로 확정하고, 이를 순시한다. 패하는 예성강, 주양은 춘천으로 비정된다. 낙랑과 말갈과의 경계를 확정한 셈이다. 이후 온조왕은 마한 정벌에 나섰으며, 비로소 백제라는 나라의 기틀을 다지게 되었다. 그러나 온조왕 이후에도 말갈의 백제 공격은 계속되었다.

① 다루왕 3년(30년) 10월, 마수산馬首山 서쪽에서 말갈과 전투했다.
다루왕 4년(31년) 말갈과 싸워 이백여 명의 목을 베었다.
다루왕 7년(34년) 9월, 말갈이 마수성馬首城을 공격해 점령했다.
10월, 말갈이 또 병산甁山의 목책을 습격했다.
다루왕 28년(55년) 말갈이 북쪽의 부락을 침범했다.
다루왕 29년(56년) 2월, 임금이 우곡성牛谷城을 쌓도록 해 말갈을 방비했다.
다루왕 36년(63년) 10월, 임금은 낭자곡성娘子谷城까지 국경을 개척했다.

② 기루왕 49년(125년), 말갈이 신라를 침범하자 임금이 다섯 명의 장군을 보내어 구원했다.

③ 초고왕 45년(210년) 10월, 말갈이 사도성을 공격했다.
초고왕 49년(214년) 9월, 말갈 석문성石門城을 빼앗았다. 10월, 말갈이 술천述川(여주)까지 침범했다.

④ 구수왕 3년(216년) 8월, 말갈이 적현성赤峴城을 포위했다.
구수왕 7년(220년) 10월, 말갈이 북쪽 변경을 침범했다.
구수왕 16년(229년) 11월, 말갈이 우곡牛谷을 침범해 노략질했다.

⑤ 고이왕 25년(258년) 봄, 말갈 추장 나갈羅渴이 좋은 말 열 필을 바쳤다.

『삼국사기』「백제본기」

「백제본기」는 3세기 중엽 구수왕 때까지 말갈이 백제를 공격한 것을 기록하고 있다. 그러다 3세기 중엽 말갈 추장 나갈이 좋은 말을 조공으로 바치며 친선을 요구하자, 더 이상 백제를 공격하는 말갈 기사가 사라진다. 고이왕 때 백제와 말갈은 화해하며 서로 공존하는 길을 모색하는 대신, 백제는 고구려, 신라와 본격적인 전쟁을 벌인다. 그러나 고구려가 313년 낙랑을 멸한 후 말갈은 고구려에 복속되고, 551년 거칠부의 공격을 받아 말갈(맥국)은 신라의 영토로 편입된다.

전설의 맥국

사서에는 맥국에 대한 기록이 드물지만, 춘천을 중심으로 강원도 영서지방의 지명과 전설 등에서는 맥국의 흔적을 쉽게 발견할 수 있다. 18세기 이후 제작된 춘천의 고지도엔 '맥국허貊國墟', '고맥도古貊都', '고맥성古貊城', '맥국고성貊國古城'이라는 표기가 등장한다. 일부 지도엔 지금의 춘천시 신북읍 발산리 산기슭에 동그라미를 그려 넣고 '맥국고도'라고 표시하기도 했다. 춘천시 신북읍 발산리와 우두동에 맥국의 전설이 집중되고 있는 점으로 보아 춘천이 맥국의 중심지이고, 발산리가 맥국의 왕궁터인 것으로 파악된다.

신북읍 발산리는 좌측의 북한강 줄기와 우측의 소양강 줄기 사이에 위치해 두 강물이 만나는 두물머리이다. 우두동은 두 강이 만나 형성된 퇴적층이 우두벌을 조성해 맥국의 치소治所로서의 지리적 조건을 만들었다. 발산리에는 아직도 맥국터, 맥둑, 궐터, 왕대산王臺山, 바리미(발산), 매봉(맥봉), 삼한골 등 맥국과 연관한 지명들이 남아 있다. 우두牛頭 또는 우수牛首는 '소머리'를 뜻하며, 북한강 본류와 소양강이 합쳐지는 모습이 소머리와 닮았다고 해서 지어진 명칭이며, 소양강의 명칭도 여기서 비롯됐다.

춘천 일대에 대한 유적지 조사가 본격화되면서 맥국에 대한 실체도 조금씩 벗겨지고 있다. 맥국 옛터로 알려진 소양강 유역 신북읍 일대와 우두동 일대의 충적 지대엔 대규모 마을 유적이 발견됐으며, 화천·양구 일대에서도 청동기 또는 초기 철기시대의 유적들이 출토되고 있다. 따라서 맥국은 성읍국가 형태의 연맹체였음이 확인되고 있다. 우두산에 있는 토성은 청동기 말기 또는 초기 철기시대의 것으로 추정되는데, 이곳은 맥인들이 조성한 산성으로 추정된다.

맥국에 대한 전설은 춘천을 중심으로 횡성, 평창 등 영서지방에 광범위하게 퍼져 있다.

① 우두산 맥국 전설
조선 숙종 때 북애노인北崖老人이 쓴 『규원사화揆園史話』에는 쇠머리 고장 우수주에 단군의 신하 팽오彭吳가 발산리 맥국에 길을 열었다고 적고 있다. "4300년 전 큰 홍수가 나 집이 떠내려가고 논밭이 물에 잠겼다. 백성들의 가축들도 모두 잃었다. 골짜기와 들판에 물이 가득 찼는데, 가로막힌 산 때문에 물이 빠지지 않았다. 백성들은 산에 올라 구원을 청했다. 이때 팽오가 단군왕검의 명을 받고 나가 신통력과 용기로 물길을 뚫었다. 이후 피난 갔던 백성들이 돌아와 농토를 재건하고 정착해 안정을 되찾았다. 맥국 사람들은 팽오를 기려 우두주에 통도비를 세웠다(통도비는 지금까지 발견되지 않았다).

② 유포리 아침못 전설
백두산의 천지가 춘천에 옮겨져 아침못朝天池과 바리산鉢山이 됐다. 발산은 작은 백두산이고, 아침못은 작은 천지이며, 버들개柳浦里는 궁전의 장소다.

③ 용화산성 전설

맥국의 성지인 용화산龍華山의 산성은 맥국 백성과 군사들이 화천군 하남면 남천강의 강돌을 날라 쌓은 산성이다. 지금도 용화산 동북편 능선에 돌로 쌓은 성이 남아 있다.

④ 맥뚝 전설

외적이 마적산을 넘어왔지만, 맥뚝에서 지키다가 망했고, 지금은 논두렁이 됐다. 맥뚝은 신북읍 산천리에서 사북면 고탄리까지 이어졌다고 하지만, 지금은 그 자취가 거의 허물어졌다.

⑤ 삼악산 맥국 패퇴 전설

맥국 군사들이 적의 침입을 받아 패퇴해 도읍(발산리)을 버리고, 남쪽의 삼악산성三岳山城으로 옮겼다. 적군은 삼악산성을 완전히 포위하고, 공격했다. 산세가 험준하고 산성이 견고했다. 맥의 군사들은 아래를 내려보면서 적에게 활을 쏘고 돌을 굴렸다. 적은 난공불락의 요새를 함락하기 어렵다는 것을 깨닫고 꾀를 부렸다. 말들의 안장을 떼어 뛰어놀게 한 뒤 늙고 쇠약한 군사들로 하여금 칼싸움 연습을 시켰다. 이는 의도적으로 힘없는 군사들만 보여 줌으로써 상대를 방심케 한 것이다. 적은 삼악산 맞은편 바위 위에 빨래를 널어놓고 서쪽에 군대를 매복했다. 맥군은 안심했고, 적은 그 틈을 타서 군사들을 이동시켜 북쪽 성벽에 사다리를 놓아 성으로 올라갔다. 서문 쪽에서는 방물장수 할머니를 보내 왕비가 좋아하는 패물을 구해 왔다고 말한 뒤 성문을 열게 하고, 그 틈을 타서 매복군을 투입시켰다. 적은 북쪽과 서쪽에서 쳐들어가 삼악산성을 완전히 점령했다. 맥국 군사들은 제대로 싸워보지도 못한 채 패하고 말았다. 적의 군사들이 빨래를 널었던 곳이 지금 의암衣岩이며, 의암호 지명의 유래다.

⑥ 태기산 전설

맥국의 마지막 임금인 태기왕泰岐王이 춘천에서 적에게 쫓겨 태기산에 이르러 산성을 쌓고 병마를 양성했다. 태기왕은 삼형제森炯濟 장군에게 군사 삼백 명을 주고 삼형제봉에 진을 치게 했다. 호령號令 장군에게는 군사 오백 명으로 호령봉에 진을 치게 해서 대관령을 넘어오는 예국의 침입에 대비했다. 드디어 동북쪽 진부면 도주골(지금 도사리)에서 예군이 쳐들어와 호령장군의 군대를 전멸시키고 태기산으로 진격해 왔다. 이 소식을 들은 삼형제 장군이 급히 군사를 이끌고 태기산성으로 달려갔지만, 산성은 이미 함락됐다. 태기왕은 간신히 탈출해 피난했다. 태기왕은 피난 도중 옥산대玉散臺(지금 안흥동)에서 옥새를 잃어버린 채 옥류玉留에서 잠시 휴식을 취한 후 멸인滅人(지금의 면온)에서 사태를 관망했다. 그러나 이곳에 들이닥친 예군이 군사들을 모두 전멸시키고 왕만 홀로 탈출했다. 삼형제 장군은 단신으로 왕을 모시고 백옥포白玉浦에서 투신해 최후를 맞았다. 태기왕을 공격한 군대가 예국 군대라는 설 이외에도 신라의 박혁거세의 군대라는 설도 있다. 태기왕 전설에는 구체적인 인명과 지명이 등장한다. 이 전설은 태기산, 호령봉, 삼형제봉, 갑옷을 씻었다는 갑천甲川, 옥새를 잃어버린 옥산대, 병사들이 전멸했다는 멸인(멸온), 왕이 죽었다는 백옥포, 왕이 도망치다 해가 저물었다는 무일리(무이리) 등의 지명으로 살아남아 있다. 춘천, 횡성, 평창 등에서 전해지는 태기왕 전설은 전혀 근거가 없는 전설로 치부하기 어렵고, 무엇인지 맥국과 관련한 큰 사건이 발생했음을 추정하게 한다.

⑦ 가리왕산 전설
평창군과 정선군 경계에 있는 가라왕산은 옛날 맥국 갈왕葛王이 피난해 성을 쌓고 머물렀다고 해서 지은 이름이다. 갈왕을 가리왕加里王이라고도 했다. 일제강점기 때 일본을 의미하는 '날 일日' 자를 붙여 가리왕산加里旺山이라고 개명했는데, 갈왕산이라도 한다. 북쪽 골짜기엔 갈왕이 지었다는 대궐터가 아직 남아 있다.

5. 옥저

(1) 마운령비와 황초령비

지금까지 발견된 '진흥왕순수비'는 네 개다. 함경남도 '마운령비', '황초령비', 서울 북한산 비봉의 '북한산비', 경남 창녕의 '창녕비'가 그것이다.

함경남도에서 발견된 '마운령비'와 '황초령비'는 조선시대 역사지리학자 한백겸韓百謙이 저서 『동국지리지東國地理誌』에 소개하고 있는데, 그는 "진흥왕이 동옥저를 정복하고 현지에 세운 기념비"라고 추정했다.

'마운령비'와 '황초령비'는 국경을 표시하는 표지석 역할을 했다. 마운령·황초령의 두 순수비는 568년(진흥왕 29년)에 세워진 것으로 추정된다. 학자들마다 약간의 견해가 있지만, '마운령비'와 '황초령비'에는 서두에 '태창太昌 원년'이라는 표현이 있어 『삼국사기』에 진흥왕이 즉위 29년에 태창으로 연호를 바꾸었다는 기록이 있다는 점에서 568년에 설립됐다는 견해가 지배적이다.

진흥왕이 동옥저를 순시할 때 이사부가 살아 있었는지 여부에 대해선 확인할 수 없다. 이사부가 562년 대가야를 정복하고 역사서에서 종적을 감춘 시기에 발생한 일이기 때문이다. 이때 이사부가 살아 있었다면 70대 후반이었을 것이다.

진흥왕은 동옥저를 순시한 그해 10월, 한강 하류 일대의 북한산주를 없애고 남천주를 설치했다. 또한 동해안 북부의 비열홀주를 없애고 달홀주를 설치하면서 전선을 남쪽으로 후퇴시켰다. 이는 고구려와 타협하고 동옥저의 점령지를 고구려에게 돌려준 것으로 해석된다. 현재 고등학교 교과서에 삽입된 지도에는 '진흥왕 때 진출하였다 상실한 영토'라고 표기되고 있다.

(2) 자명고

『삼국사기』「고구려본기」대무신왕조엔 우리에게 잘 알려진 호동 왕자와 낙랑 공주의 슬픈 이야기가 담겨져 있다. 대무신왕 15년(32년) 때의 일이다.

> 고구려 대무신왕의 둘째아들 호동好童 왕자가 병사들을 동원해 옥저沃沮에서 유람했다. 그때 낙랑왕樂浪王 최리崔理가 그곳을 다니다가 호동 왕자를 보고 "그대의 얼굴을 보니, 북국 신왕神王(대무신왕)의 아들이 아니리오?"라고 물었다. 낙랑왕 최리는 그를 궁궐로 데리고 돌아가서 자신의 딸을 아내로 삼게 했다. 얼마 후 호동이 본국에 돌아와서 남몰래 아내에게 사람을 보내 말했다. "너의 나라 무기고에 들어가서 북을 찢고 나팔을 부수어 버릴 수 있다면 내가 예를 갖추어 너를 맞이할 것이요, 그렇게 하지 못하다면 너를 맞이하지 않겠다." 이전부터 낙랑에는 북과 나팔이 있었는데, 적병이 쳐들어오면 저절로 소리를 내기 때문에 그녀에게 그것을 부수어 버리게 한 것이다. 이에 최씨의 딸(낙랑 공주)은 예리한 칼을 들

고 남모르게 무기고에 들어가서 북과 나팔의 입을 베어 버린 뒤 이를 호동에게 알렸다. 그러자 호동은 왕에게 권하여 낙랑을 습격했다. 최리는 북과 나팔이 울지 않아 대비를 하지 않았고, 고구려 군이 소리 없이 성 밑까지 이르게 된 뒤에야 북과 나팔이 모두 부서진 것을 알았다. 그는 마침내 자기 딸을 죽이고 나와서 항복했다. 한편으로는 낙랑을 없애기 위해 청혼하고, 그의 딸을 데려다가 며느리로 삼은 후에 그녀를 본국에 돌려보내 병기를 부수게 했다는 설도 있다.

두 왕국 간의 전쟁에서 젊은 남녀의 사랑이 깨졌으니, 한국판 『로미오와 줄리엣』에 견주어도 손색없는 이야기다. 낙랑국은 낙랑공주가 죽은 지 5년 후인 대무신왕 20년(37년)에 고구려의 공격에 의해 멸망했다.

그렇다면 낙랑국은 지금의 어디쯤일까. 『삼국사기』에는 낙랑이 고구려에 의해 두 번 멸망하는 것으로 돼 있다. 첫 번째는 최리가 통치한 낙랑국이 대무신왕 때(37년) 멸망했고, 두 번째는 위魏의 속현인 낙랑군이 미천왕 14년인 313년에 망했다. 역사가들은 37년에 망한 낙랑국을 '최리의 낙랑국'으로 보고, 313년에 망한 중국 속현 낙랑군과 구분해서 설명한다.

대무신왕조의 기사(32년)에서 호동 왕자가 옥저를 사냥하고 있었으므로, 최리의 낙랑국은 옥저의 위치에 있었을 것으로 비정된다. 낙랑국왕 최리가 북쪽의 강자 고구려의 왕자가 관할 구역 내에 사냥을 오므로, 영접하러 갔을 것이며, 고구려와 좋은 관계를 맺으려고 딸을 호동 왕자에게 시집보냈던 것이다.

한나라는 광무제光武帝 6년(30년)에 낙랑군이 백두대간 동쪽, 즉 함경남도 동해안 일대에 대한 통치력을 행사하기에 힘이 부쳤으므로, 그 지역에 두었던 동부도위를 폐지했다. 그리고 예국과 옥저의 부족장을 현후縣侯로 임명한 후 철수했다. 옥저 지방 현후의 한 사람이었던 최리가 매년 낙랑에 조알朝謁하는 한편 낙랑의 칭호를 사용했던 것으로 보인다.

최리의 낙랑국은 고구려에 의해 수차례 공격을 받았고, 마침내 '호동 왕자와 낙랑 공주'의 설화를 끝으로 망국의 길을 걷는다. 이후 고구려와의 전쟁으로 옥저의 주민들이 대거 신라와 백제로 이주했다는 기사가 나온다.

① 온조왕 43년(25년) 10월, 남옥저南沃沮의 구파해仇頗解 등 20여 가족이 부양斧壤에 이르러 귀순을 청하니 임금이 받아들여 한산 서쪽에서 편히 살게 했다.

『삼국사기』「백제본기」

② 유리왕 14년(37년), 무휼無恤(대무신왕)이 낙랑(최리의 낙랑국)을 습격하여 멸망시키자, 그 나라 백성 오천 명이 투항해 왔다. 그들을 6부에 나누어 살게 했다.

『삼국사기』「신라본기」

(3) 옥저의 생활상

옥저라는 부족국가는 두 곳으로 분류된다. 함경남도 함흥 일대를 동옥저, 함경북도 두만강 일대를 북옥저라고 했다. 『삼국사기』의 옥저에 관한 기록은 박혁거세와 동명성왕 치세治世에 잠시 스쳐 지나가고, 위魏의 관구검毌丘儉이 고구려를 침공했을 때 동천왕이 옥저로 피난 갔다는 전황戰況 기사에 언급됐을 뿐이다.

① 혁거세 53년(기원전 5년), 동옥저東沃沮의 사신이 와서 좋은 말 20필을 바치며 말했다. "우리 임금이 남한에 성인이 나셨다는 말을 듣고, 저를 시켜 바치도록 했습니다."

『삼국사기』「신라본기」

② 동명성왕 10년(기원전 28년) 11월, 왕이 부위염扶尉猒에게 명하여 북옥저北沃沮를 정벌해 멸하게 하고, 그 땅을 성읍으로 삼았다.

『삼국사기』「고구려본기」

옥저가 신라(사로)에 공물을 바치며 친선외교를 희망한 것이다. 그 이유는 무엇일까. 신라가 동해의 무역권을 쥐고 있었으므로, 변한의 철을 수입하는 해상 교통로를 확보하기 위한 것으로 풀이된다.

이후 『삼국사기』에서 옥저와 신라와의 관계를 설명하는 내용은 없다. 하지만 옥저가 예국, 실직국과 마찬가지로 동해안 해상 경로를 이용하려면 신라를 거쳐야 했다. 진흥왕 이전에 소지왕이 비열홀(함남 안변)까지 순시했다(481년)는 기록이 있어 옥저와 신라 사이엔 교류가 있었을 것이다.

옥저의 정치 체제, 생활상, 문화에 대해서는 『삼국지』「위서 동이전」에 비교적 상세하게 설명돼 있다. 「위서 동이전」이 편찬된 때가 2세기 후반에서 3세기 전반에 걸친 시기이므로, 대무신왕조에 호동왕자가 옥저를 멸망시켰다고 기록돼 있지만, 그 후에도 옥저는 고구려에 복속하며 부족국가로서 명맥을 유지해 왔다고 보아야 한다.

① 위치

동옥저東沃沮는 고구려 개마대산蓋馬大山(개마고원)의 동쪽에 있다. 큰 바다에 임해서 산다. 땅의 형태는 동쪽과 북쪽은 좁고 서쪽과 남쪽은 길어 천 리는 된다. 북쪽으로 읍루, 부여와 접하고, 남쪽으

로 예맥에 접한다. 호수는 오천 리다. 북옥저北沃沮는 일명 '치구루置
溝婁'로 남옥저南沃沮에서 팔백여 리를 간다. 읍루에 접해 있다.

② 읍락국가
대군장은 없고 읍락마다 장수長帥가 있다. 읍락 거수들은 스스로
삼로三老라 칭했다. 나라가 작고 큰 나라 사이에 끼어 궁핍했으며,
끝내 고구려에 신속됐다. 고구려는 대인들을 사자使者로 삼아 각자
의 영지를 다스리고 세금을 걷게 했다.

③ 언어
고구려와 크게 같지만, 조금 다른 것도 있다.

④ 풍습
땅은 기름지고, 산을 등지고 바다를 향해 있다. 오곡에 잘 자라며,
밭농사가 잘된다. 사람들의 성질은 곧고 강하며 용감하다. 소와
말이 적고 창을 다루는 것과 보병전步戰에 능숙하다. 음식과 거처
의복과 예절은 고구려와 같다.

⑤ 민며느리제
여자는 열 살이 되면 결혼 허락을 받는다. 남자 집에서 여자를 맞
이해 성인이 되면 부인으로 삼는다. 부인으로 삼으면 다시 여자 집
으로 돌아와 여자 집에 돈을 요구한다. 돈이 다 떨어지면 이내 다
시 남자 집으로 돌아온다.

⑥ 세골장洗骨葬
장사 지낼 때는 큰 나무로 곽을 만드는데, 길이가 십여 장이나
되고, 그 윗부분에 출입구를 하나 낸다. 새로 죽은 자는 모두 가
매장을 하는데, 겨우 형태만 덮은 다음 피부와 살이 썩으면 뼈만
추려서 곽 안에 둔다. 집안의 망자들 모두 한 곽에 공동으로
들어가는데, 나무를 살아 있는 형상처럼 깎는다. 죽은 자의 수와

같다. 또 기와 모양의 솥이 있는데, 그 안에 쌀을 넣어 곽의 입구 한쪽에 매둔다.

⑦ 공물

맥포貊布와 물고기, 소금과 해산물이 주요 공물이었으며, 고구려에 일천 리 길을 짊어지고 가서 바쳤다. 또한 미녀들을 보내 첩으로 삼았으니, 노비나 같았다. 고구려는 옥저에서 공녀제도를 채택했다. 『삼국사기』 「고구려본기」 동천왕 19년에 동해 사람이 미녀를 바치니 임금이 그녀를 후궁으로 들였다는 기사가 있는데, 동해 사람이 옥저인 것으로 보인다.

⑧ 북옥저

풍속은 동옥저와 같다. 인접한 읍루가 배를 타고 자주 노략질했으므로, 이를 두려워해 여름에는 산속 바위 깊은 동굴 속에 살면서 수비하고, 겨울에 추워서 뱃길이 통하지 않으면 이에 내려와 촌락에 살았다.

옥저의 사회상은 예국의 그것과 비슷했던 것으로 여겨진다. 부족장들이 일반인들과 섞여 사는 등 사회 분화가 진전되지 못해 공동체적인 성격이 강하게 남아 있었다.

옥저는 위만조선에 예속돼 있다가 한사군이 설치되면서 현도군에 속했으며, 현도군이 요동으로 쫓겨 가면서 낙랑군 동부도위에 귀속됐다. 낙랑군 동부도위는 단단대령(백두대간) 동쪽을 7개 현으로 나누어 옥저도 하나의 현이 됐다.

옥저는 부조夫租현이었다. 동부도위의 치소治所는 불내성不耐城(함남 안변)이었고, 옥저는 하나의 현으로 불내성의 다스림을 받았다. 한은 예국과 옥저를 함께 묶어서 통치했다. 옥저와 동예는 다른 부족이지만, 규모가 작았기 때문일 것이다.

낙랑군은 서기 30년에 동부도위를 없애고, 현에 있는 거수渠帥들을 모두 현후縣侯로 삼았는데, 불내不耐·화려華麗·옥저沃沮의 여러 현들은 모두 후국이 됐다.

⑷ 위魏의 침공

1958년 북한 평양시 낙랑구역 정백동 무덤에서 고대의 인장이 발견됐다. 그 인장에는 '부조예군夫租薉君'이라는 글귀가 적혀 있는데, 이는 옥저의 부족장渠帥을 의미한다. '부조夫租'는 『한서漢書』 「지리지」에 낙랑군에 속한 하나의 현으로 등장하며, 『삼국지』 「위서 동이전」에서는 '옥저沃沮'로 나온다.

부조예군의 주인공은 옥저의 부족장으로, 무덤에서 나온 부장품을 분석해 봤을때 상당한 호화생활을 한 것으로 보인다. 평양에서 그의 무덤이 발견된 것은, 한나라의 식민통치 정책 중 하나였을 것이다. 부족장이 죽으면 무덤을 자신의 직할 통치구역으로 옮겨 토착 세력의 저항심을 줄이려는 의도로 해석된다. 포항에서 발견된 예인도 신라가 예족을 복속시키려고 예의 부속장 무덤을 통치구역에 만들어 놓았다가 후대에 발견된 것은 아닐까.

『삼국사기』 「고구려본기」와 『삼국지』 「위서 동이전」에는 위의 관구검이 침공했을 때 고구려 동천왕이 옥저로 피신한 전황을 상세히 담고 있다. 위군의 침공으로 옥저는 잠시 낙랑군에 귀속됐지만, 곧이어 고구려가 위에 반격을 가함에 따라 고구려에 귀속됐다. 옥저는 진흥왕 때 일시적으로 신라에 편입되지만, 다시 고구려에게 지배권을 돌려주게 된다.

IV

서

—

한강을 차지하다

1. 진흥왕의 친정親政

(1) 진흥왕 친정 체제

진흥왕 11~12년(550~551년) 사이의 『삼국사기』 기록을 읽을 때 몇 가지 미묘한 변화 기류를 감지할 수 있다.

> 첫째, 진흥왕 초기 권력을 장악한 이사부의 이름은 도살성·금현성 전투 이후 사라지고, 거칠부와 김무력의 이름이 역사의 전면에 나타나기 시작한다.
>
> 둘째, 도살성·금현성 전투(550년)에서 나제동맹이 깨졌다가, 551년과 554년 사이 관산성 전투까지 4년간 신라와 백제는 동맹 체제를 이어갔다.

이런 변화는 진흥왕이 성년이 되면서 권신을 밀어내고, 왕권을 강화하는 과정에서 벌어졌다. 권신이라 함은 이사부를 말한다. 일곱 살이라는 어린 나이에 왕위를 물려받은 진흥왕은 성년이 되기까지 어머니 지소태후의 섭정을 받았고, 조정의 권력은 군권을 장악한 이사부에 의해 좌지우지되고 있었다. 이사부는 진흥왕 초기에 병부령은 물론 재상의 역할까지 장악했다. 『화랑세기』에선 법흥왕의 딸이자 진흥왕의 어머니인 지소태후가 이사부의 부인이 됐다고 기술했다.

인간에게 나이만큼 무서운 게 없다. 하늘 높은 줄 모르고 권력을 향유하던 이사부도 이제 60대 후반을 넘기고, 진흥왕은 젊은 청년으로 성장해 갔다. 권불십년權不十年이라 했던가. 하늘엔 두 개의 태양이 있을 수 없다. 즉위 12년째 되는 551년, 진흥왕의 나이는 18세였다. 왕은 나라의 연호를 '개국開國'으로 바꾸었다. '나라를 열었다'는 뜻이다. 본인이 어머니의 섭정 또는 이사부의 대리통치를 벗어나 직접 통치하겠다는 뜻이다. 그러자니 어머니 곁에 있는 권신 이사부를 밀어내야 했고, 두 번째 권력가인 거칠부와 가야 김씨의 도움이 필요했다.

진흥왕은 전선에 나가 군사들을 지휘하고 있던 이사부를 경주

경주 황룡사지(경주시청 공식홈페이지)

로 불러들이고, 군권을 거칠부와 김무력 등에게 준다. 나아가 임금은 전투로 빼앗은 지역을 직접 순시하며(순수), 피정복 주민을 다독이는 정치행사를 가졌다. 진흥왕이 친정 체제를 구축한 이후의 행적을 『삼국사기』를 통해서 살펴보자.

① 진흥왕 12년(551년) 연호를 '개국開國'으로 바꾸었다. 거칠부 등에게 명해 고구려를 침공케 해 10개 군을 취했다.

② 진흥왕 14년(553년) 백제 동북부를 빼앗아 신주新州를 설치하고 무력을 군주로 삼았다. 임금이 백제왕의 딸을 맞이해 작은 부인으로 삼았다.

③ 진흥왕 15년(554년) 백제 성왕이 관산성管山城에 쳐들어왔다. 군주 각간 우덕于德과 이찬 탐지眈知 등이 맞서 싸웠으나 전세가 불리했다. 신주의 군주 김무력金武力이 주의 병사를 이끌고 나아가 어우러져 싸웠는데, 비장裨將인 삼년산군三年山郡의 고간도도高干都刀가 공격해 백제 왕을 죽였다.

④ 진흥왕 16년(555년) 비사벌比斯伐에 완산주完山州를 설치했다. 임금이 북한산北漢山에 순행하여 국경을 정했다.

이사부는 신라의 영토를 확장하는 데 크게 기여한 장군이다. 젊은 왕은 노장을 경주로 끌어들여 병부령 역할을 하도록 하고, 스스로 군사들을 지휘하며, 신라의 영토를 최대치로 끌어올리기 위한 전쟁터로 나선 것이다.

(2) 나제동맹 노선 갈등

진흥왕 11년(550년) 이사부는 고구려와 백제가 도살성과 금현성을 놓고 뺏고 뺏기는 치열한 혈투를 감행하는 것을 지켜보았다. 그러다 두 나라 군대가 힘이 빠졌을 때를 기다렸다가 결국 두 성을 빼앗는다. 이때 이사부의 군사 행동의 원칙은 나제동맹을 깨는 것이었다. 『삼국사기』는 진흥왕이 이사부에게 두 성을 빼앗으라고 명했다고 기록하지만, 이사부가 지소태후와 함께 진흥왕에 대해 대리정치를 하고 있던 시기여서 사실상 이사부의 독자적인 판단으로 수십 년간의 동맹을 깬 것으로 보인다.

하지만 다음 해 진흥왕이 친정 체제를 수립하면서 상황은 달라진다. 진흥왕은 죽령 이북의 고구려 땅에 대해 침공을 명하면서 이사부가 아닌 거칠부에게 명을 내리면서 백제와의 동맹을 복원한다. 『삼국사기』「열전」거칠부조에 따르면 진흥왕은 거칠부와 여덟 장군에게 명해 백제와 함께 고구려를 치도록 했다. 백제가 먼저 공격에 나서 서쪽 지역의 평양을 격파하고, 신라의 거칠부 등은 승세를 몰아 죽령 이북 고현高峴 이내의 10개 군을 빼앗는다. 고현은 지금 북한 땅인 강원도 철령이다. 백제가 고구려 평양성을 공격하는 사이에 신라의 거칠부 군대는 강원도 영서 일대를 일거에 점령하는 것이다.

이사부에 의해 깨졌던 나제동맹이 한해 사이에 복원됐다. 이 번복 과정에서 동맹을 깬 이사부는 이선으로 후퇴하고, 나제동맹 복원을 주장하는 거칠부 등이 진흥왕을 설득해 고구려의 서쪽은 백제가, 동쪽은 신라가 공격하는 협공 전략을 채택해 성공한 것으로 보인다. 사료에선 확실히 나오지 않지만, 1년 사이에 중대한 외교전략이 수정되는 과정에서 신라는 백제에 누군가 희생양을 보여줄 필요가 있었을 것이고, 백제에게 원한을 산 이사부를 후선으로 뺀 것이 아닐까. 그 틈을 거칠부가 파고 든 게 아닐까.

나제동맹은 가까스로 복원됐지만, 오래 가지 못했다. 2년 후인 553년, 김무력은 임금의 명을 받아 백제 동북지역의 옥토, 즉 한강 유역을 공격해 신라 땅으로 만들었고, 진흥왕은 그 땅을 신주新州라 고 칭하고 무력을 군주로 봉했다. 그 와중에서도 백제 성왕은 딸을 진흥왕에게 줘 결혼동맹을 유지하려 하지만, 거울의 금은 더욱 깊어 가고 있었다. 파경破鏡을 선언하는 길밖에 남지 않았다.

554년 관산성 전투에서 백제 성왕이 전사함으로써 신라와 백제 는 철천지원수로 돌아섰다. 사랑하던 연인들이 헤어지면, 더 무섭게 미워하게 된다. 두 나라는 이제 한쪽이 지구상에서 없어져야 하는 원수지간이 된다.

(3) 병부령을 통해 주력한 내치內治

이사부가 실직 군주에 임명될 때 나이를 20세로 보면, 도살성·금현 성 전투 때 65세로 꽤 고령이었다. 전장에 나가기가 어려운 나이다. 굳이 전장에 나가도 말을 타고 병사를 지휘하거나 독려하기는 힘들 었을 것이다. 이사부는 늙어 갔고, 자연스레 젊은 왕이 정국 운영을 주도한다. 진흥왕이 친정한 이후 거칠부의 위상이 두드러졌다. 거칠 부는 국사 편찬의 공로로 대아찬에서 파진찬으로 승진하고, 고구 려를 쳐서 강원도 영서지역에 광대한 영토를 확보하는 공을 세웠다.

역사학자들 가운데 진흥왕 친정 이후 이사부가 진흥왕에 의해 실각했다고 주장하는 이도 있다. 거칠부가 고구려를 침공해 10개 군을 획득했을 때 관직이 대각찬大角飡이었다. 대각찬 또는 대각간은 상시적인 관직은 아니지만, 17등급 관직의 최상위 등급으로, 이사부가 말년에도 유지했던 2등급 관직인 이찬보다 높은 위치에 있었다.

　거칠부의 이름은 '진흥왕순수비' 가운데 '창녕비', '마운령비', '황초령비'에 등장한다. 진흥왕이 새로 확장한 영토를 순수할 때 거칠부가 지근거리에서 수행했다는 얘기다. 여기에 이사부의 이름이 등장하지는 않지만, 이사부가 실각했다는 기사도 없다. 다만 수도 금성에서 주요 현안에 대해 임금에게 자문하고 젊은 장수들에게 전략 전술을 지도하는 역할로 일보 물러선 것으로 보인다. 단순히 뒷방 늙은이로 전락해 퇴진한 것은 아닐 것이다.

　대가야 전쟁에서 70대 후반의 노장 이사부가 다시 전면에 등장한 것은 그가 신라 왕국의 조정의 어른으로서 자리 잡고 있었음을 보여 준다. 나라가 부를 때 그는 마지막 봉사의 기회라고 생각하고 젊은 사다함을 앞세워 대가야 전투에 나선 것이다.

2. 관산성 전투

(1) 국제전쟁

서기 554년에 벌어진 관산성 전투는 한반도의 세력 균형을 깨는 결정적 계기가 된 전투였다. 백제와 왜, 대가야의 연합군과 신라 사이에 벌어진 혈투에서 백제는 임금(성왕)과 대신(좌평) 네 명은 물론 3만 명에 가까운 병사가 몰살당하는 패배를 당했다. 대가야도 출전해 힘을 소진해 8년 후 이사부에 의해 망국의 운명을 겪게 된다. 신라는 이 전투를 통해 백제를 이길 수 있다는 자신감을 갖게 됐고, 훗날 통일의 길을 준비하게 된다.

관산성 전투로 신라와 백제의 동맹, 즉 나제동맹은 완전하게 붕괴된다. 아울러 이 전투를 계기로 신라, 백제, 고구려는 서로 물고 뜯고 싸우는 혼전의 상태에 돌입한다. 관산성(충북 옥천) 전투에 대해 김부식은 『삼국사기』에 기록함으로써 이 전투의 중요성을 각인시키고 있다.

① 진흥왕 15년 7월, 백제 왕 명농明襛(성왕)이 가량加良과 함께 관산성管山城에 쳐들어 왔다. 군주 각간 우덕于德과 이찬 탐지耽知 등이 맞

서 싸웠으나 전세가 불리했다. 신주의 군주 김무력金武力이 주의 병사를 이끌고 나아가 어우러져 싸웠는데, 비장裨將인 삼년산군三年山郡의 고간도도高干都刀가 빠르게 공격해 백제 왕을 죽였다. 이에 모든 군사들이 승세를 타고 싸워서 크게 이겼다. 좌평佐平 네 명과 병사 이만 구천 육백 명의 목을 베었으며, 돌아간 말이 한 마리도 없었다.

『삼국사기』「신라본기」

② 성왕 32년, 가을 7월, 임금이 신라를 습격하고자 몸소 보병과 기병 오십 명을 거느리고 밤에 구천狗川에 이르렀다. 신라의 복병이 나타나 그들과 싸우다가 혼전 중에 임금이 병사들에게 살해됐다. 시호를 성聖이라 했다.

『삼국사기』「백제본기」

③ 할아버지인 무력武力은 신주도新州道 행군총관이었는데, 일찍이 병사를 거느리고 나가 백제왕과 그 장수 네 명을 사로잡고 일만여 명의 목을 벤 일이 있었다.

『삼국사기』「열전」 김유신편

이사부는 관산성 전투에 참여하지 않았다. 앞서 살펴보았듯이, 병부령으로서 금성(경주)에서 진흥왕과 함께 전국의 군대를 지휘하며 총력전을 펼쳤을 것이다.

전투에 앞서 백제와 대가야는 왜에 지원군을 요청했다. 『일본서기』에 따르면 관산성 전투 한해 전인 흠명欽命 14년 정월 백제는 수차례에 걸쳐 왜에 사신을 보내 "신라와 박국狛國(고구려)이 공모해, 깊이 위험과 두려움을 느끼고 있다"고 왜에 군대 파병을 요구했다. 553년 겨울, 백제 태자 부여창夫餘昌은 나라 안의 군사 전부를 일으켜 고구려의 백합야百合野를 공격했다. 『일본서기』에 거론된 백합야百合野는

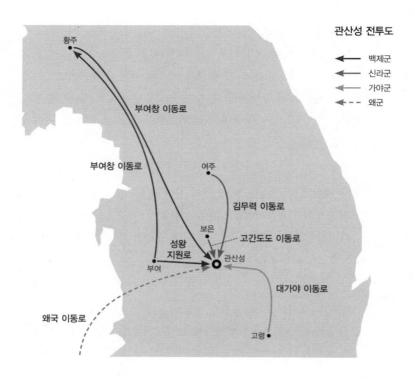

관산성 전투도

← 백제군
← 신라군
← 가야군
◀--- 왜군

황주

부여창 이동로

부여창 이동로

여주

김무력 이동로

보은

고간도도 이동로

성왕
지원로

관산성

부여

대가야 이동로

왜국 이동로

고령

황해도 황주로 고구려 수도인 평양에 근접한 지역이다. 부여창은
백제의 총 군사력을 동원해 고구려에 빼앗긴 한수이북의 실지를 회
복한다.

다음 목표는 신라였다. 554년 1월 왜는 구원군 1,000명, 말 100필,
배 40척을 보낸다고 약속했다. 왜의 지원군은 그해 5월에 백제를 향
해 떠났다. 대가야와 아직 신라에 복속하지 않은 가야 소국들도 백
제에 지원군을 보내기로 했다.

태자 부여창은 왜의 지원군이 도착한다는 소식을 듣고 성급하
게 신라를 공격하러 갔다. 부여창의 휘하에는 한해 전에 고구려를
공격하던 군대가 그대로 집결해 있었다. 즉 백제에서 동원할 수 있

는 거의 모든 병력을 부여창이 지휘했던 것이다. 이때 죽은 병사의 수가 3만 명이라는 『삼국사기』의 기록은 이를 입증한다.

관산성 전투는 총 세 단계로 전개된다. ①부여창의 선제공격으로 백제의 승리, ②신라 신주新州 군주인 김무력과 삼년산성 병력 투입, ③성왕 전사와 백제 연합군의 괴멸의 순서다. 관산성은 신라로선 백제를 압박하는 교두보이지만, 역으로 백제에겐 급소에 해당하는 곳이다. 충북 옥천은 지금 경부고속도로가 지나가는 곳으로, 추풍령을 넘으면 김천, 구미, 대구를 거쳐 경주로 공격할 수 있는 지름길이다.

옥천은 또 금강수계인 대청호 상류에 있어 신라로선 백제 중심지인 공주와 부여를 공격하기 유리한 지점이다. 고대 전쟁에서는 강의 상류를 점령하는 것이 중요했다. 하류에서 상류로 군대나 물자를 옮기기는 힘들지만, 상류에서 하류로는 이동이 수월하다. 장강長江의 상류에 있던 진나라가 초楚를 몰락시킨 것도 수운을 이용했기 때문이다. 백제로선 관산성을 장악해야 신라의 공격을 막고, 소백산맥을 넘어 신라에 압박하는 기회를 갖게 된다.

부여창이 황해도에 있던 대군을 이끌고 남쪽의 관산성으로 향한 것은 옥천의 지정학적 중요성을 인식했기 때문일 것이다. 아울러 거리상으로 대가야(경북 고령)의 지원군이 도달하기 가까운 곳이다. 왜군도 약속대로 금강을 따라 북상하면 관산성에 이르게 된다.

초전은 백제의 승리. 부여창은 기습 공격으로, 관산성의 신라군을 깨뜨렸다. 일격을 당한 진흥왕은 사벌주(김천)에 있는 신라군을 동원해 관산성을 지원하는 방법을 선택하지 않았다. 소백산 너머에 있는 신라의 주력군이 관산성을 지원하기에도 시간이 걸리기 때문이다. 대신에 새로 확장한 신주의 군대와 소백산맥의 거점인 삼년산성(충북 보은)의 병력을 동원했다. 이 병력 운용에 관한 아이디어는 경주에 머물고 있는 이사부의 머리에서 나왔을 것으로 보인다. 진흥왕은 이사부 등 대신들의 뜻에 따라 신주 군주인 김무력과 삼년산성의 장수 도도都刀에게 병력 이동을 명령한다.

(2) 성왕의 죽음

이때 백제 성왕이 태자를 마중하러 나가다가 변을 당했다. 『일본서기』에는 성왕 전사에 관한 자세한 기록이 나온다. 역사는 승자의 기록이다. 경주 김씨인 김부식은 관산성 전투에서 패자인 백제의 기록을 간략하게 정리했다. 하지만 백제와 연대관계를 맺고 있는 왜의 사서는 백제왕 전사에 관한 기록을 슬프고도 장황하게 서술했다. 긴 내용이지만, 백제의 임금이 전사한 장면이므로 『일본서기』의 내용을 소개한다.

> 여창(태자夫餘昌)이 신라 정벌을 계획했다. 노신들이 간하여, "하늘이 함께 하지 않으니 화가 미칠까 두렵사옵니다"라고 하자, 여창이 "늙었구려, 어찌 겁내시오. 우리는 대국大國을 섬기고 있으니 어찌 겁을 낼 것이 있겠소?"라 하고 드디어 신라국에 들어가 구타모라久陀牟羅 보루를 쌓았다. 그의 아버지 명왕(성왕)은 여창이 오랫동안 행군하느라 고통을 겪고 한참 동안 잠자지도 먹지도 못했음을 걱정했다. 아버지의 자애로움이 부족함이 많으면 아들의 효도가 이루어지기 어렵다 생각하고 스스로 가서 위로했다. 신라는 명왕明王이 직접 왔음을 듣고 나라 안의 모든 군사를 내어 길을 끊고 격파했다. 이때 신라에서 좌지촌佐知村(보은군) 사마노飼馬奴 고도苦都(다른 이름은 곡지이다. 『삼국사기』엔 고간도도로 표기되었다)

에게 "고도는 천한 노이고 명왕은 뛰어난 군주이다. 이제 천한 노로 하여금 뛰어난 군주를 죽이게 하여 후세에 전해져 사람들의 입에서 잊히지 않기를 바란다"라고 하였다. 얼마 후 고도가 명왕을 사로잡아 두 번 절하고 "왕의 머리를 베기를 청하옵니다"라고 청했다. 그러자 명왕이 "왕의 머리를 노奴의 손에 줄 수 없다"고 하니 고도가 "우리나라 법에는 맹세한 것을 어기면 비록 국왕이라 하더라도 노奴의 손에 죽습니다"라고 했다.

다른 기록에는 "명왕이 호상에 걸터앉아 차고 있던 칼을 곡지에게 풀어 주어 베게 했다"라고 했다. 명왕이 하늘을 우러러 크게 탄식하고 눈물을 흘리며 허락하기를 "과인이 생각할 때마다 늘 고통이 골수에 사무쳤다. 돌이켜 생각해 보아도 구차히 살수는 없다"라고 하고 머리를 내밀어 참수당했다. 고도는 머리를 베어 명왕을 죽이고 구덩이를 파묻었다.

다른 기록에는 "신라가 명왕의 두골은 남겨두고 나머지 뼈는 예를 갖추어 백제에 보냈다 한다. 지금 신라 왕이 명왕의 뼈를 북청 계단 아래에 묻었는데, 이 관청을 도당都堂이라 이름한다"라고 하였다.

(3) 나라의 들國原

관산성 전투에서 신라가 백제와 대가야, 왜의 연합군을 대파하고, 백제 성왕을 전사시킨 후 진흥왕은 한강 유역과 동해안 북부지역으로 영토를 확대한다. 그리고 그 지역에 대한 지배를 공고히 하기 위해 주州를 설치했다.

피비린내 나는 관산성 전투가 벌어진 다음 해(555년)에 진흥왕은 북한산을 순행하며 한강 하류, 지금의 서울이 신라의 영토임을 과시했다. 아울러 비사벌比斯伐(경남 창녕)에 완산주完山州를 설치해 대가야를 압박했다. 대가야는 '항복이냐, 유혈전쟁이냐'를 선택해야 할 기로에 처했다.

556년 진흥왕은 강원도 동해안의 영토를 북으로 밀어 올려, 비열홀주比列忽州(함경남도 안변)를 설치하고 사찬 성종成宗을 군주로 삼았다. 다음 해인 557년, 충북 충주를 국원國原이라 칭하고, 소경小京으로 삼았다. 국원은 '나라의 들'이라는 뜻. 김씨 왕조의 근거지이기도 했다. 중국 서역 지방에서 발원한 흉노족 왕자 김일제金日磾의 후손들이 만주를 거쳐 한반도로 내려오면서 왕국을 창업한 곳이 경북 영주였고, 세력권의 거점은 소백산맥 일대 충주였다. 그 후 백제의 공격으로 소백산맥 이북 지역은 백제에 내주고 김씨 일파들이 경주로 내려가 박씨, 석씨 등과 연합정권을 수립했다.

진흥왕은 드디어 백제를 격파하고, 조상들의 근거지를 회복함으로써 그곳에 경주 다음의 '작은 수도小京'를 세운 것이다. 그리고 나서 진흥왕은 서라벌의 귀족 자제와 6부의 부유한 백성을 국원으로 옮겨 그곳을 채웠다.

3. 정복왕의 꿈

(1) 순수巡狩 세리머니

진흥왕은 신라의 영토를 세 배나 확대한 정복왕이었다. 그가 정복한 땅의 옛 주인은 함경남도 지역의 동옥저, 강원도 영동지방의 예국, 영서지방의 맥국, 경상남도 대가야 등이다. 그에 앞서 이사부는 지증왕 시절에 우산국, 법흥왕 시절에 금관가야, 안라가야 등을 신라 영토로 편입했다.

신라, 백제, 고구려 삼국이 정립鼎立해 반도의 주인을 놓고 대결을 벌이기 앞서 세 나라 국경 사이에서 버티며 부족국가를 유지하던 소국들은 거의 모두 신라로 편입됐고, 완충지대의 소국이 흡수되면서 삼국은 국경을 맞대고 밀고 당기는 영토전쟁을 벌이게 됐다.

진흥왕은 새로 영토로 편입한 변경지역을 두루 돌아다니며 천지신명에게 제사를 지내고, 지방의 행정과 민정을 시찰하는 순수巡狩 세리머니를 즐겼다. 『삼국사기』에 진흥왕의 순수 기록이 나온다.

① 진흥왕 12년(551년) 3월, 임금이 지방을 돌아보다가 낭성娘城(청주)에 묵으며, 우륵于勒과 그의 제자 이문尼文이 음악을 잘한다는 말

을 듣고 그들을 특별히 불렀다.

② 진흥왕 16년(555년) 10월, 임금이 북한산北漢山에 순행하고, 영토
의 국경을 정했다. 11월, 임금이 북한산에서 돌아왔다. 임금이
거쳐 지나온 주군州郡의 일 년간 세금을 면제해 주고, 그 지방의 죄
수 가운데 사형 죄를 제외하고는 모두 풀어주었다.

진흥왕이 즉위 12년째 청주 지방을 순시한 것은 한해 전에 이사
부가 도살성과 금현성을 빼앗아 신라의 새로운 영토가 됐음을 선
언하기 위한 행사였다. 555년에 이뤄진 진흥왕의 북한산 순수는 백
제의 동북쪽 변두리를 빼앗아 신주新州를 설치해 김무력을 군주로
삼고, 다음 해인 554년에 신주의 군사력을 동원해 관산성 전투에서
백제군을 대파한 것을 기념한 행사였다.

진흥왕의 순수 활동은 551년 연호를 '개국開國'으로 바꾸고 친정
체제 수립을 천명한 이후부터 시작됐다. 『삼국사기』는 두 번의 순
수 기록만 남겼지만, '마운령비', '황초령비', '창녕비' 등이 나중에 발
견됨으로써 진흥왕이 함경남도와 경상남도 지역에도 순수했다는
사실이 확인되었다. 진흥왕은 새로운 확보한 영토를 방문해 주민을
위무하고 행정 체계를 둘러보는 정치적 이벤트를 수시로 했음을 알
수 있다.

'마운령비', '황초령비', '북한산비'의 건립 시기는 568년(진흥왕
29년), '창녕비'는 그보다 7년 전인 561년(진흥왕 22년)으로 추정된
다. '창녕비'는 신사辛巳라는 기록이 있고, 『삼국사기』에 555년에 비사
벌比斯伐(창녕)에 완산주를 설치했다는 기록을 감안해 561년의 건립연
대를 찾아냈다.

순수라는 정치 이벤트를 열고, 국경에 여러 개의 기념비를 세우

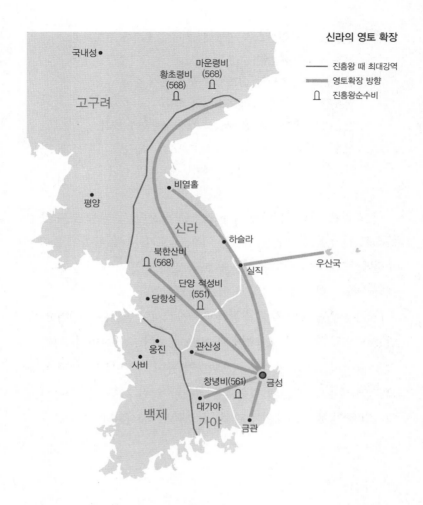

신라의 영토 확장

—— 진흥왕 때 최대강역
—— 영토확장 방향
∩ 진흥왕순수비

국내성 •

마운령비
(568)
∩

황초령비
(568)
∩

고구려

평양

비열홀 •

신라

북한산비
∩ (568)

하슬라 •

실직 •

우산국

단양 적성비
(551)
∩

• 당항성

웅진 •

관산성 •

금성 ●

사비 •

창녕비(561)
∩

백제

대가야 •

가야

금관 •

는 것은 고도의 정치 행위다. 그러면 진흥왕이 이처럼 고도의 '정치 쇼'를 벌인 것은 무슨 연유에서였을까. 진흥왕이 친정 체제를 수립한 이후 한 행위를 살펴보면 그의 의도를 이해하기 쉽다.

진흥왕 12년, 연호를 개국開國으로 개칭. 낭성(청주) 지역에 순행.
진흥왕 13년, 우륵의 음악을 배우게 함.

진흥왕 14년, 월성 동쪽 궁궐예정지에 황룡사를 짓도록 함.

진흥왕 16년, 북한산 순행.

진흥왕 27년, 기원사, 실제사 완공. 황룡사 준공.

진흥왕 29년, 연호를 태창太昌으로 개칭.

진흥왕 33년, 연호를 홍제鴻濟로 개칭. 팔관연회 개최.

진흥왕 36년, 황룡사 장륙상(불상) 주조.

진흥왕 37년, 원화源花(화랑의 전신) 제도 도입.

진흥왕은 재위 시 세 번이나 연호를 바꾼다. '나라를 연다'라는 뜻으로 친정 체제 수립을 선언한 이후, 국토가 세 배 가까이 늘어난 시점에선 '크게 번창한다'라는 구호를, 말년엔 '널리 구제한다'는 부처님과 같은 마음으로 베풂과 아량을 과시했다.

진흥왕은 영토의 확대에 힘입어 왕자로서의 권위를 높이려고 노력했다. 적국 출신인 우륵에게 관용을 베풀어 포용하면서 그의 음악을 확산시켰으며, 궁궐을 지으려다가 용이 나왔다는 전설에 따라 그 터에 절을 짓게 하여 팔관회를 열었다. 이런 기록들은 진흥왕이 대국의 왕이 됐음을 내외에 과시하는 행위로 해석된다.

(2) 아소카왕(阿育王)

이후 진흥왕은 왕의 단계를 넘어 황제가 되고자 했다. 『화랑세기』에선 진흥眞興 대제大帝라는 표현이 나온다. '마운령비'와 '황초령비'에는 '짐朕', '제왕건호 막불수기이안백성帝王建號 莫不修己以安百姓', '공위건도恐違乾道'라는 표현이 나온다. '짐'이라는 표현은 황제가 스스로를 부르는 일인칭 대명사로, 진흥왕은 자신이 황제가 되고 싶었음을 은연중에 표현했다. '帝王建號 莫不修己以安百姓'을 풀이하면 '제왕이 연호를 세워 몸을 닦아 백성을 편안하게 하지 않으면 안된다'는 뜻으로, 진흥왕은 임금의 지위를 넘어서 황제의 덕목을 인용한 것이다. '恐違乾道'에서 건도乾道는 천도天道를 의미하는데, 진흥왕은 '삼가 하늘의 뜻을 어길까 두려워한다'며 중국 천자天子를 흉내냈다.

진흥왕은 통치이념으로 불교를 적극적으로 활용했다. 스스로는 인도의 아소카왕阿育王을 닮고자 했다. 아소카왕은 기원전 3세기에 정복을 통해 인도를 처음으로 통일한 임금이다. 그는 전쟁을 치르면서 수많은 인명을 살상했지만, 전쟁이 끝난 후 속죄하는 마음으로 불교에 귀의해 불교의 수호자임을 자임했다.

불교에서는 무력을 사용하지 않고, 불법佛法으로 나라를 다스리는 이상적인 제왕을 '전륜성왕轉輪聖王'이라고 한다. 전륜왕에는 금륜金輪·은륜銀輪·동륜銅輪·철륜鐵輪의 네 왕이 있는데, 일설에 의하면 인간의 수명이 2만 세에 도달할 때 먼저 철륜왕이 출현하고, 8만 세에 도달할 때 금륜왕이 출현하여 사천하四天下를 다스린다고 한다. 인도인들은 아소카왕에게 전륜성왕 네 단계 중 가장 먼저 찾아오는 철륜 칭호를 주었다.

진흥왕은 맏아들인 태자에게 동륜, 그의 동생으로 나중에 진지왕이 되는 차남에게 금륜이라는 이름을 주었다. 『화랑세기』에는 딸에게 은륜이라는 이름을 지어 주었다고 한다. 진흥왕은 스스로 전륜왕 가운데 먼저 찾아오는 철륜으로 보았고, 그의 자식들 대에 또다시 전륜왕의 성대가 이뤄지길 기대한 것이다.

전륜성왕이 되고자 하는 욕구는 불교국가에서 공통적으로 나타나는 현상이다. 궁예도 신라 말기에 민초들의 불만을 끌어들여

'태봉'이라는 나라를 세우고 전륜성왕이 되려 했다. 또 중국 역사상 최초의 여성 천자인 측천무후剛天武后도 전륜성왕을 꿈꾸었다. 진흥왕 역시 세 배 이상 넓힌 영토 확장 과정에서 숱한 살육 현장을 겪고 살생의 죄과를 씻으며 태평성대를 열고자 전륜성왕을 꿈꾸었을 것이다.

진흥왕은 자신보다 800여 년 전의 인물이자 지리적으로 거리가 먼 인도 아소카왕과의 인연을 전설로 꾸며냈다. 『삼국유사』는 황룡사 장륙존상에 얽힌 설화를 소개하고 있는데, 그 이야기에서 진흥왕이 아소카왕과 대등하거나 더 높은 존재임을 과시하려는 의도를 엿볼 수 있다.

> 진흥왕이 왕위에 오른 지 14년(553년) 2월에 용궁龍宮 남쪽에 대궐을 지으려고 했는데, 황룡이 그 땅에서 나타났기 때문에 절로 바꾸어 짓고 황룡사皇龍寺라 했다. 얼마 되지 않아 바다 남쪽에서 커다란 배 한 척이 나타났는데, 하곡현河曲縣 사포絲浦(울주蔚州 곡포谷浦)에 정박했다. 배를 조사해 보니 공문이 있었다. "서축西竺(인도) 아육왕阿育王(아소카왕)이 황철 57,000근과 황금 30,000푼을 모아 석가삼존상釋迦三尊像을 만들려고 했지만 이루지 못했다. 그래서 배에 실어 바다에 띄우면서 축원하기를, '부디 인연 있는 나라에 가서 장륙존丈六尊의 모습을 이루기를 바랍니다'라고 했다." 그리고 부처상 하나와 보살상 둘의 모형도 함께 실려 있었다. 하곡현 관리가 이 사실을 문서로 아뢰었다. 왕은 그 현의 성 동쪽에 높고 밝은 땅을 골라 동축사東竺寺를 창건하고 세 불상을 모시게 했다. 그리고 그 금과 쇠는 서울로 운반해 와, 대건大建 6년 갑오(574년) 3월에 장륙존상을 주조했는데 단 한 번에 성공했다. 그 무게는 35,007근으로 황금 10,198푼이 들어갔고, 두 보살에는 철 12,000근과 황금 10,136푼이 들어갔다. 장륙존상을 황룡사에 모셨는데, 그 이듬해 불상의

눈에서 눈물이 흘러 발꿈치까지 이르렀으니 땅을 한 자나 적셨다. 이것은 대왕이 세상을 떠날 조짐이었다.

엄청난 무게의 금속을 실은 배가 800~900년의 세월에 걸쳐 인도양에서 동해까지 왔다는 설화를 믿을 사람은 없을 것이다. 진흥왕은 아소카왕도 하지 못한 불상을 제작하는 데, 한 번에 성공했다고 자랑했다. 또 왕이 죽기 전 불상에서 눈물이 흘러 발꿈치에 이르렀다며, 자신에 대한 신격화를 시도했다. 대규모 사원(황룡사)을 짓고, 하늘에 닿을 듯 높은 탑(9층 목탑)을 건립함으로써 진흥왕은 전륜성왕의 첫 단계鐵輪를 이루었다고 자부했다.

진흥왕이 황룡사를 짓고, 장륙존상을 주조하며 황제로서의 기세가 등등할 때 이사부는 무엇을 하고 있었을까. 진흥왕의 영토 확대는 이사부가 기초를 닦지 않았으면, 불가능한 일이었다. 공을 세운 자는 이사부와 그의 후계자 격인 거칠부였지만, 그 영광을 탐닉한 사람은 임금이었다.

이사부는 도살성·금현성 전투 이후에 10년 이상 거론되지 않다가, 대가야 공격 전에 모습을 드러낸다. 병부령으로서, 귀족 계급의 수장으로서의 위치를 변함 없이 지켰다는 뜻이다. 아마 그는 임금 다음의 2인자로서 겸양의 덕을 보였을 것이다. 2인자는 고개를 들지 않는다. 튀는 행동도 하지 않는다. 5·16의 주역 김종필 씨는 유신 체제 때 박정희 대통령에게 도전하지 않았다. 2인자의 역할을 알았기 때문이다. 이사부도 그랬을 것이다. 진흥왕이 권력을 잡고 전륜왕의 위엄을 부릴 때 이사부는 이미 60~70대의 고령인데다, 진흥왕을 만든 어른으로서 조용히 내치에 주력하면서 전장의 요구를 받았을 때만 그 명성을 보여 주었을 것이다.

진흥왕은 '순수비' 네 개 가운데 가장 먼저 '창녕비'를 건립하면서(561년) 비사벌 순수에 나선다. 그는 거칠부를 비롯해 최전방 군단장격인 군주軍主들과 그 아래 직책인 당주幢主들을 대거 대동해 위세를 과시했다. '창녕비'는 이사부가 대가야를 공격하기 직전에 만들어진 비인데, 여기에선 그의 이름을 찾을 수 없다. 고령이어서 진흥왕의 순수 행사에 참석하지 못했기 때문이기도 했거니와, 거칠부가 당시 실력자로 부상했기 때문이 아닐까 싶다.

하지만 '창녕비'에서는 "과인은 어려서 즉위해 정사를 보필하는 신하에 맡겼다(寡人幼年承基 政委輔弼)"라는 어귀가 나온다. 진흥왕이 어렸을 때 정사를 보필한 신하는 이사부임에 틀림없다. 황제가 되고 싶었던 임금은 이사부의 보필로 성장해 스스로 망라사방의 위세를 떨치겠다는 뜻을 펼친 것이리라.

'창녕비'에는 '사방군주四方軍主'라 표현하면서 비자벌(창녕) 군주, 한성漢城(서울) 군주, 비리성碑利城(함남 안변) 군주, 감문甘文(경북 김천) 군주를 들었다. 이는 신라의 영토 확장 방향이 동해안 방면, 한강 방면, 가야 방면, 소백산 방면이었음을 보여 준다.

'창녕비'는 대가야(고령)의 서쪽에 위치해 있다. 아직 대가야가 신라 영토로 편입되지 않았을 때였고, 곧이어 대가야를 공격하러 갈 것임을 시위하는 의미로 비석 건립을 추진했던 것으로 보인다. '창녕비' 건립 이듬해인 562년, 대가야가 반란을 일으키자, 노장 이사부는 사다함을 이끌고, 그의 인생에 마지막 전투에 나선다. 대가야는 이미 관산성 전투에서 백제와 연대하다가 패함으로써 기력을 상실했기 때문에 사다함의 5,000명 기병에 쉽게 무너졌다.

4. 대가야 정복

⑴ 순장의 나라, 대가야

경북 고령군 대가야읍 지산리는 500여 년을 유지한 대가야의 본거지다. 그곳에는 400여 기의 무덤만 덩그러니 남아 있다. 왕족과 귀족의 무덤이었을 것이다. 무덤 안에는 토기, 철기, 금관, 금동관, 장신구 등 최고급 유물들이 출토되었다. 정말로 대단한 유산이다.

재미있는 사실은 무덤 하나에 한 사람만이 매장돼 있지 않았다는 사실이다. 여러 사람들이 함께 묻혀 있었다. 순장殉葬이다. 대가야박물관에 전시된 44호 고분에는 30여 명이 죽음의 길을 함께했다. 죽은 후에도 삶이 계속된다고 믿었던 것이다. 아버지와 어린 딸이 함께 묻혀 있는 형상은 참으로 편안해 보였다. 이승에서 모시던 분과 저승에서도 함께 삶을 할 수 있다는 고대인의 정신세계가 엿보였다.

금관가야를 중심으로 하는 초기 가야연맹은 4세기 후반 이후 세력이 약화되면서 신라의 세력권으로 들어갔다. 5세기 이후에는 고령, 합천 등 경상도 내륙 산간지방의 대가야가 제철 기술을 바탕으로 새로운 문화 중심지로 떠올랐다. 그 가운데서도 반파국伴跛國(고령 지역의 소국)은 5세기 후반에 새로이 시조설화를 만들며 대가야를 표방했다. 대가야는 합천·거창·함양·산청·아영·하동·사천 등지를 포괄하는 후기 가야연맹의 맹주로서 등장했다.

대가야는 중국 남제南齊에 사신을 보내 작호를 받았고, 481년에는 백제·신라와 동맹해 고구려를 공격하기도 했다. 하지만 대가야는 백제와 신라 사이에서 활동의 폭이 매우 제한됐고, 562년 이사부와 그의 부하 사다함의 공격을 이겨내지 못했다.

『삼국사기』「지리지」에 따르면 가야는 시조 이진아시왕伊珍阿豉王으로부터 도설지왕道設智王까지 16대 520년간 존속했다고 한다.

> 고령군高靈郡은 원래 대가야국大加耶國으로서 그 나라 시조 이진아시왕伊珍阿豉王(내진주지內珍朱智라고도 한다)부터 도설지왕道設智王까지 16대 520년간 유지되었는데, 진흥대왕이 이를 침공하여 없애고 그 지역을 대가야군大加耶郡으로 만들었으며, 경덕왕이 고령군으로 개칭했다.

경북 고령 대가야 고분군

(2) 사다함

한강 유역과 동해안 북쪽에 대해 영토를 확장한 이후 신라의 다음 목표는 마지막까지 버티는 대가야였다. 대가야는 관산성 전투에 참여해 주력군을 잃은 후 존망의 기로에 서 있었다. 10여 년간 역사의 기록에 등장하지 않았던 이사부가 마지막으로 등장하는 장면이 바로 대가야 정벌이다. 『삼국사기』는 이를 이렇게 기록한다.

> 진흥왕 23년(562년) 9월, 가야가 반란을 일으켰다. 임금이 이사부에게 명하여 토벌케 했는데, 사다함斯多含이 부장副將이 되었다. 사다함은 오천 명의 기병을 이끌고 선두에 서서 달려갔다. 전단문栴檀門에 들어가 흰 기旗를 세우니 성 안의 사람들이 두려워하며 어찌할 바를 모르다가, 이사부가 병사를 이끌고 다다르자 일시에 모두 항복했다. 전공을 논함에 사다함이 으뜸이었다. 임금이 좋은 밭과 포로 이백 명을 상으로 주었으나 사다함은 세 번이나 사양하였다. 임금이 강하게 권하자 포로를 받았으나, 풀어주어 양민이 되게 하고 받은 병사들에게 나누어 주니, 나라 사람들이 그것을 찬미했다.

사다함은 『화랑세기』에서 미실궁주가 진정으로 사랑했던 제5대 풍월주였다. 그가 죽은 나이는 17세. 이사부를 따라 대가야 공격의 선봉에 나설 때 나이는 15세. 전쟁의 영웅이자, 당대 최고 여걸인 미실의 사랑을 듬뿍 받았던 사다함은 오늘에도 드라마, 소설, 만화의 주인공으로 자주 등장한다. 김부식은 『삼국사기』「열전」에서 사다함을 극찬했다.

> 진흥왕眞興王이 이사부異斯夫에게 명하여 가라국을 습격하게 했는데, 이때 사다함은 십오륙 세의 나이로 종군하기를 청했다. 왕은 나이

가 너무 어리다 하여 허락하지 않았다. 그러나 그가 계속해서 요청하고 의지가 확고하므로 마침내 그를 귀당貴幢 비장神將으로 임명했는데, 그의 낭도로서 그를 따라 나서는 자가 많았다. 국경에 이르자 원수에게 청해 그 휘하의 병사를 이끌고 먼저 전단량旃檀梁(가라의 말로 문을 양梁이라 한다)으로 들어갔다. 그 나라 사람들은 생각지도 못하게 병사들이 갑자기 들이닥치자 놀라 막지 못하므로, 대군이 이 틈을 타서 마침내 가야국을 멸망시켰다. 군대가 돌아오자 왕은 그의 공훈을 책정하여 가라 포로 삼백을 사다함에게 주었다. 그러나 그는 받은 즉시 모두 놓아주어 한 명도 남겨 두지 않았다. 또 토지를 하사하였는데 굳이 사양하였다. 왕이 강권하니 알천閼川에 있는 불모지만을 청할 따름이었다. 사다함은 애초에 무관랑武官郎과 생사를 같이하는 벗이 되기를 약속했는데, 무관이 병들어 죽자 너무 슬프게 울다가 7일 만에 그 역시 죽었다. 그때 나이가 17세였다.

대가야를 함락한 시기에 이사부의 나이는 70대 후반이었고, 기력이 쇠한 나이였다. 가야 가맹국들에겐 이사부는 죽은 제갈공명격이었다. 마지막 남은 대가야로선 이사부 이름만 들어도 벌벌 떨었을 게 분명하다. 김부식은 사다함의 용맹 덕에 대가야를 함락하는데 성공했다고 평했지만, 백전백승의 장군 이사부라는 절대적 존재가 있었기에 대가야가 성문(전단문)을 열고 항복했을 것이다.

공은 사다함이 가져갔다. 노장 이사부가 양보했을 것이다. 하지만 진흥왕은 사다함의 공이 으뜸이라고 칭찬하며 땅과 가야에서 획득한 노비 300명을 주었다. 사다함은 끝내 이를 거절하고, 친구 무관랑이 병들어 죽자 함께 죽었다는 애절함이 더해져 이사부의 공이 가려져 있다.

(3) 왜왕의 죽음

대가야가 소멸되자, 『일본서기』는 매우 슬픈 문체로 이를 기록했다.

> 흠명欽明 23년 봄 6월, (천황이) 가로되, "(중략) 어찌 온천하率土之賓의 임금과 신하王臣로서 사람의 곡식을 먹고 사람의 물을 마시면서 누가 이를 참아 들으며, 마음에 애도하지 않을 것인가. 하물며 태자와 대신들은 서로 도와서 피를 토하듯 울고 원한을 품는 연고가 있다. 대신의 지위에 있으면 몸을 괴롭히는 노고가 따르는 것이다. 선제의 덕을 받아서 후세를 이었다. 그리하여 마음을 다하고 장을 빼어 같이 간역을 베고 천지의 통혹을 설욕하여 군부의 원수를 갚지 못하는 것을 죽어서도 신자臣子의 도를 다하지 못한 한을 남길 것이다 "라고 말했다.

대가야의 멸망으로 가야연맹은 역사에서 완전히 사라진다. 아울러 대가야 병탄을 끝으로 이사부의 이름도 역사에서 사라진다. 언제 죽었는지도 모른다. 이사부가 대가야를 함락하자, 왜왕 킨케이欽明는 화병을 얻어 죽는다. 『일본서기』는 이를 이렇게 적었다.

> 흠명欽明 32년(571년) 4월 15일, 천황이 중병으로 누웠다. 황태자는 출타하고 없었다. 역마를 달려 불러들여 누운 자리에서 손을 잡고 "짐은 병이 중하다. 후일의 일은 그대에게 맡긴다. 그래서 신라를 쳐서 任那(가야)를 세워라. 옛날처럼 두 나라가 서로 친하면 죽어도 여한이 없을 것이다"라고 말했다. 그달에 천황은 드디어 내전에서 세상을 떠났다.

월광태자 전설

대가야가 멸망한 후에도 마지막 왕인 월광태자月光太子에 대한 전설은 남아 있다. 월광태자는 가야산신인 정견모주正見母主의 10대손이자, 시조 아진아시왕(伊珍阿豉王)의 9대손이다(정견모주를 모시는 사당은 경남 합천 해인사 경내에 있는 국사단이다).

아버지는 대가야의 9대 왕인 이뇌왕(異腦王)이고, 어머니는 신라의 이찬 비조부(比助夫)의 딸이다. 두 나라가 혼인을 통해 동맹을 맺었지만 후에 신라가 동맹을 깨뜨리고 대가야를 멸망시켰다. 냉엄한 국제관계에서 영원한 동맹이 없는 법. 그 후 월광태자는 승려가 돼 가야산 아래 월광사(月光寺)를 짓고 만년을 보냈다고 한다.

일설에는 월광태자를 『삼국사기』「지리지」에 언급되는 대가야 제10대 왕인 도설지왕(道設智王)과 동일인으로 보기도 한다. 사서의 세대 수와 전설의 세대 수에 차이가 있지만, 전설은 전설로 받아들이면 되지 않을까.

경남 합천군 이로면 소재 월광사지 3층 석탑

V

화랑의 대부

1. 『화랑세기』 이야기

이사부에 관한 사료는 상대적으로 희귀해 그의 활약상을 면밀히 그려내기엔 너무나 어려운 부분이 많다. 그러나 그런 갈증을 시원하게 해결해 주는 문건이 바로 『화랑세기 필사본』(이하 『화랑세기』)이다. 최근 『화랑세기 발췌본과 필사본』이라는 책자가 발견됐다. 이 책자의 내용이 사실이라면, 『삼국사기』와 『삼국유사』, 『일본서기』에서 드러나지 않았던 이사부와 그의 가족에 대한 내용을 이해할 수 있게 된다.

하지만 안타깝게도 『화랑세기』 원본은 아직 발견되지 않았다. 국내 사학계에는 발췌본과 필사본이 위작이라는 주장과 위작이 아니라는 주장이 팽팽히 맞서 있다. 따라서 역사적 사실로서 받아들이는 데 한계가 있다.

위작 논란을 제기한 사학자들의 주장에도 일리가 있다고 본다. 이사부가 소지왕의 마복자라는 이야기와 며느리 미실에 관한 이야기 등은 신라의 위대한 장군 이사부의

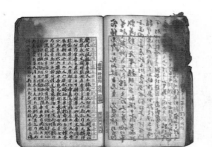

「화랑세기」 필사본

명성을 먹칠하기에 충분하다. 하지만 사실 여부를 떠나 『화랑세기』
가 소개하는 이사부와 그의 가족에 관한 이야기는 흥미롭다. 물론
믿을지 말지는 독자의 몫이다.

(1) 마복자摩腹子

『화랑세기』가 주는 가장 큰 충격은 이사부, 즉 태종苔宗이 소지왕(비
처왕)의 마복7성摩腹七星의 한 사람이라고 한 점이다. 마복자摩腹子란 한
자를 뜻대로 해석하면 '배를 마찰해 나온 아들'이다. 소지왕이 산하
의 임신한 부인을 궁궐로 불러 정을 통해 낳은 아이가 일곱 명이고,
어머니 보옥공주도 아진공의 아이를 임신한 상태에서 소지왕과 관
계를 맺고 아들을 낳으니, 그가 태종, 곧 이사부라는 것이다. 『화랑
세기』는 소지왕의 마복7성을 다음과 같이 소개한다.

① 아시공阿時公의 아버지는 선모善牟이고 어머니는 보혜宝兮다.
② 수지공守知公의 아버지는 이흔伊欣이고 어머니는 준명俊明이다.
③ 이등공伊登公의 아버지는 숙흔叔欣이고 어머니는 홍수洪壽다.
④ 태종공苔宗公의 아버지는 아진종阿珍宗이고 어머니는 보옥공주宝玉
公主다.
⑤ 비량공比梁公의 아버지는 비지比知이고 어머니는 묘양妙陽이다.
⑥ 융취공肜吹公의 아버지는 덕지德知이고 어머니는 가야국의 융융
공주肜肜公主다.
⑦ 법흥대왕은 칠성七星의 우두머리다.

지증왕도 임금이 되기 전에 임신한 연제부인을 소지왕에 보내
관계를 맺게 하고, 아들을 낳았으니, 그가 법흥왕이다. 법흥왕이 소

지왕의 마복자이고, 마복7성의 우두머리가 된다는 내용은 유교적 관점에서 상상도 할 수 없는 내용이다. 따라서 보수적인 사학자들 입장에서 마복자를 『화랑세기』가 위작임을 주장하는 주요한 근거로 제시하고 있다.

마복자는 임신을 한 여자가 보다 높은 지위를 가진 사람으로부터 사랑을 받은 후 낳은 아들을 말한다. 높은 지위의 세력들은 마복자를 통해 정치적인 지지자와 후원자를 갖게 되는 신라의 독특한 제도라고 『화랑세기』는 전한다. 왕들도 마복자를 가졌고 화랑들이나 낭두들도 상급자에게 부인을 바쳐 마복자를 가졌다.

마복자의 존재는 현재의 관점에서 보면 성적 문란이지만, 신라 시대의 관점에서 보면 일종의 사회적·정치적 관계를 맺는 행위라고 볼 수 있다고 『화랑세기』를 진본으로 보는 학자들은 주장한다. 서강대 이종욱 교수는 저서 『화랑세기로 본 신라인 이야기』에서 "마복자 제도는 다른 나라, 다른 시대에서 그 비슷한 예를 찾기 힘들다"면서 "중세 유럽의 영주들이 가지고 있던 초야권과 비교될지도 모른다"고 설명했다.

중세 유럽의 영주들은 농민이 혼인하면 그의 신부와 첫날을 보낼 수 있는 권한이 있었다. 영화 〈브레이브 하트_Braveheart〉(1995)는 잉글랜드 귀족이 주인공 멜 깁슨의 애인에게 초야권을 행사하려다가 실패하면서 스코틀랜드 반란의 원인을 제공한다는 스토리를 만들어 냈다.

아무리 철저한 계급 사회였다고 해도, 귀족 특히 임금이 될 사람의 부인에게까지 마복摩腹의 권리(?)를 행사했다는 내용은 마음속으로 받아들이기 어려운 것은 사실이다.

(2) 지소태후의 남편

『화랑세기』 중에서 흥미로운 점은 태종(이사부)이 법흥왕의 딸이자, 진흥왕의 어머니인 지소只召태후의 남편이 된다는 내용이다.

『화랑세기』에 따르면 지소태후의 초명初名은 식도息道부인이고, 처음엔 입종공立宗公에게 시집을 가서 진흥대제를 낳았다. 입종공은 법흥왕의 동생인 입종立宗 갈문왕을 말한다. 입종 갈문왕이 죽자 영실공을 계부繼父로 맞이해 황화공주를 낳았다.

지소태후는 영실과 결혼한 지 얼마 되지 않아 세 번째 남편으로 병부령이었던 이사부와 결혼해 숙명淑明공주와 세종공世宗公을 낳는다. 즉 이사부의 아들 세종과 딸 숙명은 진흥왕에게는 어머니가 같고 아버지가 다른 동복同腹 형제요, 누이인 셈이다. 진흥왕도 세종을 매우 사랑해 말하기를, "나의 막내 아우다吾末弟也"라며, 항상 곁에 있으며侍側 (대왕을) 모시도록 했다고 『화랑세기』는 기록한다. 진흥왕은 숙명에 대해서는 '어머니 같은 누이'라고 표현했다.

법흥왕의 딸 지소태후가 삼촌인 입종 갈문왕을 남편으로 삼아 진흥왕을 낳았다는 이야기는 『삼국사기』에도 나온다. 신라 김씨 왕가가 몽골고원을 휘어잡던 흉노족 출신이고, 유목민족에게서 가까운 친족 내 근친 결혼은 흔히 볼 수 있는 풍습이다. 김씨 왕가도 만주를 거쳐 한반도로 내려왔고, 유목민족의 유습이 그대로 남아 있었다. 사촌끼리는 물론 삼촌과 조카 사이에도 혼인을 했다. 고귀한 혈통을 보존하려는 의도에서 비롯된 것으로 보인다.

지소부인과 첫 남편 입종 갈문왕에 대한 이야기는 천전리 각석에도 새겨져 있다. 경주에서 남쪽으로 35번 국도를 타고 울주군 두동면 천전리에서 태화강변으로 가다 보면 천전리 각석을 만날 수 있다.

천전리 각석은 원명과 추명 두 부분으로 나눠져 있는데, 추명 부분의 요지는 사훼부 사부지徙夫知 갈문왕과 어사추여랑於史鄒女郎이 천전리 계곡을 찾은 지 14년이 지난 기미년(539년)에 사부지 갈문왕의 부인인 지몰시혜비只沒尸兮妃가 무즉지另卽知 태왕의 비인 부걸지비夫乞支妃와 사부지 갈문왕의 아들인 심ㅁ부지深口夫知와 함께 이곳을 찾아왔다는 내용이다.

여기서 사부지 갈문왕은 '서다立'는 뜻의 '사', 높은 사람의 뒤에 붙이는 종宗이란 뜻의 '부', 그래서 입종 갈문왕으로 추정된다. 지몰시혜비는 지소부인으로 해석된다. 무즉지 태왕은 법흥왕, 그의 부인 부걸지비는 보도부인, 사부지 갈문왕의 아들 심ㅁ부지는 나중에 진흥왕이 되는 삼맥종彡麥宗으로 비정된다. 천전리 각석 추명에는 이때 사부지 갈문왕에 대해 '과거過去'라는 표현을 써 죽었음을 시사한다.

서기 539년은 진흥왕이 즉위하기 1년 전이다. 이때 진흥왕은 법흥왕에 이어 차기 임금으로 내정돼 있었다. 진흥왕의 아버지이자 지소부인의 남편인 입종 갈문왕은 이미 죽었고, 지소부인은 남편에 대한 그리움으로 아들인 삼맥종을 데리고, 차기 왕이 될 것임을 고하며, 바위에 그 내용을 쓴 것이다.

이 무렵, 지소부인은 전 남편인 입종 갈문왕을 잃고, 둘째 남편인 영실과도 헤어진 상태였다. 따라서 『화랑세기』의 이야기를 꿰어 맞추면 지소부인은 아들의 왕권 확립을 공고히 하기 위해 당대의 최고 실력자 이사부에 접근하고 있었을 것이다.

(3) 아들 세종

세종은 이사부의 아들이기도 하거니와, 지소태후를 중심으로 볼 때 왕가의 혈통이었다. 『화랑세기』는 정비正妃가 아닌 후궁 소생이

거나 정비가 정식 남편(왕) 이외의 다른 남자와 낳은 왕자에 대해 '전군殿君'이라는 표현을 썼다. 따라서 이사부의 아들 세종은 전군으로 왕자에 준하는 대우를 받았다. 『화랑세기』에 전하는 일화를 소개한다.

> 태종공(이사부)이 일찍이 일이 있어 사사로이 제帝(진흥왕)를 찾아볼 때 공(세종공)이 시측했다. 태종공은 제帝에게 먼저 절하고先拜 (세종)공에게 다음 절次拜했다. 세종공은 황망하여 나아가 (이사부를) 부축하며 감히 절을 받지 않았다. 제帝가 말하기를 "이 어른은 중신이기는 하나, 나의 신하이다. 몸으로 너에게는 절하지 않을 수 없다"고 했다. 세종이 울며 말하기를 "아버지입니다. 어찌 신으로 삼을 수 있겠습니까. 덕에 대한 보답을 하고자……"라고 아뢰었다. 이에 이사부가 놀라 말하기를 "태후(지소부인)는 신성하여 지아비 없이도 전군을 신화神化할 수 있다. 전군은 신자神子이다. 어찌 감히 신하가 아버지가 되겠는가"라 했다. (세종은) 아버지(이사부)를 안고 울며 말하기를 "일찍이 모후가 나의 아버지라고 하신 말씀이 귀에 쟁쟁합니다"라고 했다. 이에 진흥제는 "태후의 신성과 예덕으로 중신을 총애함으로써 (오늘의) 내가 있으니, 집안의 경사로구나. 공은 나의 아우이지만, (이사부에게) 아버지라고 부르도록 하라"고 허락했다. 이에 세종공은 처음으로 부자의 상견례를 갖고 왕의 은혜가 끝이 없음을 감사했다.

이것은 이사부와 세종 사이의, 부자의 도와 왕족과 군신 간의 예에 관한 대화다. 아들 세종은 아버지로서 예의를 갖추려 했고, 진흥왕은 세종에게 왕족으로의 체면을 유지하라고 했지만, 중신인 이사부에게 아버지라고 불러도 좋다고 허락한다는 요지다.

이 대화를 『삼국사기』 연대표를 놓고 볼 때 진흥왕의 친정 체제가 수립된 서기 551년 이후의 일일 것이다. 진흥왕이 한강 하류 북한산 일대까지 영토를 넓힌 이후에도 이사부는 중신으로서의 예우를 받고 있었다는 얘기다.

그렇다면 지소태후가 이사부의 첫 번째 부인일까. 진흥왕 원년에 이사부의 나이는 50대 후반이다. 이사부가 그 나이까지 결혼하지 않았을 것으로 여겨지지 않는다. 첫째 부인이 있었고, 그 부인과의 사이에 자식이 있었을 터이다. 『화랑세기』는 지소태후 이전의 이사부 가정사에 대한 설명이 없다.

(4) 며느리 미실

이사부는 지소태후와의 사이에서 숙명과 세종을 낳는다. 『화랑세기』엔 태종의 가족 계통世係을 설명하면서 세종에 앞서 숙명을 언급해, 숙명이 세종의 누나임을 암시했다. 아들 세종은 그 유명한 미실美室과 결혼한다. 『화랑세기』엔 부인 지소가 미실을 며느리로 삼기에 앞서 지아비인 이사부에 그 의향을 묻는 장면이 나온다. 이 대화로 이사부와 지소 사이의 관계를 짐작해 볼 수 있다.

> 지소태후는 공경公卿의 미녀들을 택해 궁중에 모아 두고 세종공이 누구에게 마음이 있는지를 보았다. 공은 미실낭주를 가장 좋아했다. 태후는 진흥제帝에게 묻기를 "미실이 아름다운데, 전군(세종)에게 맞을 것 같습니까"라고 했다. 제帝 또한 아름답게 여겨 "오직 어머니가 정할 바 입니다만, 태종苔宗(이사부) 노신이 알지 못해서……"라고 했다. 이에 태후는 태종을 불렀다. 미실에 관해 의논하며, "며느리를 얻는 데 지아비에게 의논하지 않을 수 없습니다"라고 하니, 태종이 "폐하의 집안일을 어찌 감히 말씀 드리겠습니

까"라고 했다. 태후가 "이 처녀는 곧 영실英失의 손입니다. 나의 우
군右君으로 영실은 나에게 잘못이 많았기에 꺼렸습니다. 그리하여 좋
아하지 않게 되어 결정하기 어려운 바 되어 묻는 것입니다"라고 했
다. 영실은 지소태후의 전 남편이며, 진흥왕에게는 계부繼父가 된다.
이사부가 "영실은 (법흥의) 총신입니다. 유명遺命을 소홀히 할 수 없
습니다. 지나치게 나무라서는 안 됩니다. 전군(세종)이 이미 좋아한
다면 또한 황후 사도를 위로할 수 있으니 옳지 않겠습니까"라고
했다. 태후가 크게 기뻐하여 "사랑하는 지아비의 가르침이 없었다
면 나는 잘못할 뻔했습니다"라고 했다. 이에 미실로 하여금 궁에
들어오게 했다.

지소태후가 전 남편의 손녀딸을 며느리로 데려오는 문제를 남편
이사부와 의논하는 장면이다. 이때는 진흥왕이 임금이었다. 이사부
의 아들인 세종은 진흥왕의 동복同腹 동생이었으므로, 궁에 거주했고,
지소태후는 먼저 미실을 며느리로 들일지 여부를 아들인 진흥왕과
의논한 후 지아비와 의논한다.

전 남편의 손녀딸을 며느리로 삼는 데 지아비에게 미안함이 있
기에 지소태후는 골품으로는 신하이지만 지아비인 이사부에게 공손
하게 물어본다. 지소로선 지아비에게 존경하는 말투이고, 이사부는
전후 사정을 들어 냉정하고 침착하게 결정하라고 권했다. 태후는
그의 조언을 고맙게 받아들인다. '사랑하는 지아비의 가르침'이라고
까지 표현하는 지소부인의 태종에 대한 태도를 보라. 아버지의 명령
으로 재혼한 영실과는 사이가 좋지 않았는데, 아마도 그를 이어 남
편이 된 이사부에게는 깍듯하기까지 하다. 이사부는 가정사에서도
그릇이 컸다.

『화랑세기』는 화랑의 우두머리 풍월주風月主 시대(540~681)를 서술

한다. 1세 풍월주 위화랑魏花郎에서 32세 신공信功까지의 기간은 진흥왕 원년에서 문무왕 말년까지 일곱 임금을 거친다. 32명의 풍월주 중심으로 인간관계와 여성과의 스캔들을 다뤘기 때문에 이사부에 관한 기록도 그의 사위인 4대 풍월주 이화랑, 아들인 6대 풍월주 세종, 손주인 11대 풍월주 하종 등에 띄엄띄엄 나온다.

(5) 색공지신

『화랑세기』는 이사부의 며느리인 미실에 대해 상세하게 기록하고 있다. 미실은 이사부의 며느리로 들어와 곧바로 쫓겨난다. 남편을 제대로 챙겨 주지 않고 색사色事만 일삼다가 시어머니의 미움을 산 것이다.

> 지소태후는 미실을 (며느리로) 불러들인 것을 후회했다. 이에 미실을 불러 꾸짖기를 "너로 하여 전군(세종)을 받들게 한 것은 단지 옷을 드리고 음식을 받드는 것이다. 그런데 감히 사사로이 색사色事로 전군을 어지럽혔으니, 죄를 용서할 수 없다"고 하고 출궁을 명했다.
>
> 『화랑세기』

지소태후는 미실을 쫓아내고 진종전군의 딸 융명을 아들 세종의 정비로 삼았다. 미실은 궁에서 나와 제5세 풍월주 사다함과 사랑에 빠진다. 사다함이 이사부를 따라 대가야 전투에 참전한 후 지소태후는 상심한 세종의 마음을 풀어주기 위해 미실을 다시 궁으로 불러들인다.

전군(세종)은 기뻐 미친 듯이 달려 나갔다. 지소태후는 마지못해 (미실로 하여금 세종을) 섬기도록 명했다. 이에 전군은 태후에게 청해 미실을 전군부인으로 삼고 융명을 차비次妃로 삼았다. 융명이 불만으로 여겨 물러나 살 뜻을 비쳤다. 미실은 전군과 더불어 정을 배반하지 않기로 약속하고 융명을 내쫓았다. 사다함이 돌아왔을 때 미실은 이미 궁중에 들어가 전군의 부인이 되어 있었다. 까닭에 사다함은 「청조가青鳥歌」를 지어 슬퍼했다.

『화랑세기』

미실은 남자를 쥐락펴락했다. 시어머니에게 쫓겨나 출궁한 후 사다함과 사귀다가 궁으로 다시 돌아와선 세종의 본처를 내쫓고 들어앉음으로써 사다함의 가슴에 못을 박았다. 사다함이 지었다는 「청조가」는 이렇게 노래한다.

> 파랑새야 파랑새야 저 구름 위의 파랑새야
> 어찌하여 나의 콩밭에 머무는가
> 파랑새야 파랑새야 나의 콩밭의 파랑새야
> 어찌하여 다시 날아들어 구름 위로 가는가
> 이미 왔으면 가지 말지 또 갈 것을 어찌하여 왔는가
> 부질없이 눈물짓게 하며 마음 아프고 여위어 죽게 하는가
> 나는 죽어 무슨 귀신 될까 나는 죽어 신병 되리
> (전주)에게 날아들어 보호하여 호신 되어
> 매일 아침 매일 저녁 전군 부처 보호하여
> 만년천년 오래 죽지 않게 하리

미실궁주宮主는 진흥왕 중기부터 진평왕 초기까지 40년에 걸쳐 빼어난 미모를 바탕으로, 어려서부터 할머니에게 배운 교태 부리는

법, 방중술 등으로 숱한 사내들을 녹여냈다. 미실의 공식적인 남편은 이사부의 아들인 세종이지만, 세종은 부인 미실의 복잡한 남자 관계를 인내하며 지켜 주었다.

미실의 모계는 전통적으로 색을 임금에게 바치는 색공지신色供之臣의 혈통이었다. 『화랑세기』 미생랑조에서 미실의 어머니 묘도는 "우리 집은 대대로 색을 바치는 신하로 총애와 사랑이 지극하였다" 라고 했고, 딸인 미실도 색공지신이 됐다.

미실은 진흥왕과 그의 세자인 동륜태자, 그의 동생으로 나중에 진지왕이 되는 금륜태자, 동륜태자의 아들인 진평왕 등 세 명의 임금과 한 명의 태자에게 색色을 바쳤다. 세종, 설화랑, 사다함은 물론 심지어 친동생인 미생 등 네 명의 풍월주들을 색정의 포로로 만든다. 결혼한 아녀자의 몸으로 임신한 상태에서 임금에게 색공(성 접대)을 바치고, 천하의 풍월주들이 그녀의 치마에서 허우적거렸다. 『화랑세기』에는 신라 최대 영토를 일군 진흥제도 미실과의 음사에 미쳐 재위 36년 만인 43세의 젊은 나이에 죽자, 미실이 왕후를 시켜 주지 않는다고 임금(진지왕)을 갈아 치우는 권력가로 그려진다.

(6) 딸 숙명

이사부의 딸 숙명공주는 아버지 이사부와 어머니 지소태후의 권력을 등에 업고 진흥왕에게 접근해 태자를 얻었지만, 왕비인 사도의 견제를 받는다. 『화랑세기』 4세 풍월주 이화랑花郎조의 내용이다.

지소태후가 매우 사랑했다. 황화, 숙명 송화 공주가 모두 공(이화 랑)을 따라 배웠다. 공은 이에 숙명궁주와 정을 통했다. 그때 태후는 (숙명이) 진흥제의 총애를 홀로 받게 하고자, 모든 일을 숙명공주에게 받들게 했는데, 왕은 '어머니가 같은 누이胞妹'라고 하여 그다지 사랑하지 않았다. 공주 또한 그러했다. 공주의 아버지는 곧 태종공(이사부)인데, 그때 상상上相으로서 나라를 위한 가장 중요한 신하였다. 그래서 왕은 공주를 소홀히 할 수 없었다. (숙명)공주는 총애를 믿고 스스로 방탕했다. 태자를 낳고 황후로 봉해지자 더욱 꺼림이 없었다. 왕은 평소에 사도思道황후를 사랑하여 그 아들 동륜을 태자로 삼고자 했으나, 뜻을 이루지 못했다.

진흥왕은 숙명을 일러 '어머니가 같은 누이'이므로 사랑하지는 않았지만, 숙명의 아버지이자 새아버지繼父인 이사부에 대한 위엄에 눌려 마지못해 숙명과 잠자리를 했고 황후로 봉하고 그 사이에 낳은 아들을 태자로 삼아야 했다. 한편 사랑하는 또 다른 아내 사도황후가 낳은 동륜을 태자로 삼지 못했다는 진흥왕의 서글픈 사연이다. 진흥왕이 어머니인 지소태후보다는 최고 권력자인 상상上相 이사부의 눈치를 보며 숙명과 관계를 맺었다는 얘기다.

숙명의 기세는 하늘을 찔렀다. 진흥왕 사이에서 아들까지 낳았다는 얘기는 『삼국사기』에는 나오지 않는 내용이다. 동복이부同腹異父간인 진흥왕도 숙명의 콧대를 꺾지 못했다는 얘기다. 그러나 숙명에게도 위기가 닥쳐 왔다. 바람을 피운 것이다. 숙명은 자신을 사랑하지 않은 진흥을 떠나 이화랑에게 접근한다.

숙명은 공(이화랑)과 더불어 정을 통함이 더욱 심해졌고, 여러 번 왕에게 들켰다. 왕이 (숙명)황후를 폐하려 하자, (지소)태후가 울면서 간하여 이룰 수 없었다. 왕이 숙명을 사랑하지 않았는데, 숙명은 스스로 임신했다. 이에 공(이화랑)과 더불어 도망쳤다. 군신들

이 태자가 왕의 아들이 아니라고 의심을 했다. 이에 (사도황후의
아들인) 동륜을 태자로 삼았다.

『화랑세기』

사도황후의 아들 동륜이 아버지의 총애를 받으면서도 태자 자
리에 오르는 데 시간이 걸렸던 것도 숙명 때문이었다. 아니, 진흥왕
은 최고 권력자 상상의 자리에 올라 있는 이사부의 영향력을 밀어
내고 사도황후의 아들 동륜을 후계자로 내세우기 어려웠다(동륜
은 개에게 물려죽어 왕위에 오르지 못했다고 『화랑세기』는 서술
했다).

숙명이 이화랑과 바람을 피워 신료들이 태자의 아버지를 의심하
게 되자, 이사부도 외손자의 태자 자리를 더 이상 주장할 수 없었다.
나중에 숙명은 진흥왕의 허락을 받아 이화랑과 결혼한다. 숙명의
연적인 사도의 권유가 있었다고는 하나, 집안의 평화를 원하는 어
머니 지소의 입김으로 진흥왕이 숙명의 외도를 승낙했다고 보아야
할 것이다. 이화랑과 결혼했으나, 원광圓光과의 사이에서 보리를 낳
았다. 원광은 신라 불교를 반석에 올린 사람이며, 이사부는 원광에
게 외할아버지가 된다. 보리는 12세 풍월주가 됐다.

지소태후와 딸 숙명은 비슷한 길을 걷는다. 지소는 입종 갈문왕
과의 사이에서 진흥왕을 낳은 후 사별하고 영실을 거쳐 최고 권력
자 이사부와 결혼한다. 숙명은 진흥왕과 결혼해 아들을 낳았지만,
사랑을 찾아 당대 사내 중의 사내 이화랑과 다시 결혼한다.

(7) 풍월주 가문

『화랑세기』에 나오는 풍월주 가운데, 이사부의 가계를 보면 4세 풍월주 이화랑은 딸 숙명의 남편, 즉 사위이다. 6세 세종은 아들, 11세 하종은 손주, 12세 보리공은 외손자로 네 명의 풍월주가 등장한다.

이사부의 며느리인 미실을 중심으로 보면 2대 미진부는 아버지, 6세 세종은 남편, 4세 사다함과 7세 설원랑은 정을 통한 남정네, 10세 미생랑은 동생, 11세 하종은 아들, 12세 보리는 조카다. 1대 위화랑도 미실에게는 외가로 증조부 격이다.

미실이라는 요부가 여러 풍월주들을 흔들어 놓았다. 아울러 진흥왕 시절에 이사부와 부인 지소, 그리고 며느리 미실은 막강한 권력 구조를 형성하고, 서라벌 왕궁은 물론 화랑제도를 좌지우지했다고 『화랑세기』는 전한다.

『화랑세기』에서 지소태후와 미실궁주의 중심에 서 있는 이사부(태종)의 지위는 상상 또는 각간角干으로 표현된다. 『삼국사기』에서 이사부가 진흥왕 시절에도 지증왕 때 받은 2위 등급인 이찬伊飡으로 이어지는 것과 차이가 있다.

이사부는 진흥왕 초기에 병부령을 맡아 권력자로 부상한다. 지소태후의 적극적인 후원을 받아 어린 진흥왕을 보좌하며 최고 권신으로 신라를 이끌어 갔다는 사실을 『화랑세기』는 전하고 있다.

(8) 『화랑세기』 위작론

『화랑세기』는 김대문金大問이 경덕왕 시절(서기 702~737년)에 집필했다. 『삼국사기』 「열전」에 따르면, "김대문은 전기傳記 몇 권을 지었는데, 이 중 『고승전高僧傳』, 『화랑세기花郎世記』, 『악본樂本』, 『한산기漢山記』는 아직 남아 있다"고 했다. 김부식이 1145년 국왕의 명을 받아 『삼국사기』를 편찬할 무렵에는 『화랑세기』를 볼 수 있었다는 얘기다.

하지만 김부식은 『화랑세기』가 전하는 내용을 『삼국사기』에 옮겨 적지 않았다. 그 이유는 모르겠지만, 유학자의 입장에서 지금 필사본으로 전하는 비윤리적인 내용을 차마 사서에 기록하지 못했을 가능성이 있다.

안타깝게도 그 후 800여 년간 『화랑세기』는 사라졌다. 그러다가 1989년 부산의 한 가정집에서 『화랑세기 필사본』이 발견돼 세상을 깜짝 놀라게 했다. 필사본의 내용이 워낙 파격적이어서 진위 논쟁이 벌어졌다. 1995년엔 두 번째 『화랑세기 필사본』이 같은 집에서 공개됐다. 『화랑세기』 위작 논쟁은 한층 가열됐다.

『삼국사기』와 『삼국유사』는 고려인이 쓴 신라 이야기인 데 비해 『화랑세기』는 신라인이 쓴 신라의 얘기다. 『화랑세기 필사본』을 진짜라고 믿는 학자들은 신라의 역사를 450년 이상 앞당길 수 있는 귀중한 자료라고 주장하고 있다. 학자들 사이에서 두 필사본은 한 사람이 작성한 것이며, 1995년 공개분이 모본母本이고, 1989년의 것은 발췌본拔萃本이라는 것이 정설이다.

두 종류의 『화랑세기 필사본』을 쓴 사람은 남명 박창화朴昌和라는 인물로 밝혀졌다. 그는 일제강점기인 1939~1944년 사이에 일본 궁내성 도서관에서 촉탁囑託으로 근무하다가 우연히 『화랑세기』를 발견하고 그대로 필사했다고 한다. 그가 사망하고 필사본이 세상에 나온 것이고, 죽기 전 이에 관한 아무런 정보도 남겨 놓지 않았다고 한다.

『화랑세기 필사본』 진위 논쟁은 아직도 계속되고 있다. 필사본을 믿는 쪽은 "박창화가 원본을 충실히 필사했다"고 주장하는 반면에, 반대의 입장에서는 "박창화의 개인 작품, 곧 위작"이라고 반박한다. 이 진위 논쟁을 풀 열쇠는 일본 궁내성에서 『화랑세기』 원작을 발견하는 것이지만, 최근까지 박창화가 베꼈다는 원본을 찾는 작업은 성과를 내지 못하고 있다. 또 다시 사라진 것인지, 일본이 한국 문화유산을 빼앗았다는 사실을 감추고 싶어 내주지 않는 것인지, 알 길이 없다. 원본이 나오지 않는 한 위작 논쟁은 그치지 않을 것으로 보인다.

2. 신이 된 이사부

『화랑세기』에는 이사부의 딸 숙명이 아버지에 대해 설명하는 구절이 나온다. 아버지에 대한 딸의 존경심은 끔찍할 정도였다. 『화랑세기』 12대 보리공조에 숙명이 아들 보리에게 이렇게 말했다.

> (숙명공주가) 한번은 (보리공에게) 말하기를, "나의 아버지 태종 각간은 곧 너의 할아버지다. 하늘도 높다 않고 땅도 넓다 않는 대영웅이다. 너는 마땅히 신으로 받들어야 한다."

이사부 가문에서 후손들은 그를 신으로 격상시켜 우러러 보았다고 한다. 국토를 확장하고, 나라를 안정시킨 영웅을 넘어 신으로 섬긴 것이다. 이사부는 부인 지소태후에겐 존경의 대상으로, 딸 숙명과 손자에겐 신으로 떠받들어진 것이다. 아마 숙명이 아들 보리에게 훈계한 시점에 이사부는 이 세상을 하직했을 것으로 보인다. 이사부가 죽은 해는 진흥왕 말로 추정된다.

『삼국사기』엔 진지왕 원년(576년)에 거칠부居柒夫를 상대등으로 삼았고, 진평왕 2년(580년)에 이찬 후직后稷을 병부령으로 삼았다는 기록이 있다. 진지왕이 즉위한 해에 실세였던 거칠부의 나이는 78세였다. 그런 실세를 고령의 나이에 최고 관직인 상대등으로 삼았다는 사실은 진흥왕 말기까지 상대등에 버금가는 상징적 인물이 세상을 떠나지 않았음을 시사한다. 그는 다름 아닌 이사부였을 것이다.

진평왕 때 신임 병부령을 임명한 사실을 두고 그 직전까지 이사부가 살아 있지 않았을까 하는 관측도 있지만, 진흥왕 5년(서기 544년)에 병부령을 한 명 증원했다는 기록(『삼국사기』「잡지」)이 있다는 점에서는 신빙성이 낮다. 그렇다면 이사부가 죽은 해는 그의 마지막 기록이 언급된 562년(대가야 정벌)과 진흥왕 마지막 해인 576년 사이가 된다. 나이는 70대 후반 또는 90대 초가 되었을 것이다. 『삼국사기』 진흥왕조에는 재미있는 기사가 있다.

> 진흥왕 33년(572년) 10월 20일, 전쟁에서 죽은 장수와 병졸들을 위하여 왕성 밖의 절에서 팔관연회八關筵會를 열어 7일 만에 마쳤다.

팔관회는 진흥왕 때 개최한 이래 고려까지 이어진 일종의 종교 행사로, 10월에 열렸다. 산천용신제山川龍神祭와 제천행사 등 토속행사와 불교의식을 결합한 종교의식으로 단일화 및 대형화한 축제였다. 신라시대엔 팔관회가 전쟁터에서 죽은 영웅호걸과 병졸에 대한 위령제 역할도 했다.

진흥왕은 오랜 영토 확장 전쟁을 마무리하면서 그동안 죽은 장수와 병졸들을 위해 팔관연회를 열어 7일간 장례행사를 치른다. 이때 거칠부, 김무력과 무력의 형인 세종은 살아 있었다. 그렇다면 당시 지증왕, 법흥왕, 진흥왕의 3대에 걸쳐 신라의 국토 확장을 위해 최고의 공로를 세운 장수는 이사부였다. 그 무렵 이사부가 세상을 떠났을 테고, 그를 애도하는 장례도 성대하게 치러졌을 것이다. 이 때 이사부의 나이는 실직에 갔을 때 나이를 20세로 보았을 때 87세가 된다.

3대 임금에 걸쳐 최고 어른 역할을 했던 이사부가 죽고 나서야 새로운 상대등을 임명했다고 보면 큰 무리가 없어 보인다. 신라는 상대등 제도를 만든 초기에 종신직으로 운영했다. 상대등은 항시 두는 관직이 아니어서, 상대등이 없을 때도 있었다. 이사부의 마지막 기록인 대가야 정벌 시, 이찬으로 2등급 관직에 있었지만, 진흥왕조엔 사실상 상대등에 비견되는 재상의 역할을 했다. 그가 죽은 후에야 거칠부를 새로운 상대등을 임명한 것이다.

이사부가 노년에 들었던 진흥왕 때는 상대등이 임명된 기록이 없다. 이사부가 최고의 권력자였고, 2인자 격인 거칠부가 상대등에 임명된 것은 진흥왕의 아들 진지왕 원년(576년)이었다. 그러나 거칠부는 상대등에 오른 직후 곧바로 노령으로 사망했다.

3. 기록 속의 이사부

(1) 『삼국사기三國史記』「신라본기新羅本紀」

지증왕조智證王條

① 지증왕 6년(505년) 봄 2월, 임금이 몸소 나라 안의 주州·군郡·현縣을 정했다. 실직주悉直州를 설치하고 이사부異斯夫를 군주軍主로 삼았다. 군주軍主의 명칭이 이로부터 시작됐다.

(六年 春二月 王親定國內州郡縣 置悉直州 以異斯夫爲軍主 軍主之名 始於比)

② 지증왕 13년(512년) 여름 6월, 우산국于山國이 복종하여 해마다 토산물을 공물로 바치기로 했다. 우산국은 명주溟州의 정동쪽 바다에 있는 섬으로 울릉도鬱陵島라고도 한다. 땅은 사방 백 리인데, 지세가 험한 것을 믿고 항복하지 않았다. 이찬 이사부異斯夫가 하슬라주何瑟羅州 군주가 되어 말하기를 "우산국 사람은 어리석고도 사나워서 힘으로 다루기는 어려우니 계책으로 복종시켜야 한다"고 하고, 바로 나무로 사자를 가득 만들어 전함에 나누어 싣고 그 나라 해안에 이르렀다. 이사부는 거짓으로 말하였다. "너희가 만약 항복하지 않으면 이 사나운 짐승을 풀어 밟아 죽이겠다." 그 나라 사람들이 두려워하며 즉시 항복했다.

(十三年 夏六月 于山國歸服 歲以土宜爲貢 于山國在溟州正東海島 或名鬱陵島 地方一百里 恃嶮不服 伊湌異斯夫爲何瑟羅州軍主 謂于山人愚悍 難

以威來 可以計服 乃多造木偶獅子 分載戰船 抵其國海岸 誑告曰 汝若不服
則放此猛獸踏殺之 國人恐懼則降)

진흥왕조眞興王條

① 진흥왕 2년(541년) 봄 3월, 이사부異斯夫를 병부령兵部令으로 삼고 중앙과
지방의 병마에 관한 일을 맡게 했다.

(二年 春三月 拜異斯夫爲兵部令 掌內外兵馬事)

② 진흥왕 6년(545년) 가을 7월, 이찬 이사부가 아뢰어 말했다. "나라의 역
사는 임금과 신하의 선악을 기록하여 좋은 것 나쁜 것을 먼 후손에게까지
보이는 것입니다. 역사를 편찬하지 않으면 후손들이 무엇을 보겠습니까?"
임금이 진심으로 그렇다고 여겨 대아찬 거칠부居柒夫 등에게 명하여 문사들
을 널리 모아 역사를 편찬하게 했다.

(六年 秋七月 伊飡異斯夫奏曰 國史者 記君臣之善惡 示褒貶於萬代 不有修
撰 後代何觀 王深然之 命大阿飡居柒夫等 廣集文士 俾之修撰)

③ 진흥왕 11년(550년) 봄 정월, 백제가 고구려의 도살성道薩城을 빼앗았다. 3월,
고구려가 백제의 금현성金峴城을 함락시켰다. 임금은 두 나라의 병사가 피로
해진 틈을 타 이찬 이사부에게 명하여, 병사를 내 공격하게 했다. 두 성을
빼앗아 증축하고, 병사 일천 명을 두어 지키게 했다.

(十一年 春正月 百濟拔高句麗道薩城 三月 高句麗陷百濟金峴城 王乘兩國
兵疲 命伊飡異斯夫出兵擊之 取二城增築 留甲士一千戍之)

④ 진흥왕 23년(562년) 9월, 가야가 반란을 일으켰다. 임금이 이사부에게 명
하여 토벌케 했는데, 사다함斯多含이 부장副將이 됐다. 사다함은 오천 명의 기
병을 이끌고 선두에 서서 달려갔다. 전단문栴檀門에 들어가 흰 기旗를 세우니
성 안의 사람들이 두려워하며 어찌할 바를 모르다가, 이사부가 병사를 이
끌고 다다르자 일시에 모두 항복했다. 전공을 논함에 사다함이 으뜸이었
다. 임금이 좋은 밭과 포로 이백 명을 상으로 주었으나 사다함은 세 번이
나 사양했다. 임금이 강하게 권하자 포로를 받았으나, 풀어주어 양민이 되

게 하고 받은 병사들에게 나누어 주니, 나라 사람들이 그것을 찬미했다.

(二十三年 秋七月 百濟侵掠邊戶 王出師拒之 殺獲一千餘人 九月 加耶叛
王命異斯夫討之 斯多含副之 斯多含領五千騎先馳 入栴檀門 立白旗 城中
恐懼 不知所爲 異斯夫引兵臨之 一時盡降 論功 斯多含爲最 王賞以良田及
所虜二百口 斯多含三讓 王强之 乃受其生口 放爲良人 田分與戰士 國人美之)

(2) 『삼국사기三國史記』 「열전列傳」

이사부조異斯夫條(제44권 열전 제4)

이사부異斯夫(혹은 태종苔宗이라고도 한다)의 성은 김씨이고, 내물왕奈勿王의 4
세손이다. 지도로왕智度路王(지증왕) 때 변경 관리가 되어 거도居道의 계략을
모방하여 말놀이로써 가야加耶(혹은 가라加羅라고도 한다)국을 속여서 빼앗
았다. 지증왕 13년(512년) 임진에 그는 하슬라주阿瑟羅州의 군주가 되어 우산
국于山國(울릉도)을 병합하려고 계획했다. 그는 그 나라 사람들이 미련하고
사나워서 위세로 항복받기는 어려우니 꾀로서 항복시키는 것이 좋겠다고
생각했다. 이에 나무로 사자의 형상을 많이 만들어 전함에 나누어 싣고 그
나라 해안으로 가서는 속여 말했다. "너희들이 만일 항복하지 않는다면 이
맹수들을 풀어 놓아서 밟아 죽이겠다." 우산국 사람들이 두려워하여 즉시
항복했다. 진흥왕眞興王 재위 11년인 태보太寶 원년(서기 550년)에 백제는 고구
려의 도살성道薩城을 빼앗고, 고구려는 백제의 금현성金峴城을 함락시켰다. 왕
은 두 나라 군사가 피로한 틈을 타서 이사부에게 군사를 출동시킬 것을
명했다. 이사부는 그들을 쳐서 두 성을 빼앗고는 성을 증축하고 군사들을
남겨 수비하게 했다. 이때 고구려가 병력을 보내 금현성을 치다가 이기지
못하고 돌아가자 이사부가 이들을 추격하여 크게 승리했다.

(異斯夫[或云苔宗]姓金氏 奈勿王四世孫 智度路王時 爲沿邊官 襲居道權謀
以馬戲 誤加耶[或云加羅]國取之 至十三年壬辰 爲阿瑟羅州軍主 謀并于山
國 謂其國人愚悍 難以威降 可以計服 乃多造木偶獅子 分載戰舡 抵其國海

岸 詐告曰 汝若不服 則放此猛獸 踏殺之 其人恐懼則降 眞興王在位十一年
太寶元年 百濟拔高句麗道薩城 高句麗陷百濟金峴城 王乘兩國兵疲 命異斯
夫 出兵 擊之取二城 增築留甲士戍之 時 高句麗遣兵來攻金峴城 不克而還
異斯夫追擊之大勝)

사다함조斯多含條(제44권 열전 제4)

사다함斯多含은 진골 계통으로 내밀왕奈密王(내물왕)의 7세손이요, 아버지는
급찬 구리지仇梨知이다. 본래 높은 가문의 귀한 자손으로서 풍채가 깨끗하
고 준수하며 뜻과 기백이 방정하였다. 당시 사람들이 그를 화랑으로 받들
기를 청하므로 마지못해 화랑이 됐다. 그를 따르는 무리가 무려 일천 명이
나 되었는데 사다함은 그들 모두의 환심을 얻었다. 진흥왕眞興王이 이찬 이
사부異斯夫에게 명해 가라加羅(가야加耶라고도 한다)국을 습격하게 했는데, 이
때 사다함은 십오륙 세의 나이로 종군하기를 청했다. 왕은 나이가 너무 어
리다 하여 허락하지 않았다. 그러나 그가 계속해서 요청하고 의지가 확고
하므로 마침내 그를 귀당貴幢 비장裨將으로 임명했는데, 그의 낭도로서 그를
따라 나서는 자가 많았다. 국경에 이르자 원수에게 청하여 그 휘하의 병사
를 이끌고 먼저 전단량旃檀梁(전단량은 성문 이름이다. 가라의 말로 문을 양
梁이라 한다)으로 들어갔다. 그 나라 사람들은 생각지도 못하게 병사들이
갑자기 들이닥치자 놀라 막지 못하므로, 대군이 이 틈을 타서 마침내 가야
국을 멸망시켰다. 군대가 돌아오자 왕은 그의 공훈을 책정하여 가라 인구
삼백을 사다함에게 주었다. 그러나 그는 받은 즉시 모두 놓아주어 한 명도
남겨 두지 않았다. 또 토지를 하사하였는데 굳이 사양하였다. 왕이 강권하
니 알천閼川에 있는 불모지만을 청할 따름이었다. 사다함은 애초에 무관랑武
官郞과 생사를 같이하는 벗이 되기를 약속하였는데, 무관이 병들어 죽자 너
무 슬프게 울다가 7일 만에 그 역시 죽었다. 그때 나이가 17세였다.
(斯多含 系出眞骨 奈密王七世孫也 父仇梨知級飡 本高門華胄 風標淸秀 志
氣方正 時人請奉爲花郞 不得已爲之 其徒無慮一千人 盡得其歡心 眞興王

命伊飡異斯夫 襲加羅[一作加耶]國 時 斯多含年十五六 請從軍 王以幼少不
許 其請勤而志確 遂命爲貴幢裨將 其徒從之者亦衆 及抵其國界 請於元帥
領麾下兵 先入旃檀梁[旃檀梁 城門名 加羅語謂門爲梁云] 其國人 不意兵猝
至 驚動不能禦 大兵乘之 遂滅其國 泊師還 王策功 賜加羅人口三百 受已皆
放 無一留者 又賜田 固辭 王强之 請賜閼川不毛之地而已 含始與武官郎 約
爲死友 及武官病卒 哭之慟甚 七日亦卒 時年十七歲)

(3) 『삼국유사三國遺事』

지철로왕智哲老王條(제1권 기이 제1)

아슬라주阿瑟羅州(지금의 명주溟州 혹은 강릉) 동쪽 바다에 순풍이 불면 이틀
만에 이를 수 있는 거리에 우릉도于陵島(지금은 우릉羽陵이라고 한다)가 있었
는데, 섬 둘레가 26,730보였다. 섬에 사는 오랑캐들은 바닷물이 깊은 것을
믿고 교만하고 오만하여 신하 노릇을 하지 않았다. 왕은 이찬 박이종朴伊宗
에게 명하여 군사를 거느리고 가서 토벌하도록 하였다. 박이종은 나무로
사자를 만들어 큰 배에 싣고 가서 그들을 위협하며 말했다. "항복하지 않
으면 이 짐승을 풀어놓겠다." 그러자 섬 오랑캐들은 두려워서 항복했다. 왕
은 박이종에게 상을 내리고 아슬라주의 장관으로 삼았다.
(又阿瑟羅州[今溟州] 東海中 便風二日程 有于陵島[今作羽陵] 周廻二萬
六千七百三十步 島夷恃其水深 驕傲不臣 王命伊飡朴伊宗 將兵討之 宗作
木偶獅子 載於大艦之上 威之云 不降則放此獸 島夷畏而降 賞伊宗爲州伯)

(4) 단양 신라적성비丹陽新羅赤城碑

▨▨年▨月中王教事大衆等喙部伊史夫智伊干
支沙喙部豆弥智干支喙部西夫叱智大阿干
支▨▨夫智大阿干支內禮夫智大阿干支高頭林

城在軍主等喙部比次夫智阿干支沙喙部武力智

阿干支文村幢主沙喙部導設智及干支勿思伐

城幢主喙部助黑夫智及干支節教事赤城也尓次

▨▨▨▨▨中作善懷懃力使死人是以後其妻三

▨▨▨▨▨▨▨▨許利之四年小女師文

▨▨▨▨▨▨▨公兄文村巴下干支

▨▨▨▨▨▨前者更赤城烟去使之後者公

兄▨▨▨▨▨異葉耶國法中分與雖然伊

▨▨▨▨▨▨子刀只小女烏禮兮撰干支

▨▨▨▨▨▨使法赤城佃舍法爲之別官賜

▨▨▨▨▨弗兮女道豆只女悅利巴小子刀羅兮

▨▨▨▨▨合五人之別教自此後國中如也尓次

▨▨▨▨▨懷懃力使人事若其生子女子年少

▨▨▨▨▨兄弟耶如此白者大人耶小人耶

▨▨▨▨▨道使本彼部棄弗耽郝失利大舍文

村幢主使人▨▨▨▨勿思伐城幢主使人那利村

▨第次▨▨▨▨人勿支次阿尺書人喙部

▨▨▨▨▨▨使人石書立人非今皆里村

道使▨▨▨▨▨智大烏之

(5) 『일본서기』日本書紀

卷17 繼體天皇23년 이달(계체천황 23년 3월)에 使臣을 보내 己能末多干岐
를 바래다 주었다. 아울러 任那에 있는 近江 毛野臣에게 詔勅을 내리기를
'(任羅)가 上奏한 바를 잘 물어서, 서로 의심하는 것을 화해시키라'고 하였
다. 이에 毛野臣은 熊川(창원시 웅천)에 머물면서(一本에는 임나 久斯牟羅
(마산)에 머물렀다고 한다), 신라와 백제 두 나라의 왕을 불렀다.
(중략: 신라는 1등 대신인 久遲布禮(거칠부라)를, 백제에서는 은솔 彌騰利

를 보냈다. 왕이 오지 않자, 모야신은 두 사신을 꾸짖어 쫓아 보냈다.) 이로 인해 신라는 다시 上臣 伊叱夫禮智干岐(신라에서는 大臣을 上臣이라고 한다. 一本에는 伊叱夫禮智奈末이라고 하였다)를 보내 무리 3千을 이끌고 와서 詔勅듣기를 청했다. 毛野臣은 멀리서 兵仗에 둘러싸여 있는 무리 수천 명을 보고 熊川에서 임나 己叱己利城에 들어갔다. 이질부례지간기가 多多羅原에 머물면서 삼가 歸服하지 않고 석 달을 기다리며 자주 조칙을 듣고자 청하였으나 끝내 전하지 않았다. 이질부례지가 거느린 사졸들이 취락에서 밥을 구걸하다가 毛野臣의 從者河內馬飼首御狩와 서로 마주치게 됐다. 御狩는 다른 문으로 들어가 숨어 있다가 그 구걸하던 자가 지나가기를 기다려 주먹으로 쳤다. 구걸하던 자가 보고, "삼가 석 달 동안 칙서의 내용을 들으려고 기다렸으나 아직 전해주지 않고, 칙명을 듣고자 하는 사신을 놀리고 있다. 이제 (그들이) 上臣을 기만하여 죽이려는 것임을 알겠다"고 했다. 이에 자기가 본 것을 상신에게 자세하게 이야기했더니, 상신이 네 개의 촌(金官·背伐·安多·委陀가 네 개 촌이다. 一本에는 多多羅·須那羅·和多·費智를 네 개 촌이라 했다)을 抄掠하고 사람들을 모두 데리고 그의 본국으로 돌아갔다. 어떤 사람이 말하기를 '다다라 등 네 개 촌이 초략당한 것은 毛野臣의 잘못이다'라고 했다.

참고 문헌

강종훈, 『신라상고사연구』, 서울대학교출판부, 2000.

강주원, 『나는 매일 국경을 허물고 짓는다』, 글항아리, 2013.

권태명, 『한민족이 주도한 고대 일본문화』, 시대정신, 2012.

김경복·이희근 공저, 『이야기 가야사』, 청아출판사, 2001.

김국, 『흉노, 그 잊혀진 이야기』, 교유사, 2004.

김별아, 『미실』, 해냄, 2012.

김복순, 『한국 고대불교사 연구』 민족사, 2002.

김부식 저·이병도 역, 『삼국사기』 상·하, 을유문화사, 1996.

김상, 『삼한사의 재조명』, 북스힐, 2004.

김용운, 『천황은 백제어로 말한다』, 한얼사, 2009.

김종성, 『철의 제국 가야: 잊혀진 왕국 가야의 실체』, 역사의아침, 2010.

김태식, 『화랑세기로 본 신라인 이야기』, 김영사, 2000.

김훈, 『현의 노래』, 문학동네, 2012.

르네 그루세 저·김호동 역, 『유라시아 유목제국사』, 사계절, 1998.

박노자, 『거꾸로 보는 고대사』, 한겨레출판, 2000.

박대재, 『고대 조선과 예맥』, 경인문화사, 2013.

박성수, 『단군문화기행』, 서원, 2000.

박지원 저·김혈조 역, 『열하일기 1』, 돌베개, 2013.

서동인, 『흉노인 김씨의 나라 가야』, 주류성, 2011.

송복, 『류성룡, 나라를 다시 만들 때가 되었나이다』, 시루, 2013.

송봉건, 『고구려와 흉노』, 진명출판사, 2010.

시미즈 기오시·박영미 공저, 『아나타는 한국인』, 정신세계사, 2004.

신라사학회, 『신라의 건국과 사로6촌』, 경인문화사, 2012.

유득공 저·송기호 역, 『발해고』, 홍익출판사, 2000.

윤명철, 『한국해양사』, 학연문화사, 2003.

윤명철, 『한민족의 해양활동과 동아지중해』, 학연문화사, 2002.

이기문, 『국어사연구』, 태학사, 1998.

이기봉, 『경주의 탄생』, 푸른역사, 2007.

이덕일, 『교양 한국사』, 휴머니스트, 2003.

이덕일·이희근, 『우리 역사의 수수께끼 1』, 김영사, 1999.

이종욱, 『민족인가, 국가인가?』, 소나무, 2006.

이종욱, 『신라가 한국인의 오리진이다』, 고즈윈, 2012.

이종욱, 『화랑세기: 신라인의 신라 이야기』, 소나무, 1999.

이종호, 『한국 7대 불가사의』, 역사의아침, 2007.

이종호, 『황금보검의 비밀』, 북카라반, 2013.

일연 저·김원중 역, 『삼국유사』, 을유문화사, 2002.

전덕재, 『한국고대사회경제사』, 태학사, 2006.

전용신 역, 『완역 일본서기』, 일지사, 1989.

정진술·이민웅·신성재·최영호 공저, 『다시 보는 한국해양사』, 신서원, 2007.

조유전·이기환 공저, 『한국사 미스터리』, 황금부엉이, 2004.

존 커터 코벨 저·김유철 역, 『북방 기마민족과 왜』, 2006.

주돈보, 『금석문과 신라사』, 지식산업사, 2002.

최용주, 『역사의 땅 경주』, 학연문화사, 2005.

최재석, 『일본 고대사의 진실』, 일지사, 1998.

통일부, 『통일백서』, 통일부, 2013.

팽구송 저·김재선 역, 『원문 동이전』, 서문문화사, 1996.

한국역사연구회 고대사분과, 『고대로부터의 통신』, 푸른역사, 2003.

한국이사부학회, 『이사부와 동해』 제1·5·8권, 다음카페.

한일관계사학회, 『한일관계 2천년: 보이는 역사, 보이지 않는 역사』, 경인
    문화사, 2006.

홍윤기, 『일본 속의 백제 구다라』, 한누리미디어, 2008.